PAPIER FRESSERCHEN

DIE BÜCHER MIT DEM DRACHEN

Impressum:

Alle Personen und Handlungen des Buches sind frei erfunden.
Ähnlichkeiten mit lebenden oder verstorbenen Personen sind
zufällig und nicht beabsichtigt.

Besuchen Sie uns im Internet:
www.papierfresserchen.de

Herausgegeben von Martina Meier – www.cat-creativ.at

in Auftrag von
© 2023 – Papierfresserchens MTM-Verlag
Mühlstraße 10, 88085 Langenargen

info@papierfresserchen.de
Alle Rechte vorbehalten.
Erstauflage 2023

Herstellung: CAT Creativ – www.cat-creativ.at
Titelbild: © Elena Schweitzer - Adobe Stock lizenziert

Druck: Bookpress, Polen
Gedruckt in der EU

ISBN: 978-3-99051-133-6 - Taschenbuch
ISBN: 978-3-99051-134-3 - E-Book

Martina Meier (Hrsg.)

Und was ich dir noch sagen wollte ...

Band 2

Inhalt

Buchtipp

Und was ich dir noch sagen wollte Band 1
Herausgegeben von Martina Meier
ISBN: 978-3-940367-02-0, Taschenbuch, 150 Seiten
Auch als E-Book erhältlich

Autoren aus Deutschland, Österreich, Rumänien, Namibia und einigen anderen Ländern beteiligten sich an dem Projekt. Manche Beiträge gehen ans Herz, andere sind frech – eine bunte Mischung aus Märchen und Erzählungen, die kleine und große Bücherfreunde gleichermaßen begeistern werden.

Für Barisa

Auf meinem Schreibtisch liegt ein Bogen. Weiß und leer. Worten, die ich in Gedanken formuliere, mangelt es an Tiefe. Meine Finger tasten in der Luft, sie versuchen, aus dem Nichts einen Brief zu kreieren. Sie wollen Sätze aufgreifen, die widerspiegeln, was ich für dich empfinde. Unsere nie zu ihrem körperlichen Ausdruck findende Beziehung verdient nach all den inzwischen vergangenen Jahren ein paar Zeilen, die verdeutlichen, Barisa, so fremd wie es dein Name laut Übersetzung besagt, sind wir uns nicht geblieben, doch so nahe wie ich wollte, sind wir uns niemals gekommen. Von Anfang an bedingten die Gelübde unserer beiden, wohlgemerkt unglücklichen Ehen, dass wir nicht zueinanderfinden durften.

Sind wir durch die Fesseln der Bis-dass-der-Tod-uns-scheidet-Litanei wahrlich bis ans Ende unserer Tage an unsere Partner gekettet? Diese trotzige, der Gesellschaft vorgegaukelte Zufriedenheit mit meiner Beziehung, die ich auf Nachfrage zum Besten gebe, kann dauerhaft nicht die Antwort sein auf die Trennung von dir, auf unser stets verbanntes Bedürfnis nach Intimität.

„Man lebt."

„In jeder Ehe gibt es Zwist. Bei euch wird es ja nicht anders sein."

„Man schlägt sich und verträgt sich."

Auszüge aus dem Repertoire von Beschwichtigungen, die grundlegend brüchige Ehen über ihr Verfallsdatum hinaus aufrechterhalten.

Eine Lungenembolie, mein Leben war zeitweise ein Tanz auf des Messers Schneide, hat mir verholfen, im Diesseits bewusstere Entscheidungen zu treffen. Du bist mir wieder eingefallen. Deine Abwesenheit. Ach, Barisa, du fehlst mir so. An jedem Tag.

Seit du die Arbeitsstelle gewechselt hast, sind unsere Zusammenkünfte verebbt. Jene durch verstandesgemäße Zurückhaltung und gebremste Leidenschaft charakterisierten Mittagspausen haben sich endgültig ausgeschlichen.

Wem, außer vielleicht unseren Partnern, soll ich hierzu gratulieren?

Was können wir uns von unserem lückenlos reinen Gewissen letztlich kaufen? Womöglich brauchte ich die mir sämtliche Sinne raubende Erkenntnis, wir würden uns wohl nie wiedersehen, deine jähe Unerreichbarkeit, damit mir einleuchtete, sporadische Grenzüberschreitungen meinerseits hätten unsere freundschaftliche Zuneigung belebt und unseren Partnern nicht wehgetan. Meine ich. Rede ich mir ein. Falls wir uns nochmals begegnen sollten, werden dich meine Arme umschlingen und mit keiner Faser meines Körpers werde ich mich in Beherrschung üben. Versprochen. Barisa.

Ich eifere. Aufgrund meiner verstrichenen Chance, die möglicherweise stellvertretend ein anderer ergriffen hat. Meine zufälligen Berührungen waren zu zaghaft, um in dir etwas zu entflammen, dass dir unausweichlich dargelegt hätte, wir seien füreinander bestimmt.

Wir haben telefoniert, Aufträge bearbeitet, Notizen gemacht, all die routinierten Tätigkeiten, die unser Job forderte, sie gegen Bezahlung zu verrichten. Wie konnten wir übersehen, wer wir irgendwo in den Winkeln unseres Unterbewusstseins von jeher füreinander gewesen sein mussten? Plötzlich unser Erkennungsblick, der eine Blitz, die Explosion. So intensiv haben wir uns in die Augen gesehen, dass unsere Glieder anfingen zu zittern, dann war es geschehen. Um dich. Um mich. Um uns. Ein Band hat uns zusammengeschnürt. Hatten wir nichts Besseres zu tun, als uns aus dieser himmelsverwandten Enge herauszuschälen?

Deine letzten Stunden in meiner Firma? Eine Tragödie. Deine Nichtverfügbarkeit schwärt wie ein Wunde. Sobald ich mir die oft stummen Momente unserer Zweisamkeit hervorrufe, entzündet sie sich vor Sehnsucht. Ich schwitze. Ich kreische. Deine Schultern sind Landeplätze, die meine Hände bereisen müssen, und solange das Herz in meiner Brust nicht gegen deinen Rücken pochen durfte, werde ich nicht sterben können. Meine Erregung will strömen. In deinen Nacken hinein möchte ich hauchen. Meine Lippen wollen deine erkunden, nachahmen, was sie vormachen.

Geschriebene Zeilen, versendete ich sie an dich, könnten missverstanden werden. Es liegt in der Natur eines Briefes, dass er die Intensität meiner Gefühle für dich heruntertemperiert und abschwächt.

Ich befinde mich im Dachgeschoss, springe auf von meinem Sessel, zerknülle das Blatt, sehe aus dem Fenster auf die umliegenden Äcker.

Das Korn ist gemäht. Es ist früher September. Einen nächsten Winter ohne dich kann ich voraussichtlich nicht überstehen. Den Stoppeln auf den Feldern werfe ich vor, sie wollten mir demonstrieren, wie wenig übrig geblieben ist von meinen Hoffnungen. Unsere Zusammenarbeit hätte Vorbereitung sein sollen. Für uns. Auf uns. Auf unsere Scheidungen. Wie rasch die Monate durch unsere Finger flossen, uns entglitten. Muss ich mich strecken wie ein Bettler seinen Hut nach ein paar Münzen, um von dir ein Lebenszeichen zu erhalten?

Die Aussicht, zeitlebens von dir abgeschieden zu sein, drängt mich, jedem einzelnen unserer verheißungsvollen Blicke Süße herauszusaugen. Ich bin eine Drohne auf der Jagd nach Reminiszenzen, ein Sammler von Erinnerungsvorrat für mein Depot im Alter. Ich bewege mich zu auf eine Dämmerung. Auf das „Ohne dich". Auf jenen finsteren Ort jenseits von Fleischeslust. Sommer für Sommer strebe ich nach dir. Und bin doch einsam in meiner Partnerschaft.

Weit in die Stirn gezogen ist mein Strohhut bei den Wanderungen mit meiner Frau. Unter ihm verberge ich das Verlangen nach dir. Nichts aber kann meine Zuneigung zu dir aus meinem Gesicht tilgen. Ihre Arglosigkeit, so denke ich, ist gespielt. Ich bin der miserable Protagonist eines Ich-führe-eine-intakte-Ehe-Films. In wenigen Jahren lasse ich sie zurück. Meine Frau Sonja.

Meine Unrast werde ich nicht ablegen können, bis meine Fahndung erfolgreich verlaufen ist, ich dich gefunden haben werde. Falls irgendetwas am Ende meiner Tage Sinn ergeben sollte, dann nur mit dir, dann ausschließlich wegen deiner Anteilnahme, liebste Barisa.

Noch trabt Sonja neben mir her, immerzu rennt sie, als wüsste sie um den Vorsprung, den sie herausholen müsse. Eine augenfälligere Einstimmung auf unser unweigerliches Auseinandergehen als ihren Vorsprung, den sie bei jedem Spaziergang mit mir zelebriert, kann es nicht geben. In meinem ungestillten Verlangen nach dir erkenne ich ein Scheitern. Keine Woche vergeht ohne die Frage: Warum ist Sonja bei mir und nicht du, Barisa? Die Zeit wird kommen, in der mir die Zimmer meines Hauses zu klein geworden sind. Als mutmaßlich vernunftbegabtes Wesen sollte ich dann der Begierde nach dir ausweichen können. Sag mir wie!

Das Salz getrockneter, niemals anders als hinter deinem Rücken geweinter Tränen, liegt auf meinen Wangen. Barisa, auf das Risiko, du hältst mich für naiv, sobald du winkst, werde ich hier ausziehen und dich hereinbitten in ein neues, eigens für uns beide angeschafftes Heim. Die kahlen Flächen der abgemähten Felder liegen gleich goldener Teppiche vor meinem Fenster. Meine Drüsen produzieren Barisa-Hormone, sie durchfluten mich mit Starkstrom. Was bringt mich fort von Sonja, was hin zu dir? Mit welcher Methode kann ich ihr meine Abnabelung beibringen. Behutsam, doch unmissverständlich. Weiß Sonja, was für einen seligen Mann sie aus mir machen würde, gäbe sie mich offiziell frei? Frei für eine andere Frau, die sie als Barisa nicht benennen kann, da deren Name in ihrem Wortschatz nicht vorkommt.

„Such dir …"

„Geh doch …"

Derartige von ihr gesprochene Sätze könnten mich ungemein entlasten von einer Schuld, wenn ich sie in unserem riesigen Haus zurücklasse.

Unsere gemeinsamen Spaziergänge sind Fluchtbewegungen Sonjas, sie umreißen für meine Begriffe allzu klar: Nicht länger als nötig soll ich bleiben. Nichts wünsche ich mir inständiger. Ich blühe in Vorfreude bei der Erwägung einer baldigen Loslösung. Die zermürbenden Passagen unserer holprigen Partnerschaft mit bunten Worthülsen zu umgarnen bedarf einer Selbstverstellung, die mittlerweile meine Kräfte übersteigt.

Eine Ehe unter dem Diktat einer Leistungssportdoktrin widerstrebt mir. Mein restliches Leben darf sich nicht damit befassen, eine Strapaze durchzustehen. Gibt mir die Knechtschaft Struktur? Ist unsere Verbundenheit zum Zwang geworden und zur Sucht? Bin ich abhängig von der Gewohnheitsdroge Sonja? Halten wir uns blindlings an unser Eheversprechen, da wir Gefahr wittern, es könnte schlimmer kommen, wenn wir uns Neuem hingeben? „Was wird später sein?", frage ich mich. Ja, das natürlich.

Falls ich mal nicht dran bin an Briefen, die ich dir schreiben möchte, meine Hemmungen zu überwinden, und schließlich das Papier zerknülle, weil bereits die ersten drei Worte hierzu veranlassen, schleppe ich mich Sonja hinterher. Ihren Ansprüchen. Ihren Auffassungen. Oder mich leibhaftig, während wir gehen.

Hole ich sie ein, umfange ich sie, bin jederzeit bereit, sie in der Umarmung zu ersticken. Sie hält mich ab von dir, Barisa. Das möchte ich ihr heimzahlen. Von Sonnenmilch auf meiner Haut habe ich die gesamte Saison abgesehen. Sonnenbrände übertünchen den Schmerz, der mich befällt, sofern ich grüble, wie wir unsere Arbeitspausen verbracht haben, stets präventiv unsere Hände in den Hosentaschen vergraben, damit nur ja nichts passieren konnte. Nachträglich will ich behaupten, jene Vermeidungsstrategien hätten wir unterlassen sollen.

Bloß in meiner Fantasie kann ich auf Pfaden wandeln, die mich näher an dich heranbringen. Ich trauere um die auf Jahrzehnte hin ausgedehnten Monate, die wir durch unser striktes Enthaltsamkeitsgebaren versäumt haben, weswegen wir jetzt an der Seite anderer Partner verbringen müssen.

An den obersten Zipfel des Ackers, umringt von der Kulisse aus Trauerweiden, Sumpfwiesen und Matschfeldern, reichen meine Blicke heran. Hinaus ins Land muss ich, will ich dich jemals finden. Wegzugehen macht mir Angst. Immerhin habe ich mit Sonja drei Mädchen.

Der Postwagen hält vor unserer Einfahrt. In die Briefkastenklappe geworfen wird eine Sendung. Ich laufe hinunter, entnehme den Umschlag. Außen deine Adresse. Innen deine Telefonnummer. Liebste Barisa, meine bekritzelten Papierbögen verräume ich. Vom Schreibtisch in den Mülleimer.

Ich wähle dich an, es piept, du nimmst ab. Kannst du mein Lächeln hören? Unbestritten. Denn du lächelst ebenfalls.

„Heute Abend?", frage ich dich.

„Heute Abend", antwortest du.

Oliver Fahn *wurde 1980 in Pfaffenhofen an der Ilm im Herzen Oberbayerns geboren. Der Heilerziehungspfleger lebt bis heute zusammen mit seiner Frau und seinen beiden Söhnen in der Kreisstadt. Fahn veröffentlicht regelmäßig Beiträge in Kulturmagazinen und verfasst Texte für Anthologien.*

Ist das kreativ oder kann das weg?

Es gibt Menschen, die wollen wir gerne vergessen, und doch gehen sie uns einfach nicht aus dem Kopf. Aus irgendwelchen Gründen kommen uns ihre Aussagen, ihre Kommentare immer wieder in den Sinn. Bringen uns zum Nachdenken. Zum Zweifeln. Und nicht immer geht es dabei um die große verflossene Liebe, um eine unschöne oder frische Trennung, es gibt Menschen, die begleiten uns nur ein sehr kurzes Stück unseres Weges und dennoch bleiben ihre Kommentare. Und leider haften nicht nur die Guten.

So geht es auch mir. Kunst ist wichtig. Kunst muss gefördert werden. Immer kürzen sie die Mittel am falschen Ende. Aber Künstler wird man nicht, um Millionen zu machen, Künstler wird man aus Überzeugung. Kunst soll etwas bewirken. Künstler leben für den Moment. Künstler müssen sich auflehnen gegen die Obrigkeit. Den Nachbargarten besetzen. Fenster mit Steinen im Nachbarhaus bewerfen. Einfach nur dagegen sein. Das Künstlermetier ist schon sehr eigen. Vor einiger Zeit hielt ich es für eine gute Idee, in diese Welt einzutauchen und mir ein Bild zu machen von diesen Menschen, von ihren Sorgen. Doch vor allem wollte ich etwas bewegen. Aufmerksam machen. Begeistern. Zeigen, dass Kunst und Kultur mehr ist. Nicht nur verstaubt. Sondern modern.

Doch dann fing es an. Meine Kleidung war zu vornehm, zu modern, zu elegant. Das hatte bisher zu Jeans, T-Shirt und Stiefeln noch nie jemand zu mir gesagt. Doch ich verstand schon am zweiten Tag, was damit gemeint war.

Als ich an dem Morgen zur Arbeit radelte, lachte die Sonne vom Himmel, 30 Grad sollten es werden. Ein wunderschöner Sommertag im Frühjahr. Als ich die Einrichtung betrat, kamen mir kühle 13 Grad entgegen. Wärmer als 17 Grad wurde es auch nicht. Gut, jetzt müssen wir Heizkosten sparen. Aber es war vor dem Russlandüberfall. Heizen kostet Geld und Mitarbeiter können frieren, lautete das Motto der Einrichtung, als ich fragte, ob man die Heizung aufdrehen könnte. Da dies nicht ging, wollte ich lüften, warme Luft in den Raum lassen. Wieder falsch. Die Fenster bleiben zu! Lüften ist insgesamt unerwünscht, auch die Haustür, die für angenehm frische Luft im Treppenhaus sorgen würde, musste verschlossen sein. Die verschlossenen Türen und Fenster heißen neue Besucher nicht gerade willkommen. Licht aus, es ist hell genug! Bildschirmarbeiten in einem dunklen Raum. Das perfekte Disco-Ambiente.

Jeder Arbeitsrechtler hätte den Aufstand geprobt, von wegen Arbeitssicherheit und Gesundheit des Arbeitnehmers. Aber die kümmerte in dieser Einrichtung die Chefetage wenig. Respekt gegenüber Mitarbeitenden Fehlanzeige. Verständnis. Ein Wort, das sie nicht kannten. Und an diesem Ort sollten kreative Ideen entstehen! Neue Bündnisse geschlossen werden und Firmen sich bei ihren Großveranstaltungen wohlfühlen. Wohlfühlen in einem Raum, in dem Pilze an den Wänden wachsen. Kalt und feucht. Ohne Service. Wohlfühlen taten sich hier sicherlich nur die Schimmelsporen, die sich fröhlich an der Wand vermehrten.

Wohlgefühlt habe ich mich nicht. Nicht eine Sekunde. Ob es nur an der unfreundlichen Art der Kollegen lag, an den kalten und uneinladenden Räumlichkeiten? Ich kann es nicht sagen. Aber eines möchte ich noch sagen: Liebe Susan, einen solchen Ort braucht wirklich niemand! Niemand! Du kämpfst für ein Relikt aus vergangenen Zeiten, das die Moderne verschlafen hat. Ein Relikt, so wie auch du es bist. Mit deinen Ansichten. Veraltet. Vermodert. Auch wenn Vintage und Retro in ist, Respektlosigkeit und die Ausgrenzung von Minderheiten wird sich hoffentlich nie wieder durchsetzen. Vielleicht lädst du die LQGTB+ Gesellschaft in dein Haus ein. Aber alle anderen lädst du aus. Ausgrenzung funktioniert immer in zwei Richtungen. Kreativität und kreative Köpfe braucht das Land. Aber du und deine Einstellungen können definitiv weg! Danke für nix. Außer für eine dicke Erkältung im Sommer.

Christina Reinemann *wurde 1982 in Nordhessen geboren. Zwischen 2011 und 2014 veröffentlichte sie Bücher im Selbstverlag. Zuletzt erschienen ihre Kurzgeschichten „Qualitätsmanagement" und „Lebe, Liebe, Lache" in einer Anthropologie.*

Brief an Oma

Liebe Oma,

schon vor langer Zeit bist du von uns gegangen und doch muss ich oft an dich denken, wenn ich zurück in meiner alten Heimat bin.

Wie oft hast du am Fenster gestanden und mir hinterhergewunken, wenn ich weggefahren bin? Wie oft kamst du die Treppe hinauf, wenn ich wieder ankam? Du hast dich immer so gefreut und warst so glücklich, wenn ich da war! Du hast mich mein ganzes Leben lang begleitet. Immer warst du für mich da, hast mich getröstet, wenn ich hingefallen war, hast mit mir gelacht und hast mich zugedeckt, wenn mir kalt war. Im Winter hast du mir oft eine Wärmflasche gemacht und dann war es gleich ganz kuschelig warm.

Wir haben lange Spaziergänge unternommen und Brombeeren gepflückt. Du hast mir immer von früher erzählt und dann alle Geschichten für mich aufgeschrieben. Das Buch ist ein großer Schatz, in dem ich gerne lese.

Für dich war die Familie das Wichtigste im Leben und du hast immer gerne alle um dich gehabt.

In meinem Regal steht ein altes Bild, auf dem du mit deiner Familie Weihnachten feierst. Deine Eltern und Geschwister sind bei dir und du lächelst glücklich in die Kamera.

Noch heute blühen deine gelben Blumen im Garten, beim letzten Besuch habe ich mir einige ausgegraben und in meinem Garten eingepflanzt. So habe ich einen Teil von dir mitgenommen und bin ganz sicher, dass du bei mir bist, wenn sich die gelben Blüten im Wind hin und her beugen, als würden sie tanzen.

Liebe Oma, ich wollte dir noch sagen, dass ich dich sehr vermisse.

Deine Enkelin

Dörte Müller, geboren 1967, geboren und aufgewachsen im Harz, schreibt und illustriert Kinderbücher. Sie lebt mit ihrer Familie in Bonn und freut sich schon, wenn die gelben Blumen wieder blühen.

Flügel

Und was ich dir noch sagen wollte: Es gibt sie, die Elfen. Ich sitze etwas verträumt und gedankenverloren auf meiner Lieblingsparkbank. Hinter und über mir raschelt es und die Bäume werfen nach und nach ihre bunten Blätter ab. Es duftet nach Herbst – etwas rauchig und leicht vermodert. Die Natur zieht sich langsam, aber merklich zurück. „Ach, schade", denke ich. „Nun ist der Sommer vorbei." Ein leises Gefühl von der Sehnsucht nach Sonne und Wärme umhüllt mich. Ich spüre ein leichtes Poltern neben mir, schaue nach links und gucke in zwei lächelnde Augen, etwas spitzbübisch. Dann schaue ich genauer hin. Huch, eine Elfe.

Sie zeigt nach oben und ruft: „Wer ist zuerst in der Baumkrone?" Und zack, ist sie auch schon weg. „Wo bleibst du denn?", ruft sie einen Moment später. Und sie ist schon wieder auf dem Weg zurück zu mir. „Ich war schon fast oben!"

Ich drehe mich etwas zur Seite und zeige ihr meinen Rücken. „Oh", meint sie nur.

Ich blicke etwas traurig und sage: „Ich habe meine Flügel gestutzt." Nun schaut sie sich meinen Rücken etwas genauer an. „Da klebt etwas!", ruft sie mit ihrer hellen, lauten Stimme. „Dein linker Flügel ist festgeklebt. Irgendwie fixiert. Mit einem schwarzen Aufkleber. Ich knibbel den mal ab. Okay?"

„Klar", sage ich. Aber innerlich sträube ich mich etwas dagegen. Der Aufkleber hat mich ja schließlich mein Leben lang begleitet. Irgendwie habe ich den lieb gewonnen. Das sage ich ihr aber natürlich nicht.

Sie zeigt mir den Aufkleber. Ich lese laut vor: „Ich muss." Oh! Na, der kann aber wirklich mal langsam weg. Und sofort spüre ich meinen linken Flügel. Wie schöööön. Und ich erinnere mich daran, wie ich ihn als Kind bewundert habe. So feingliedrig. In der Sonne hat er kunterbunt geschimmert.

„Hm", meint die Elfe. „Auf deinem rechten Flügel steht auch noch etwas."

„Was denn?", seufze ich.

„Ich darf nicht", antwortet sie. „Das ist schon etwas schwieriger", entgegnet die kleine Elfe. Sie verharrt einen Moment und überlegt angestrengt. „Der Satz ist irgendwie eintätowiert. Komm, wir verbinden uns und denken gemeinsam gaaaanz fest an die Liebe und an Freiheit und alles ist ganz hell und voller Licht." Sie nimmt meine Hand und kaum haben wir damit begonnen, an all das Schöne und Positive zu denken, erscheint ein Lichtstrahl und überschreibt meine alte Aussage.

Ein neuer Schriftzug entsteht: *Ich darf!* Ich spüre, wie das Blut langsam und ganz sanft in meine Flügel einströmt. Ein leichtes Ziehen und Kribbeln. Dann recke und strecke ich mich und ein warmes Lächeln überzieht mein Gesicht.

Die Elfe hilft mir auf, schiebt mich von hinten etwas an und stützt mich. Der erste Flug! Noch etwas unsicher und wackelig. Aber ich spüre sie schon, diese neue Freiheit. Tun und lassen zu dürfen, was ich möchte. Sein zu dürfen, wer ich bin, und mir alles, wirklich alles zu erlauben.

Die kleine Elfe ist so schnell weg, wie sie gekommen ist. „Bis morgen", ruft sie mir noch winkend aus der Ferne zu. „Dann treffen wir uns wieder hier und fliegen hoch in den Baum. Und wir springen und hüpfen von Blatt zu Blatt."

Ich lächle und winke wie verrückt und vor lauter Freude und Vorfreude hebe ich mit einem festen Flügelschlag noch mal kurz vom Boden ab.

Fantastisch. Und ich denke immer und immer wieder: „Flügel. Flügel. FLÜGEL."

Stefanie Bräunig schreibt seit einigen Jahren Kurzgeschichten und Gedichte. Manche davon fallen dabei geradezu vom Himmel. Andere entfalten sich auf ihrem Sofa sitzend zur Musik. Auf ihrer eigenen Website herzensgut-do.de teilt sie ihre Gedanken und Erlebnisse in Form von Texten, selbst gemalten Bildern und Fotografien. Sie begegnet Flora und Fauna mit einem offenen Herzen, welches weitere Texte tief aus ihr herauszaubert. Über einen wundervollen Sonnenaufgang freut sie sich genauso wie über ein Gespräch über Gott und die Welt bei einem gemeinsamen Spaziergang oder einer Tasse Kaffee.

Gedanken in der Nacht

Warum denke ich gerade jetzt an dich? Obwohl ich dich doch gar nicht kenne. Liegt es am Thema dieser Ausschreibung? Fünfzig Jahre habe ich kaum einen Gedanken an dich verloren.

Wozu auch?

Mir ist flau im Magen, doch die Gedanken sind da, ich kann mich nicht dagegen wehren.

Ich hätte dich gebraucht, als Vater und als Freund. Einen, der mit mir spielt oder ein Fahrrad repariert. Einen, zu dem ich aufsehen kann. Was ich von dir weiß, das hat mir Mutter erzählt, aber das ist nicht viel. Sie hatte es nicht leicht im Leben, doch all ihre Liebe schenkte sie mir. Es fehlte mir an nichts, außer einem Papa.

Ich glaube, sie hat dich nie vergessen. Mutter trug bis zu ihrem Tod dein Bild bei sich. Dies war in einem kleinen roten Mäppchen. Neben deinem war auch mein Bild. Wir sahen uns verdammt ähnlich. Auch ich hatte ein kaputtes Auge, wie seltsam.

Warum war ich dir egal? Ich sehnte mich nach einer Familie. Nicht, dass ich keine hätte. Aber sie war nicht komplett. Als uneheliches Kind wurde ich in der Schule gehänselt – und keiner war da, der mir half.

Ich kann mich gut erinnern. Mit sechzehn wollte ich dich kennenlernen. Mutter warnte mich davor. Und sie behielt recht. Du hast dich verleugnen lassen. Und später wurde mir gesagt, da kamen mir die Tränen, du wolltest mich nicht sehen.

Ich war so enttäuscht und voller Wut.

Das war der Tag, an dem ich dich vergessen habe.

Ich weiß nicht, ob ich Geschwister habe. Aber eines weiß ich, du hast zwei wundervolle Enkel, die nach ihrem zweiten Opa fragten, als sie noch klein waren. Ihnen schenkte ich meine Liebe, damit sie mein Leid nie erleben sollten.

Vielleicht hätte ich dich später doch noch suchen sollen. Aber ich wollte es nicht.

Und nun frage ich mich, ob dies richtig oder falsch war.

Gedanken eines Siebzigjährigen in der Nacht. Keiner kennt meinen Kummer.

Aber das Leben ist, wie es ist.

Dieter Geißler, geboren 1954 in Weimar, Ausbildung zum Koch, danach Studium an der Fachschule für Gaststätten- und Hotelwesen Leipzig. Heute lebt der Rentner in Frankenheim, in der „Hohen Rhön". Durch eine Krankheit kam er mit 57 Jahren zum Schreiben. Er verfasst Gedichte und Kindergeschichten. In verschiedenen Verlagen wurden von ihm Gedichte und Kindergeschichten veröffentlicht.

Mutter, du hast dich sterben gelegt

Mutter, du hast dich sterben gelegt –
du fühlst, dass dein Räderwerk stockt.
Wir haben dich so gut, wie wir konnten, gepflegt
und dir noch so manches Lächeln entlockt.

Ein ganzes Jahrhundert beinahe durchschritten,
so wenig bekommen, so vieles erlitten;
hast Krieg und Verfolgung, Kummer und Leid,
auch bittere Armut erlebt
und trotzdem der Jugend glückliche Zeit
in deine Erinnerung gewebt.

Für dich kommt ein anderes Kind grad zur Welt,
versucht, alles besser zu machen;
wird vieles erträumen, was das Leben nicht hält
und wird wie du weinen und lachen.

Es wird ihm nicht alles auf Silber gereicht,
kein Lorbeer umsonst ihm gebracht –
doch mit deinem Leben hast du's ihm vielleicht
ein klein wenig leichter gemacht.

Dr. Franz Mach, *geboren 1954 in Wien, nach der Matura Medizinstudium, Facharztausbildung zum Chirurgen, 25 Jahre eigene Praxis in Klosterneuburg. Seit der Jugend Verfassen von Gedichten, Liedern und Songs. Mehrere öffentliche Aufführungen im Rahmen von Liederabenden.*

In Liebe John

Meine liebe Motte,

du wunderst dich sicher, weshalb du plötzlich einen Brief in deinen Händen hältst, der meinen Namen als Absender trägt. Wir hatten die letzten drei Jahre keinen Kontakt, was ich mir ankreide. Motte, ich war nicht immer eine große Stütze für dich. Besonders nicht in den Momenten, in denen du mich so gebraucht hättest. Das tut mir unendlich leid. Ich kann die Zeit nicht zurückdrehen, aber ich möchte dir etwas mit auf den Weg geben. Etwas, was ich schon längst hätte sagen sollen, mich aber nie getraut habe.

Ich bin so stolz.

Ich frage mich, wie du dich all die Jahre gesehen hast. Warst du auch stolz? Ich frage mich das, weil ich dich nie gefragt habe. Du schienst immer so beschäftigt zu sein. Beschäftigt mit dir selbst. Voll eingebunden in deinen Alltag.

Ich habe mich gefreut für dich. Ich weiß, dass der Weg dorthin schwer war, und ich weiß, dass du es nicht immer leicht hattest.

Manche gehen leichtfüßig durchs Leben. Man könnte meinen, sie schweben oder tanzen im Takt des Glückes.

Manche aber treten auf der Stelle. Sie sinken immer wieder ein. Du warst so jemand. Es hat mich jedes Mal geschmerzt zu sehen, wie du scheiterst.

Aber ich habe dich auch bewundert. Oh, wie ich das tat. Die Stärke, die du an den Tag legst, faszinierte mich schon immer.

Du kämpfst.

Für dich.

Ich bin so dankbar.

Wo dein eigenes Leid ist, dort ist die Liebe nicht weit fort. Anstatt dich zurückzuziehen, bist du zu mir gekommen. Du hast aus meinem

Gewitter einen Regenbogen gezaubert. Obwohl du es nicht geschafft hast, für dich selbst die Sonne scheinen zu lassen. Ich bin dankbar, dass ich deine Fürsorge und deine Liebe spüren durfte, wann immer ich sie brauchte. Obwohl ich nie danach gefragt habe. Danke, dass du mein Leben begleitet hast. Du hast mir gezeigt, was bedingungslos bedeutet.

Es gibt kaum jemanden, der heller leuchtet, obwohl er nicht vor Freude strahlt. Doch weiß ich nicht, ob du dies je gesehen hast, wenn du in den Spiegel blicktest. Ich wünschte, ich hätte dich gefragt …

Motte, wann immer du einsam, traurig oder frustriert bist, so nimm dir diesen Brief zur Hand. Bewahre in bei dir für die Zeit, in der ich nicht mehr sein werde.

In Liebe
John

Valerie Wernitz, 26 Jahre, aus Hamburg. Die Autorin hat Pädagogik studiert und arbeitet gerne mit Kindern. In ihrer Freizeit entdeckt sie neue Orte und macht entspannte Aktivitäten wie Yoga. Sie schreibt besonders gerne Gedichte und lyrische Werke. Neben dem Schreiben macht ihr auch das Nähen und Stricken sehr viel Spaß.

Die Traueranzeige

Er sitzt allein auf einer Bank im Park nahe dem Bestattungsunternehmen. In der Hand hält er einen Zettel, auf dem ihm die freundliche Mitarbeiterin verschiedene Formulierungen für die Traueranzeigen aufgeschrieben hatte. Eine nach der anderen liest er sie erst stumm und dann leise sprechend durch. Er ist sich bei der Wortwahl im Zweifel, die den Tod seiner geliebten Ehefrau nennt. Jedes einzelne Wort prüft er darauf ab, ob es zu dem traurigen Ereignis passt.

Obwohl er seine Frau sehr geliebt hat und seine Ehe weit über die Silberhochzeit hinaus bestand, hält er die Formulierung *meine innig geliebte Frau* für unangebracht. Eine derartige Formulierung, meint er, sei etwas für Jungverheiratete oder für Paare, die viel, viel länger verheiratet gewesen waren als er. Für ihn drückt gerade dieses Wort *innig* etwas Einengendes aus, so als wenn er seine Ehefrau mit seiner Liebe (und den sogenannten Liebesbezeugungen) bedrängt oder gar eingeengt hätte. Dem war aber nicht so. Er liebte sie stark, aber nicht bedrängend und einengend.

Nachdem er sich für *meine liebe Frau* entschieden hat, liest er nun die zahlreichen Worte, die das Sterben bezeichnen. Auf seinem Zettel stehen die Begriffe: gestorben, verstorben, erloschen, tot, verschieden, hingeschieden, verblichen, erlöst, ausgelitten, entschlafen, heimgegangen, geendet, krepiert, von hinnen gegangen, das Zeitliche gesegnet.

Einige Begriffe scheiden sofort aus. Er nimmt einen Stift und streicht die Worte durch, die auf gar keinen Fall infrage kommen. Dann überdenkt er die restlichen Worte und stellt fest, dass aufgrund des – Gott sei Dank – sanften, nächtlichen Todes, keine Begriffe zu wählen sind, die mit einer quälenden Erkrankung in Verbindung stehen. Es bleiben nur wenige Worte übrig.

Er besinnt sich auf das Glaubensbekenntnis seiner Kirche. Dort heißt es: gekreuzigt, gestorben und begraben … Ja, entscheidet er sich, dort steht dieses *gestorben*, das passt zu ihrem Tod. Alles andere, meint er, sind Bezeichnungen, die das doch zwar hart klingende Wort *sterben* etwas weicher erscheinen lassen sollen. Wenn die Worte verblichen, entschlafen oder von hinnen gegangen gewählt werden, dann hat der oder die Hinterbliebene bestimmt sogenannte Zukunftsangst und will sich durch diese genannten Worte selbst beruhigen, ist er überzeugt.

Nachdem er sich für das *gestorben* entschieden hat, muss er noch darüber nachdenken, ob er die Beerdigung, das Begräbnis, die Bestattung oder die Beisetzung anzeigt. Er will sich morgen, wenn er die Mitarbeiterin im Bestattungsinstitut erneut aufsucht, mit ihr unterhalten und sich die eventuell vorhandenen Unterschiede des Ablaufs erklären lassen. Sollte sich herausstellen, dass alle Begriffe problemlos austauschbar seien, will er *Beerdigung* wählen.

Dass dieses Ereignis an der Grabstelle *in aller Stille* ablaufen soll, darüber besteht bei ihm kein Zweifel.

Seine Ehefrau war eher in sich gekehrt, als dass sie eine Person war, die an allen Festen teilnehmen und ständig der Mittelpunkt sein musste. Sie hätte es bestimmt gewollt, wenn im Anschluss an die Beisetzung kein Treffen im nahe gelegenen Restaurant stattfinden würde.

„Weshalb", so meinte sie einmal, „weshalb soll man denn Menschen, mit denen man nicht viel zu tun hatte, im Anschluss an eine Beerdigung auch noch verpflegen? Eine Trauerfeierlichkeit ist keine Party, auf der der Tod eines lieben Menschen gefeiert, bejubelt und vielleicht sogar im Alkohol ertränkt werden soll."

Einerseits, denkt er jetzt, hatte sie recht. Andererseits, fällt ihm dazu aber auch ein, könnten dabei gute Erinnerungen an die Verstorbene ausgetauscht werden. Jeder erinnert sich vielleicht an eine andere Situation oder Begebenheit, die das Bild der Verstorbenen in den Köpfen der Trauernden komplettiert. Die Traurigkeit weicht dann vielleicht bei den Trauernden und es macht sich Dankbarkeit breit. Dankbarkeit, dass man dieser jetzt beerdigten Frau eine kurze oder lange Zeit ihres Lebens nahe sein, sie begleiten und sie – im wahrsten Sinne des Wortes – erleben durfte.

Und als ein kleines Dankeschön für die Mühen, die sich einige während der letzten Tage mit ihr und ihm in Form von Gesprächen und Handreichungen gemacht hatten, sollte dieses Beisammensein auch gesehen werden.

Nach jedem Gedanken daran fragt er sich leise: „Was hätte meine Frau dazu gesagt? Wie hätte sie entschieden?" Und er bedauert, nie direkt und abschließend mit ihr darüber gesprochen zu haben.

Jetzt kann er es nicht mehr tun.

Bis morgen muss er sich entscheiden.

Traurig faltet er den Zettel und denkt noch lange über seine liebe Ehefrau und seine jahrzehntelange Beziehung zu ihr nach. Tieftraurig macht er sich schließlich auf den Weg nach Hause.

Charlie Hagist wurde 1947 in Berlin-Steglitz geboren. Nach Grund- und Oberschule absolvierte er eine Ausbildung zum Bankkaufmann. Während seiner Tätigkeit in der Personalabteilung des Hauses bildete er sich zusätzlich zum Personalfachkaufmann (IHK) weiter. Ehrenamtlich war er als Richter am Amtsgericht Berlin-Tiergarten, am Sozialgericht Berlin und danach am Landessozialgericht Berlin tätig. Charlie Hagist ist verheiratet, hat einen Sohn.

Mein geliebter Herzensmensch

Mein geliebter Seelenmensch!

Am Sonntagmorgen um 04.25 Uhr hat sich deine Seele endgültig von der irdischen Hülle gelöst und durfte ins göttliche Licht eintauchen. Es war der Moment des definitiven Loslassens und danach hatte ich nur noch einen Gedanken: „Jetzt bin ich nur noch ein halber Mensch ohne dich."

Trotz des großen Schmerzes weiß ich mit Sicherheit, dass es dir auf der andern Seite des Regenbogens gut geht und diese Gewissheit tröstet mich unendlich.

Nun sitze ich in der ersten Reihe der Kirche, alle unsere Verwandten, Bekannten und Freundinnen sehen mich traurig an, denn sie können erahnen, was gerade in mir vorgeht. Eigentlich wollte ich den Abschiedsbrief an dich persönlich vorlesen, aber ich schaffe es nicht und so übernimmt unsere Freundin Regula diesen Liebesdienst.

Ich möchte dir noch so viel sagen und ich denke, all die anwesenden Trauernden haben ein Anrecht darauf, deine Lebensgeschichte kennenzulernen, denn sie ist etwas ganz Besonderes. Ebenso wie du es warst. Wie schlimm das klingt: *So wie du es warst.* In Zukunft werde ich immer in der Vergangenheit von dir sprechen müssen, aber für mich lebst du in meinem Herzen immer weiter.

Nun hören wir in den Abschiedsbrief und dein Leben hinein.

Deine Mutter war zur Zeit deiner Schwangerschaft schwer gezeichnet von einem Kriegstrauma. Die Ärzte hatten ihr prophezeit, dass sie das Kind nie zur Welt bringen würde. Da hatten sie die Rechnung ohne deinen Willen gemacht, denn mitten in einer Oktobernacht ertönte dein erster Schrei. Offenbar glauben die Ärzte immer noch, du würdest nicht überleben und du wurdest mit der Nottaufe verstehen. Als du mit deinen Eltern nach Hause durftest, verschlimmerte sich der psychische Zustand deiner Mutter so sehr, dass sie in eine Klinik eingeliefert wurde und du im zarten Alter von sechs Monaten in ein von Nonnen geführtes Heim kamst. Die waren aber mit der Pflege eines Säuglings dermaßen überfordert, dass du dank einer Sonderbewilligung der Gemeinde in ein normales Kinderheim übersiedeln durftest. Dort bist du bis zur Wiederverheiratung deines Vaters geblieben und als zehnjähriges Mädchen kamst du in ein echtes Zuhause. Oft hast du danach an die Zeit im Heim zurückgedacht, denn es war nicht immer einfach mit der Stiefmutter. Du warst stets eine fleißige Schülerin und nach Abschluss der offiziellen Schulzeit wurdest du im Schirmgeschäft deiner Cousine als Lehrtochter eingestellt und später konntest du als Geschäftsführerin sogar den Laden übernehmen und hast selber viele Lehrtöchter ausgebildet.

Dann, eines Tages im Spätherbst, als du in das Haus umgezogen bist, in dem ich schon einige Jahre gewohnt hatte, haben sich unsere Wege zum ersten Mal gekreuzt und schon bald haben wir gespürt, dass unsere Gefühle füreinander mehr als Freundschaft waren ... es war ganz einfach Liebe. Es gab natürlich Leute, die fanden unsere tiefe Verbundenheit nicht normal, denn sie konnten ja nicht ahnen, dass sich da zwei Seelen gefunden hatten, die zufällig äußerlich in der gleichen Karosserie steckten. Im Laufe der Zeit jedoch, nachdem bei dir die ersten Anzeichen der lebensbedrohenden Krankheit sichtbar wurden, merkten auch Zweifler und Verurteiler, dass uns offenbar das Schicksal zusammengeführt hatte.

Nach dem Tode deines Vaters verschlimmerte sich dein Gesundheitszustand, und als du nach einer Operation aus der Narkose aufgewacht bist, hatten deine Nieren ernsthafte Probleme. Seit deinem 30. Lebensjahr hattest du immer zu hohen Blutdruck, der leider nur mit Tabletten behandelt, aber dessen Ursache nie gesucht worden war.

Die Ferien im Piemont wurden zur Katastrophe, denn du konntest nachts nicht mehr richtig atmen und wir mussten notfallmäßig nach Hause zurückkehren. Natürlich wurdest du sofort von Kopf bis Fuß untersucht und dabei hat sich herausgestellt, dass du bereits ein chronisches Nierenversagen hattest. Dadurch hatte sich Wasser auf der Lunge angesammelt. Du musstest sofort ins Spital und dort dreimal wöchentlich an die Dialyse. Nach zwei Jahren hast du dich für die Bauchdialyse entschieden, die du viermal täglich zu Hause selber durchführen konntest. Drei Bauchfellentzündungen warfen dich gesundheitlich in ein tiefes Loch und du musstest deinen geliebten Beruf aufgeben.

Dann, acht Jahre später, wurde dir mit einer neuen Niere auch ein neues Leben geschenkt, denn die Lebensqualität wurde durch die Transplantation merklich verbessert.

Allerdings hielt die Freude darüber gerade mal zwei Jahre, denn innerhalb von wenigen Monaten hast du zweimal einen Hirnschlag erlitten und nach dem zweiten gestaltete sich die Rehabilitation sehr schwierig und dauerte drei Monate. Danach durftest du wieder nach Hause und mit einer externen Spitalhilfe, die fünfmal wöchentlich morgens zwei Stunden das Nötigste erledigte, durften wir wieder gemeinsam die Tage genießen. Es gab solche und solche Tage, aber wir waren für jeden schönen Moment dankbar. Ich habe deine positive Einstellung und den einzigartigen Humor immer bewundert. Trotzdem waren wir uns bewusst, dass wir auf einem Vulkan lebten, der jederzeit wieder ausbrechen konnte. Zur Erhaltung der transplantierten Niere musstest du täglich Unmengen von Tabletten schlucken, was nach den Hirnschlägen immer schwieriger wurde, da du nur noch mit großer Anstrengung die Kapseln hinunterschlucken konntest. Ich schluckte jeweils mit und zählte immer wieder: „Eins, zwei, drei, schlucken." Du gabst dir solche Mühe und warst für alles sehr, sehr dankbar. Wenn ich in dieser Zeit etwas gelernt habe, dann sind das Geduld und Dankbarkeit. Du warst mein leuchtendes Vorbild und wirst es immer bleiben.

Trotz aller Bemühungen wurde die Leistung der Niere immer schwächer und die Ärzte sprachen wieder von Dialyse, aber davon wolltest du nichts mehr wissen, denn du warst viel zu geschwächt.

Ja, ich konnte deine Entscheidung verstehen, auch wenn mir bewusst war, was dies bedeutete. In absehbarer Zeit würde deine Lebenskerze erlöschen. Als der Zeitpunkt kam, durftest du bei uns zu Hause im Dabeisein einer lieben Freundin, einer Ärztin, deine Seele auf die Reise schicken.

Mit einem dankbaren Lächeln im Gesicht hast du diese Welt verlassen. Ein paar Tage zuvor durfte ich in deinen Augen lesen:

Nun trage ich einen Teil von dir
hinaus in die göttliche Ewigkeit.
Nun trägst du einen Teil von mir
für den Rest der irdischen Vergänglichkeit.

Mein geliebter Herzensmensch, ich danke dir für alles, was ich mit dir erleben durfte, für deine Liebe und deinen Glauben an das ewige Leben. Du bist jetzt in guten Händen und unsere Liebe ist unsterblich, denn,

die Liebe hat sich nun gewandelt:
sie ist unendlich zart,
still
und dennoch voller Lebendigkeit,
fern,
aber in jedem Augenblick gegenwärtig.
Sie ist geheimnisvoll
und doch ganz klar, rein und frei
von allen Dingen dieser Welt.
Nun ist sie daheim
in der Geborgenheit des Herzens,
im Schutze der Erinnerungen:
unantastbar,
unbesiegbar, unverlierbar.

Ewig dein bis zu unserem Wiedersehen.

***Jeannine Di Marco** ist eine 73-jährige, jung gebliebene vierfache Oma, die seit der Pensionierung ihre Leidenschaft zum Schreiben auslebt. Als ehemalige Deutschlehrerin und soziokulturelle Animatorin, die gerne in der freien Natur und mit Tieren lebt, bevorzugt sie Kurzgeschichten, sei es für Erwachsene oder für Kinder. Ihr bisheriges Leben ist geprägt von Höhen und Tiefen, aber sie lebt nach der Überzeugung, dass wir für jeden Tag dankbar sein und die schönen Momente genießen sollten. Das Leben ist ein Geschenk.*

Niemand

Niemand hat mich je gefragt, wolltest du so leben,
denn dann hätt' ich Nein gesagt, hab so viel gegeben.
Vieles, was mir wichtig war, habe ich verloren.
Doch für meine Tochter kämpf ich, ich hab's mir geschworen.
Irgendwann, da wird sie fragen: „Wie hast du's geschafft?"
Unter Tränen werd ich sagen: „Nicht aus eigner Kraft."
Eines gebe ich ihr mit, vertrau auf Gott allein,
glaub an dich und bleib dir treu,
denn er wird bei dir sein.

Michaela Goßmann, Jahrgang 1984, ist Lehrerin in Mainz.

Stummer Besuch

Als ich vor der Tür stehe, nehme ich noch einen tiefen Zug von der Zigarette, die fast schon bis zum Filter abgebrannt ist. Einen Moment überlege ich, ob ich nicht einfach wieder gehen soll, anstatt zu klingeln. Doch während ich noch zögere, wird schon die Tür aufgerissen. Man erwartet mich. Ich zucke zusammen und schnippe den glühenden Stummel hinaus auf die Straße. Eine Dame im weißen Kittel bittet mich einzutreten und ich folge ihr über das knarrende Parkett durch den Flur. In der Luft liegt ein muffiger, stickiger Geruch. Er wird stärker, als wir durch einen zerschlissenen Fadenvorhang in die Stube gelangen. Ich blicke mich um, bis meine Augen an der Gestalt vor dem Fenster hängen bleiben.

Es ist erschreckend, sie so zu sehen. Dass sie im Rollstuhl sitzt, habe ich gewusst. Aber keiner hatte mich davor gewarnt, was mich sonst hier erwarten würde. Ich mustere ihren aufgedunsenen Körper, der bei jeder zuckenden Bewegung ihrer Hände erbebt. Ihr Gesicht ist fahl und irgendwie verzogen, als hätte man eine Wachsfigur in der Sommerhitze stehen lassen. Ihre eingefallen Augen blicken stier umher und scheinen doch nichts richtig wahrzunehmen. Ich versuche mich daran zu erinnern, wie sie früher ausgesehen hat, als ich ihr Schlüsselkind gewesen bin. Doch da ist kein Bild in meinem Kopf. Nur eine vage Erinnerung an warme Umarmungen, heiß geliebten Kartoffelauflauf zum Mittagessen und Schulaufgaben am Küchentisch. Sonst nichts. Es ist zu viel Zeit vergangen.

„Besuch ist da", schnarrt die Pflegerin mit polnischem Akzent und schiebt den Rollstuhl Richtung Tisch.

Der freie Stuhl nebenan wird mir angeboten. Ich atme tief ein und nehme Platz. Versuche irgendwie, den Blick der umherstreifenden Augen einzufangen. Weiß sie, dass ich da bin? Und wer ich bin?

Hilfe suchend schaue ich zu der Pflegerin, doch sie lächelt nur und geht hinaus. Um Kaffee zu kochen und nicht zu stören, wie sie sagt. Ich klammere mich an den mitgebrachten Blumenstrauß. Mir fallen keine Worte ein. Was sagt man einer sterbenden Frau? Ihr rasselnder Atem in der Stille ist unerträglich. Unerwartet stoppt ihr Blick und es ist, als studiert sie mein Gesicht. Auf der Suche nach etwas Vertrautem.

„Ich freue mich, dass du mich einmal besuchst." Für einen kurzen Moment scheinen ihre glasigen Augen plötzlich zu strahlen. „Was ist das her, dass ich dich im Arm hatte. So ein kleines Bündel bist du gewesen. Wir haben den Strampler umknicken müssen, weil deine Beine so kurz waren." Ganz hinten aus ihrer Kehle bahnt sich etwas wie ein Lachen gemischt mit krächzendem Husten den Weg. Dann triftet ihr Blick wieder ab.

Nervös rutsche ich auf meinem Stuhl hin und her. Ich muss mich zusammenreißen, nicht die bunten Punkte auf der Tischdecke zu zählen. Es schreit förmlich danach. Als Kind habe ich das immer getan.

„Du musst etwas sagen", denke ich. „Irgendetwas."

Die Gedanken in meinem Kopf rasen und überschlagen sich. Doch ich schaffe es nicht, einen von ihnen zu greifen und festzuhalten. Draußen höre ich das Parkett knarren. Ich bin regelrecht erleichtert, dass die Pflegerin zurückkommt. Sie stellt die Blumen ins Wasser und ich habe nichts mehr, woran ich mich festhalten kann. Ich presse meine schwitzigen Hände auf meine Oberschenkel.

„Ein besonderer Tag", sagt die Pflegerin, als sie den Kaffee serviert. „Sie bekommt nicht viel Besuch."

Ich starre betreten auf das Porzellan mit Blümchen.

So oft hatte ich mir das vorgenommen. Wenigstens ein Anstandsbesuch. Das war ich ihr schuldig. An der Entfernung hatte es nicht gelegen. Aber die Angst vor diesem Moment war zu groß gewesen. Tausend Mal habe ich ihn schon in meinem Kopf ablaufen lassen. Und jetzt, wo er da ist, fühlt er sich noch unangenehmer an, als ich ihn mir ausgemalt hatte.

Ich hebe den Kopf, um nach der Zuckerdose zu greifen. Da bemerke ich die Schnabeltasse mir gegenüber. Die Pflegerin legt sie in die zuckenden Hände und hilft, sie zum Mund zu führen. Hilflosigkeit breitet sich in mir aus. Schluckende Laute sind zu hören, gefolgt von einem Aufstoßen.

„Wenn du magst, kannst du es auch mal versuchen."

Ich sitze wie erstarrt und merke, wie es in meinem Hals drückt und kratzt. „Ich hätte nicht kommen sollen", denke ich, während ich mich zu einem Lächeln zwinge.

Der Rollstuhl wird näher geschoben. Ihre zuckende Hand versucht, nach meiner zu greifen. Irgendwie ekel ich mich davor, sie anzufassen. Die Haut ist rau und vergilbt wie eine alte Tapete. Aber unerwartet angenehm warm liegt sie dann in meiner. Der Kloß in meinem Hals wird immer größer.

„Ich kann das nicht", platzt es plötzlich aus mir heraus. Ich springe auf und renne Richtung Flur. Die Fransen des Vorhangs legen sich um mich, als wollten sie mich zurückhalten. Ich versuche, sie abzustreifen, aber mit jeder Handbewegung verheddere ich mich mehr in ihnen. Ich schlage um mich und schüttle meinen Körper. Schließlich kann ich mich aus dem Geflecht befreien und stürze den Flur entlang. Draußen krame ich in meinen Taschen nach den Zigaretten und stecke mir eine in den Mund. Meine Hände krampfen sich um das Feuerzeug. Sie sind zu zittrig, um es zu betätigen.

Ich vermeide jeden Blick zurück und steige in mein Auto. Dort sitze ich mit laufendem Motor, ohne loszufahren. Das Lenkrad fest umklammert. Manchmal ist es verdammt schwer, einfach Danke zu sagen.

Christoph Ringleb, *Jahrgang 1984, lebt und arbeitet in Frankfurt am Main. Leidenschaftlicher Schrebergärtner, der gerne im Grünen Momente und Gefühle auf Papier festhält. Stipendiat des Literatur Labor Wolfenbüttel 2003. Veröffentlichung einiger Gedichte und Kurzgeschichten in Anthologien.*

Wieder Jahrestag

Erinnerungen
unzerstörbar –
wieder Jahrestag

Jahrestage. Ich mag sie nicht. Schon vorher beginnen vernarbte Erinnerungen zu schmerzen und danach braucht es eine ganze Weile, bis das Leben wieder im Lot ist. Jedes Jahr von Neuem. Gestern war wieder einer. Nach so vielen Jahren verblassen Erinnerungen, manche bleiben lebendig, als wäre es gestern gewesen ...

Mein Vater, der einem meiner Brüder zwei weiße Mäuse schenkt. Die beiden Vierbeiner vermehren sich rasend schnell. Als es zwölf sind, flippt meine Mutter aus, packt einige in einen Karton und lässt sie im nahe gelegenen Wald frei. Ob sie lange überlebt haben, ist fraglich.

Mein Papa, der strenge Fahrlehrer, der meine Fragebögen gewissenhaft kontrolliert, als ich mit 28 Jahren endlich den Führerschein machen will. Er hat gute Arbeit geleistet. Ich hab die Prüfung im ersten Anlauf bestanden. Etwas anderes stand für ihn auch nie zur Diskussion.

Mein Paps am Herd, wie er von diesem und jenem Gewürz noch eine Prise in den Topf gibt, umrührt, probiert, nochmals nachwürzt, und erst als er wirklich zufrieden ist, kommt das Essen auf den Tisch. Lecker war es immer. Und als ich einige Wochen vor seinem Tod sehr krank wurde, nur noch 48 Kilo wog, meinte er: „Du siehst aus wie ein Kind aus Biafra", und ich bekam eine doppelte Portion. Ja, man bleibt immer Kind, auch mit über 30 Jahren.

Mein Vater, der mich immer und immer wieder nach seinen beiden Söhnen gefragt hat, fast jedes Mal, wenn wir uns sahen. Wie es ihnen geht, wollte er wissen, was sie machen, ob sie alles haben, was sie brauchen, und ich sollte sie von ihm grüßen, wenn ich sie sehe. Die beiden wollten nie etwas mit ihm zu tun haben, dafür hat meine Mutter gesorgt. Und er, er war traurig, ihn hat sie damit gequält bis zu seinem letzten Tag.

Mein Vater, der sich bei einem Autounfall das Schlüsselbein brach, seinen Arm wochenlang in einer Schlinge tragen musste, bis der Knochen wieder zusammengewachsen war, und der sich gern den Musikantenstadl im Fernsehen ansah und wie ich die Augen verdreht, mir die Ohren zugehalten habe. Nein, unser Musikgeschmack war wirklich völlig verschieden!

Mein Papa, der mir zu meinem zwölften Geburtstag einen gebrauchten Plattenspieler und einige Singles schenkt. Meine Mutter nannte es Hippie-Musik und ich durfte sie nur leise hören.

Mein Paps war ein herzensguter Mensch. Ich habe ihn nur einmal wirklich wütend gesehen, als meine Mutter erklärte, wir Kinder bekämen keine Weihnachtsgeschenke, denn sie brauche einen neuen Teppich fürs Wohnzimmer. Ja, wir hatten nicht viel, aber jeder von uns dreien bekam ein Geschenk und der Teppichkauf hat sich um Monate verschoben. Mein Vater hasste nichts mehr als Ungerechtigkeiten.

Und dann war er eines Nachts von einer Sekunde auf die andere nicht mehr da. Es blieb keine Zeit, sich zu verabschieden, keine Zeit für eine Umarmung, ein letztes Wort. Zu seiner Beerdigung sind weder meine Mutter noch meine beiden Brüder erschienen. Ich habe damals meinem Vater ein Versprechen gegeben und ich habe es gehalten. Zwanzig Jahre, lange Jahre, aber ich habe es gehalten. Und jetzt ist alles gut.

Eva Joan, *geboren 1960 in Augsburg, lebt nun in Gronau an der Leine. Seit 2001 gab es zahlreiche Veröffentlichungen in Anthologien, Zeitschriften, auf Haiku-Internetseiten und sechs Publikationen im Selbstverlag. Ihre Hobbys sind Lesen, Schreiben, Musik hören, Yoga und Stricken.*

Die Hand meines Vaters

Sie bewegt sich gekonnt über die Tastatur. Nein, das ist meine Hand. Mein Vater hat nichts damit zu tun. Er ist weder ein *Digital Native* noch ein *Digital Nerd*, hat noch nicht mal Taschenrechner. Die digitale Welt entzieht sich seinem Verständnis, selbst wenn er sich Notizen meiner präzise formulierten Instruktionen zu diesem Thema macht. In dieser Hinsicht muss ich ihn an die Hand nehmen. So gerne er auf das gesammelte Wissen im Internet zugreifen würde, die Digitalisierung geht ihm, höflich ausgedrückt, an der Hand vorbei. Im Allgemeinen ist mein Vater ein aufgeschlossener Geist, der aus seinem persönlichen Wissen in der analogen Welt viel gemacht hat.

Nun braucht er gar nichts mehr zu machen, denn er ist im Ruhestand. Und in dieser Ruhe liegt seine Kraft. Aber mein Vater dreht keine Däumchen, er genießt diesen zurückgelehnten Lebensabschnitt in eigener Weise. Seine Hand, sowohl die rechte wie auch die linke, bewegt sich rhythmisch zur selbsterzeugten Melodie auf dem Akkordeon. Er hält dieses Instrument seit seinem zwölften Lebensjahr in der Hand. Zum Schluss eins der Marke *Weltmeister*, was hervorragend zum Niveau seines Spielens passt. Kein Fest verging ohne einen musikalischen Beitrag meines Vaters. Falls er nicht verheiratet wäre, würde er den Elvis-Effekt mit nur einem Akkordeon-Akkord auslösen, die Quinte von E würde reichen. Ihm läge die Frauenwelt zu Füßen. Sorry, Ma! Mich gäbe es dann auch nicht, vergessen wir also Elvis.

Wenn das Schicksal es besser mit meinem Vater gemeint hätte, würde er sein Leben lang nichts anderes machen als Musik. Woher ich das weiß? Seitdem er in Rente ist, spielt ihm das Schicksal wieder zu, und zwar seine Lieblingsmelodie auf dem Akkordeon. Täglich macht er Fingerübungen auf der Quetschkommode. So betreibt mein Vater Prävention gegen Gelenkversteifung sowie Gewebeverhärtung. Seine leichten Arthroseprobleme bekommt er zwar nicht komplett wegmassiert, aber immerhin bleibt er beweglich. Das war nach dem Bruch im Sprunggelenk nicht anders. Respekt!

Da wir uns genetisch nahe stehen, muss ich aufpassen, dass ich nicht in seine pathogen riskanten Fußstapfen trete. Besser gesagt, in seine genetisch kränkelnden Handschuhe schlüpfe. Im Gegenteil, mit dem Handschuh meines Vaters schlage ich der Arthrose ins Gesicht, womit ich dieses unhandliche Krankheitsbild zum Duell auffordere. Die täglichen Übungen gehören auch zu meinem täglichen Brot. Nach dem Vorbild meines leiblichen und der Gabe des himmlischen Vaters bewege ich täglich meine Finger über die Saiten der Gitarre. Doch sei dies nur nebenbei erwähnt, denn um mich geht es hier in letzter Instanz. Ich spiele sozusagen die zweite Geige.

Obschon es eine makabere Situation ist, die Fädchen zu ziehen, die die Hand meines Vaters im Text zum Leben erwecken. Meine ersten Lebensjahre war nämlich er der Marionettenspieler. Aus Papa Carlos führender Hand wurde die unterstützende Hand eines liebevollen Vaters. Daumen hoch!

Apropos Daumen, der von meinem Vater ist saftig grün. Er ist nämlich Gärtner aus Leidenschaft und verbringt jede freie Minute in seinem irdischen Paradies. Das bekommt ihm ausgesprochen gut, dadurch ist er angenehm geerdet. In den letzten Jahren musste ich jedoch mein Geschick am Spaten, am Rasenmäher, am Rechen, an der Säge und Ähnlichem unter Beweis stellen, wenn ich zu Besuch aufschlug. Aber das ist in Ordnung, denn ich bekam mein Leben lang seitens meiner Eltern geholfen. Sie sind jetzt im fortgeschrittenen Alter, körperlich betagt, nicht geistig umnachtet. Ich nehme ihnen gerne die physische Anstrengung, lasse dafür den Gartengenuss zwischen Zier- sowie Nutzpflanzen.

Eine gelebte Gartentradition und eine Ehre, die meinem Vater gebührt, ist die Anzucht von Chili- sowie Tomaten-Setzlingen zu Hause, bevor diese in die Freiheit dürfen. Schon im Februar tauschen wir uns rege darüber aus. Da fangen die Sprossen an, auf der Fensterbank unter spärlichen Lichtverhältnissen zu keimen. Daran sieht man, wie wichtig die Umgebung ist, in der junges Gemüse aufwächst oder später seine Reife erhält. Sobald die Samen erste Triebe bekommen, spielt mein Vater ihnen klassische Musik vor, ganz passend Strauß zum Beispiel. Er spielt auch den Pflanzenträger, wenn er an sonnigen Frühlingstagen die Setzlinge tagsüber auf die Terrasse stellt. Am Abend holt er die kälteempfindlichen Pflanzen wieder ins Haus, die den ersten Duft der Freiheit an frischer Luft genießen durften.

Alle freuen sich über den Aufenthalt im Freien, die Menschen genauso wie die Pflanzen. Wobei das im Hinblick auf die Klimakrise zunehmend heikler wird. Den Treibhauseffekt beobachten wir gemeinsam jährlich im *Garten Eltern*, wenn wir nach einem Sturm das Treibhaus wiederholt zusammenflicken. An der regenfesten Plastikplane, die leider manches Mal reißt, verfängt sich herumfliegendes Plastik. Somit haben wir genügend Baumaterial zum Sanieren, was ein Vorteil von solch windigen Ereignissen ist. Man wird mir den Sarkasmus verzeihen. Das Treibhaus im Garten ist im Gegensatz zum globalen Treibhaus von hohem Nutzen. Es hält die Pflanzen in den kalten Frühlingsnächten warm und beschleunigt generell das Wachstum, womit eine pflanzenfreundliche Umgebung geschaffen wird. Ferner haben die faulen Tomaten den Regen von oben nicht so gern, daher muss mein Vater von unten fleißig gießen.

Mein Vater hat ein Händchen für viele Sachen. Ich könnte unzählige Beispiele bringen, in denen des Vaters Hand eine führende Rolle sowohl in seinem wie auch in meinem Leben gespielt hat. Doch das würde den Rahmen sprengen.

Keine Frage, dass ich meinen Vater für seine zahlreichen Talente bewundere, seine Disziplin, sein Können und Wissen. Letzteres teilt er gerne, oftmals ungefragt. Spaß beiseite. Schon als Kind nahm er mich an die Hand und zeigte mir den Lauf der Welt. Zunächst auf eine sehr primitive Weise, durch Objekte, durch Beispiele, durch gutes Zureden. Je älter ich wurde, desto ausgefeilter wurden seine Methoden der Erkenntnisvermittlung. Die Objekte wichen Subjekten, die Beispiele den Vergleichen, das Zureden der stillen Erkenntnis. In manchen Lebenssituationen sind eigene Erfahrungen unumgänglich, das wissen alle Elterngenerationen. Meines Vaters Ziel war es, dass ich in solchen Lebenssituationen freihändig oder rantastend von selbst drauf stoße. Ich habe mich in meinem Leben, weiß Gott, oft gestoßen. Auch stieß ich das neue Auto meines Vaters seinerzeit gegen einen Stein, der mir ungelegen in den Weg kam. Keine Riesenwellen wegen der vielen Dellen. In seiner besonnen, ruhigen Art reichte mir mein Vater immer wieder die liebevolle Hand.

Ich muss ein großes Lob aussprechen, gerade da ich nun als Erwachsener darüber nachdenke. Es hat die Liebe zu meinem Vater enorm bekräftigt. Er hat nie seine Hand gegen mich gehoben, nicht ein Mal. Ich bekam meine moralischen Werte nicht eingeprügelt und dennoch ist etwas aus mir geworden, ein richtiger Junge, später selbstständiger Mann. Mithilfe der stoischen Gelassenheit und der sokratischen Rhetorik meines Vaters fand ich zunehmend heraus, was die Welt im Innersten zusammenhält. Philosophie gibt es seit der Antike, Schulen seit dem Mittelalter, Pädagogik seit der Zeit der Aufklärung, meinen Vater, der mich seinerzeit aufklärte, seit der Mitte des 20. Jahrhunderts.

Er hat inzwischen ein beachtliches Alter erreicht. Dass er noch lebt und mich liebt, ist ein großer Segen. Die Hand des himmlischen Vaters wache schützend über ihm. Denn mein Pa ist fit und vital, was ihm Selbstständigkeit und Lebensqualität im hohen Alter beschert. Gott bewahre ihn für lange Zeit heil in dieser Welt, in meinem Herzen auf ewig.

Andreas Kraft aka El-o-quinte machte einen kleinen Umweg, der ihn von der Pfalz über Neuseeland nach Aachen führte. Auch die Niederlande nannte er zeitweilig seine berufliche Heimat. Die kreative Welle brach nicht nur im Ozean des Schreibens, sondern auch in der Musik und der zeichnerischen Kunst. Das Schreiben sorgt für Klartext, die Musik für Harmonie, die Kunst für kreativen Ausdruck, falls Worte fehlen oder KRAFTausdrücke vermieden werden sollen. Anzutreffen in der kreativen Welt und der Natur. Bald gibt's also MEER!

Zwei Herzen, eine Seele

Ich bin nicht gläubig und auch nicht spirituell veranlagt. Ich gehe mit einem Realismus durchs Leben, auf den ich schon immer irgendwie stolz war. Leben bedeutet Vernunft, Verantwortung und Logik. Klar, etwas Unvorhersehbarkeit und Emotionalität sind auch dabei. Aber alles lässt sich hinterfragen und erklären. Ich bin überzeugt, dass dies auf so ziemlich jedes Phänomen und Ereignis in meinem Leben zutrifft.

Bis auf eines. Es gibt genau einen Punkt, den ich rational nicht erklären kann. Einen Fleck auf der sonst so sauberen Logikweste.

Objektiv handelt es sich um eine einfache Begegnung, die man nicht einmal als intensiv beschreiben würde. Zwei sich unbekannte Personen befinden sich zufällig zur selben Zeit im selben Raum.

Von außen betrachtet beachten sie sich überhaupt nicht. Keine tiefen Blicke, kein verlegenes Kichern, keine zugesteckte Telefonnummer. Trotzdem soll diese Begegnung das Leben beider Personen auf eine Weise beeinflussen, die sie niemals für möglich gehalten hätten.

Eine Person der beiden bin ich.

Leider, würde ich heute hinzufügen.

Aber der Reihe nach. Ich will versuchen, den Moment der Begegnung zu erinnern und in Worte zu fassen.

Es war ein Mittwoch. Ich ging zum letzten Vereinstreffen vor der Sommerpause. Dies war immer ein lockeres Zusammensein verschiedener vereinsinterner Gruppen. Es gab Snacks, Kaffee und Limo. Wir tauschten uns aus über unsere Pläne für den Sommer, betrieben Small Talk. Es war ein stetiges Kommen und Gehen.

Mein Blick glitt über die Menge, stoppte und … Dieses Bild sollte das letzte sein, was ich für eine lange Zeit vor Augen hatte. Ob sie geöffnet oder geschlossen waren, spielte keine Rolle. Es war ein junger Mann. Objektiv wahrscheinlich durchaus attraktiv, aber darum ging es überhaupt nicht. Ich konnte meinen Blick nicht von ihm lösen, in meinem Kopf explodierte etwas. Hätte man mich ab diesem Moment gefragt, was ich Stunden, Tage, ja sogar Monate vor diesem Moment getan hatte, ich hätte keine Antwort gewusst. Es war, als überschreibe das Bild von ihm alles, was sich sonst in meinem Kopf befand.

Ich kannte ihn nicht. Doch intuitiv wusste ich, dass sich das ändern musste. Anders würde ich es nicht überstehen. An dieser Stelle muss ich betonen, dass sich diese Begegnung keineswegs als *Liebe auf den ersten Blick* beschreiben lässt. Es war eine Reaktion im tiefsten Inneren. Ein körpereigenes, natürliches Gefühl, einen Teil von sich selbst wiederzufinden.

Für den Moment riss ich mich zusammen und ließ mir nichts anmerken. Ich unterhielt mich weiter mit Freunden und Bekannten, ohne zu wissen, was ich sagte.

Endlich neigte sich der Nachmittag dem Ende zu. Zu Hause durchforstete ich alle Kontakte, die ich hatte auf Facebook, in der Hoffnung, ihn irgendwo zu entdecken. Und Bingo! Ich fasste mir ein Herz und schickte eine Freundschaftsanfrage. Sie wurde tatsächlich bestätigt und es entwickelte sich ein Gespräch. Als sei es das Selbstverständlichste auf der Welt.

Wir trafen uns recht zeitnah und regelmäßig. Es wurde Herbst und mit ihm kam die Verliebtheit. Auf beiden Seiten. Es gab keinen Haken. Er wollte mich, ich wollte ihn.

Doch irgendetwas stimmte nicht. Es war, als hätte sich eine Gefühlswelt eröffnet, von der ich nicht ahnte, dass sie existierte. Ich hätte abgestritten, zuvor jemals glücklich gewesen zu sein. Jede bisherige Beziehung war gegen diese Gefühle wie ein grauer Fleck neben der Sonne. Ich selbst leuchtete von innen heraus und überstrahlte jede geflüsterte Warnung. Doch mit der Intensität dieser Glücksgefühle kamen die Zweifel. Wenn es jetzt schon so intensiv war, wie würde es dann werden, falls es auseinanderging? Wie sollte ich solch eine Wucht negativer Gefühle überstehen?

Während dieser Zeit des Zweifelns waren wir wie Magneten. Wir kreisten umeinander. Konnten nicht mit- und nicht ohneeinander. Machten uns Hoffnungen und zerschlugen sie wieder. Es war nervenaufreibend, doch wehren konnten wir uns nicht.

Uns wurde klar, dass wir es versuchen mussten. Diesen Schwebezustand würde keiner länger aushalten. Und so begann die schönste und zugleich schmerzhafteste Zeit meines Lebens. Wir liebten den anderen so intensiv wie noch nie jemanden zuvor. Keine Worte werden jemals das Gefühl beschreiben können. Es ging über unsere Körper und unseren Geist hinaus. Es war, als würde das Universum nur existieren, damit wir den anderen lieben konnten. Wir waren keine Menschen mehr. Wir waren unsere nackten Seelen, gänzlich schutzlos einander ausgeliefert.

Augenscheinlich lebten wir eine *normale* Beziehung. Wir trafen Freunde, machten Ausflüge, hatten Sex, stritten und vertrugen uns wieder. Doch unterschwellig brodelte etwas. Ich hätte es nicht genau benennen können. Es war wie ein Abwarten, eine Vorahnung. Es machte mich nervös und gereizt. Diskussionen begannen schneller zu eskalieren, wir sagten Dinge, die wir nicht meinten. Doch im Kern erschüttern konnte das die Beziehung nicht. Wir hatten lange gute Phasen und kurze schlechte. Trotzdem wollte das Gefühl nicht weichen. Waren es Zweifel? Nein, denn ich wusste, dass ich ohne ihn nicht sein konnte. Ich kam nicht darauf. Bis ich eines Morgens aufwachte und die Reißleine zog.

„Warum tust du das? Was habe ich falsch gemacht?"

„Ich weiß es nicht. Nichts."

Und ich wusste es tatsächlich nicht. Es war, als wäre ich fremdgesteuert. Ich wusste nur, ich musste es beenden. Sofort. Und schon tat ich es. Er bat und flehte, wollte mich nicht gehen lassen. Doch ich konnte nicht umkehren, es musste so sein.

Dann kam der Schmerz.

Dunkelheit.

Es überrollte mich, rang mich zu Boden. Nie wieder habe ich einen vergleichbaren Schmerz gefühlt. Weder physisch noch psychisch. Meine Brust drohte zu bersten, mein Herz stand in Flammen. Tage und Nächte verbrachte ich gekrümmt und weinend im Bett. Mein Verstand folterte mich mit Fragen nach dem Warum und der Zukunft.

Nach Monaten des bloßen Überlebens kam die Verzweiflung, wie sie wohl auch gelegentlich bei üblichen Beziehungsenden auftritt. Vielleicht ging es ihm ja genauso? Vielleicht konnten wir dem Zustand ein Ende setzen und es noch einmal versuchen?

Ich nahm all meine Kraft und meinen Mut zusammen und sprach mit ihm. Doch er wollte mich nicht.

Ich war fassungslos. Ich wusste nicht, wie es nun weitergehen sollte. Doch noch mehr traf mich die blanke Realität, in der er offenbar mit mir abgeschlossen hatte und sein Leben weiterlebte. Wie konnte das sein? Wie konnte er nicht so fühlen wie ich? Doch es ließ sich nicht ändern, betteln wollte ich nicht.

Und so begann mein Leben allein.

Zunächst hing ich in einer Schleife aus Schmerz und Gedanken. Ich träumte von der Vergangenheit, ob schlafend oder wach. Ich stellte mir die Frage, ob das alles *normal* war. Empfand jeder Mensch während einer Beziehung und Trennung so? Konnte das überhaupt sein?

Im Alltag stand ich neben mir. Mit Freunden sprach ich wenig darüber. Und wenn doch, dann stundenlang und mit vielen Tränen. Da ich niemandem auf die Nerven gehen wollte, begann ich Tagebuch zu schreiben. Viele Stunden am Tag vergrub ich mich darin und las die Einträge immer wieder. Ich wollte nur verstehen und überstehen. Doch ich konnte mir nicht vorstellen, dass das jemals möglich sein sollte.

Heute, zehn Jahre später, habe ich es zumindest verstanden. Und dieses Verständnis sollte mein Denken in seinen Grundfesten erschüttern.

Ich traf eine Freundin, die sehr spirituell lebt. Wir unterhielten uns über verschiedene Themen der Spiritualität, die mich, mit meinem gnadenlosen Realismus, zum Schmunzeln brachten. Doch ein Punkt ließ mich aufhorchen. Sie berichtete mir vom Phänomen der Dualseele: Eine Seele kommt auf die Erde und wird dabei in zwei Hälften gerissen. Beide Hälften *bewohnen* einen Menschen und streben danach, wieder vereint zu werden. Den beiden Personen ist es unweigerlich vorbestimmt, im Leben aufeinanderzutreffen. Die Beziehung, in der sie dann zueinanderstehen, kann ganz unterschiedlich sein. Sie können Freunde, Geschwister, Verliebte oder sogar Elternteil und Kind sein. Die Seelenteile ergänzen sich gegenseitig in Perfektion, was die Begegnung umso unbeschreiblicher macht. Jedoch können leicht Spannungen entstehen. Durch die Teilung der Seele besitzt jeder Part Eigenschaften, die der jeweils andere nicht haben kann. Beide werden mit ihren eigenen Schwächen konfrontiert und bisher ungeahnte Herausforderungen werden sichtbar. Solch eine Begegnung über eine lange Zeit aufrechtzuerhalten, erfordert ungeheure Kraft.

Eine Kraft, die ich nicht hatte.

In den letzten Jahren lebten wir beide unser Leben weiter. Unabhängig voneinander sollte man meinen, doch ich denke, das werden wir nie sein. Man sagt, Dualseelen stoßen immer wieder aufeinander. Wenn beide ihre Lebensaufgabe, ihre Herausforderung bewältigt haben, ist sogar ein Kontakt ohne Spannungen möglich. Die Seele kann wieder eins werden.

Aber selbst wenn es nie dazu kommt, hoffe ich, er gibt gut acht auf seine Seele. Denn es ist auch meine.

Jule Lange ist in Köln und Magdeburg aufgewachsen. Sie ist verheiratet und hat eine Tochter. Mit ihrer Familie lebt sie in ihrer Wahlheimat Nordfriesland. Neben ihrem Psychologiestudium verbringt sie gern Zeit am Meer oder liest bei einer Tasse Kaffee ein gutes Buch.

Verlorenes Leben

Mit 32 Jahren verschwand sie aus unserem Leben.
Anfangs dachte ich noch häufig an sie, mit der Zeit wurde es seltener.

Ihr Vater war ein Freund meines Mannes, mit dem wir während des Studiums zeitweise zusammenwohnten. Er kam aus einem kleinen Ort, wo jeder jeden kannte. Seine Mutter zog ihn allein groß. Er war in seiner Jugend Leistungssportler gewesen, musste den Sport aber gesundheitsbedingt aufgeben. Im Sommer lernte er ein französisches Mädchen kennen. Sie erschien es ihm wert, seine bisherige Beziehung infrage zu stellen. Als er nach Hause kam, erfuhr er, dass er Vater werden würde. Es wurde ein Mädchen.

Ihre Mutter nannte der Vater einmal *meine Goldmarie*. Sie war die einzige Tochter der Eigentümer des besten Gasthauses im Ort. Die Eltern waren nicht begeistert von der Wahl ihrer Tochter. Dennoch stellten sie ein Grundstück für die jungen Eltern zur Verfügung und unterstützten auch den Bau des Einfamilienhauses finanziell. Mein Mann hat auf der Baustelle den Beton gemischt und beim Mauern geholfen.

Die Tochter war ein gesundes und freundliches Mädchen. Ich erinnere mich an einen gemeinsamen Urlaub an einem großen See: ein siebenjähriges, lebhaftes Kind im weißen, von der Mutter genähten Rüschenkleid mit frech sitzendem Hütchen. Sie wanderte den ganzen langen Weg mit uns, pflückte Blumen und sprach vertraut mit uns.

Etwas später stellten die Eltern aufgrund einer Infektionskrankheit, von der Mutter und Tochter betroffen waren, die Ernährung um. Es wurde kein Fleisch mehr gegessen. Bei einer Geburtstagsfeier erklärte die Tochter, sie wolle ein Schnitzel essen. Aber sie dürfte es nicht, weil sie davon Pickel bekäme. Der Vater verschwand mit ihr und hochrotem Kopf aus dem Raum. Nach ein paar lauten Worten kamen sie wieder zurück. Sie kriegte ihr Schnitzel.

Für ein Schülerpraktikum kam sie zu uns in die Stadt. Sie zeigte uns leckere Rezepte mit Zucchini, da die Beete in unserem Garten davon überquollen. Ihre Wäsche wusch sie selbst. Sie las viel und war interessiert an der Stadt.

Die Mutter bekam mit 15 Jahren Abstand ein weiteres Kind. Sie war nun Mitte 30 und hatte eigentlich beschlossen, dass ab 30 nur noch ein Hund angeschafft werden würde. Die Eltern waren vernarrt in das Baby.

Lange hörten wir nichts mehr von der Familie. Dann kam der Anruf. Sie erzählte, was in den letzten Jahren passiert war. Sie wollte Modedesign studieren. Ihre Mutter unterstützte sie, sie selbst hatte Schneiderin gelernt. Ihr Vater hielt es für brotlose Kunst. Dennoch finanzierten sie ihr ein Studium und eine Wohnung in Florenz. In dieser Zeit trennten sich ihre Eltern. Ihre Mutter zog zu einem Verwandten weit weg von ihrem bisherigen Wohnort. Der Vater machte der Tochter heftige Vorwürfe, ihn nicht gewarnt zu haben, dass ihre Mutter fremdging. Schnell tröstete sich der Vater mit einer anderen Frau aus dem Dorf. Sie hatte ein Schrotthandelsunternehmen und einen erwachsenen Sohn. Die Tochter floh zu einem Praktikum ans Ende der Welt. Der Vater hatte einen Kredit aufgenommen, um ihr die Reise zu finanzieren. Als sie zurückkam, warteten der Vater und seine neue Frau bereits auf sie. Sie forderten die sofortige Rückzahlung des Kredites. Da sie noch nicht einmal einen Job habe, könne sie nicht zahlen.

Wir riefen die Eltern an. Der Vater warnte uns, er habe alles versucht, aber die Tochter sei nicht bereit, Verantwortung zu übernehmen, und keiner Belehrung zugänglich. Er habe feststellen müssen, dass sie den Kredit dafür genutzt hatte, sich Land und Leute anzusehen. Außerdem meinte er, die Tochter hätte sich dort prostituiert. Er jedenfalls sei nicht mehr bereit, auch nur einen einzigen Cent in die Tochter zu investieren.

Die Mutter erklärte uns, sie habe eigene Geldprobleme und müsse daher ihr Auto verkaufen. Sie habe ihrer Tochter gesagt, dass sie ihre Brötchen selbst verdienen müsse und dass das am Anfang in der Regel kleine Brötchen seien. Die Tochter sei vom Vater verwöhnt worden, stets habe sie beispielsweise alles an neuester technischer Ausstattung bekommen, was sie sich wünschte, für die Mutter gab es nicht einmal ein Laptop. Außerdem sei der Kampf der Eltern um das jüngere Kind in vollem Gange.

Wir gaben der Tochter Geld. Als Kredit, rückzahlbar, sobald es ihr möglich sei. Wir nahmen an, dass wir unser Geld nicht wiedersehen würden. Sie zahlte die Summe zurück, unregelmäßig in kleineren Beträgen, aber vollständig.

Später besuchten wir die Tochter in der Stadt, in der sie nun lebte. Nur dort wollte sie leben. Sie schlief bei einer Freundin auf einer Holzpalette. Das war kein Einrichtungsdetail, sondern pure Not. Wir halfen ihr, eine eigene Wohnung zu finden. Die gefiel ihr nicht, aber sie zog trotzdem ein. Sie wollte unbedingt ihre Bücher aus dem Elternhaus abholen. Wir fragten sie, ob es nicht sinnvoller sei, die Nähmaschine und die Schneiderpuppen abzuholen, dann könne sie doch anfangen zu nähen. Sie erklärte uns, dass sie nicht für andere zeichnen oder nähen wolle. Schließlich fuhr sie mit einer Freundin zum Elternhaus und brachte die Bücher mit. Die Nähmaschine und die Schneiderpuppen wurden verkauft. Sie suchte sich eine neue Wohnung. Wir boten ihr an, beim Renovieren zu helfen. Sie wollte es selbst machen – Stück für Stück. Dann gab es Probleme mit den Sanitärleitungen, das WC war ständig kaputt. Später kam Schimmel an einer Zimmerwand dazu.

Sie arbeitete in Bekleidungsläden als Verkäuferin. Überall bekam sie Streit. Die Kollegen würden den Job nicht verstehen. Die Kunden dagegen seien von ihrer Beratung begeistert. In einem sehr exklusiven Laden wollte sie nicht arbeiten, weil Schuhe mit Absatz als Arbeitskleidung gefordert waren.

Nebenbei begann sie in einem kleinen Immobilienunternehmen bei einer Freundin zu arbeiten. Dort sollte sie Exposés erstellen. Sie bekäme nicht die Anerkennung, die ihr zustehen würde, denn sie könne so viel mehr, als Exposés erstellen. Außerdem sei der Chef zudringlich geworden. Er und ihre Freundin würden Drogen nehmen. Irgendwann beendete sie den Job in dem Büro.

Sie wolle nicht mehr für andere arbeiten, sie fühle sich ausgebeutet und missbraucht. Schuld seien vor allem die Eltern: der Vater ein Schwein, die Mutter desinteressiert. Hartz IV wollte sie nicht beantragen, das habe sie nicht nötig. Auf unsere Frage, wovon sie denn leben wolle, sagte sie, ihre Freunde seien auch alle arm, aber sie würden ihr immer etwas geben. Nun begann sie, exzessiv Sport zu treiben.

Sie hatte zwei schwere Unfälle, einen mit einem Auto, einen mit dem Fahrrad. Die Heilung war schmerzhaft und langwierig. Wir erfuhren erst im Nachhinein davon.

Als es ihr besser ging, sprachen wir über die Zukunft. Sie wolle noch mal studieren. Wir waren bereit, den Weg zu unterstützen, wenn sie nun ihren Weg gefunden hätte. Psychologie, am liebsten in New York, jedenfalls nicht in Deutschland. Das konnten wir nicht bieten. Wir sahen auch keine realistische Perspektive. Ob sie denn nicht mit ihrem Studium weiterarbeiten, in ein Geschäft für Hochzeits- oder Kindermode einsteigen oder als Bloggerin arbeiten wolle. Als Selbstständige bräuchte sie ein sehr gutes Laptop, erklärte sie uns: Kosten 2.500 Euro. Wir lehnten ab, zu teuer. Dafür wurden wir als *Schönwetter-Freunde* beschimpft. Und wir sollten sie nicht mehr fragen, wie es ihr gehe. Sie teilte uns mit, dass sie zeitweise hungern würde und einsam sei.

Sie ließ sich ärztlich untersuchen. Man habe ADHS, bipolare Störungen, Asperger und Depressionen diagnostiziert, teilte sie uns später mit. Sie fand eine Tagesklinik und stand der Therapie zunächst sehr positiv gegenüber. Später erfuhren wir, dass sie dort nicht zurechtkam. Sie kämpfte gegen die Ärzte, die Krankenkasse, das Sozialamt. Mit Erfolg. Es wurde ihr eine weitere Therapie verordnet. Die Therapeutin sei die Einzige, die sie erreichen und ihr helfen würde, teilte sie uns mit. Als die Therapie sich dem Ende näherte, sagte sie, sie sei nun sicher, dass ihre Eltern toxisch für sie seien, dass sie Dinge korrigieren müsse, an denen sie keine Schuld tragen würde, und dass sie erst dann neu starten könne, wenn sie die gesamte Last hinter sich gelassen habe.

Ich fragte nach dem weiteren Weg nach der Therapie, ob sie sich vielleicht für den sozialen Bereich begeistern könne. Anderen Hilfe zu geben, könne sehr erfüllend sein, vielleicht ein Schnupperpraktikum. Sie überschüttete mich mit Anklagen, sie würde sich damit sehr unverstanden und noch wertloser fühlen, sie könne ihre Vergangenheit nicht einfach so hinter sich lassen, sie könne nicht mehr vertrauen und sie würde die Therapie jetzt abbrechen. Sie erwarte keine Antwort.

Ich gab keine Antwort. Ein paar Wochen später hatte sie Geburtstag. Wie immer schrieb ich ihr ein paar Worte über WhatsApp. Die Nachricht kam nicht mehr an.

Mit 32 Jahren verschwand sie aus unserem Leben.
Wohin ist sie gegangen?

Ulli Poserin, geboren 1967, in Hamburg lebend, schreibt Kurzgeschichten.

Liebste Oma mein ... und Opa, du

Es war in frühster Kinderzeit.
Meiner Erinnerungen an dich, an euch,
sind so gewaltig
dass ich manchmal doch hoffnungsstark
von diesen gewesenen Leben zu träumen wag,
die Jahre mit euch waren so voller Liebe.
Wunderbar.

Oma, du gabst mir seinerzeit Liebe und Geborgenheit. Doch auch Schokolade, Bonbons und viel Lob gabst du mir und manchmal auch ein strenges Wort. Doch liebte ich dich so sehr in einem fort. Da, wo du bist, an diesem Ort, möchte ich dich jetzt grüßen und dir sagen: „Oma, du bist mir die Beste auf der Welt gewesen. Seit einiger Zeit bist du schon nicht mehr in meinem Leben, doch viele schöne Erinnerungen darf ich durch die Zeit mit dir noch immer erleben. Du hattest tröstende Gedanken von dir in Worte gefasst, wenn ich mir einmal das Knie aufgeschlagen hatte. Und ein Pflaster für die Wunde war schon da und für die Seele ein Streicheln von dir, wunderbar. Oma, du, ach könnte ich nur einmal noch die Zwetschgen-Knödel von dir essen, doch leider, leider geht es nicht, so bleibt mir die Zwetschgen-Knödel zu erwähnen, in diesem ... meinem Gedicht.

Oma, du hattest so viele schwere Zeiten, hast Opa geliebt, gepflegt und die Liebe so erlebt. Eure Liebe ist mein Vorbild. Denn wer liebt, der gibt. So habt ihr gelebt, in dieser schweren Zeit, die ihr erlebtet. Das letzte Hemd hättest du gegeben, damit andere Glück für sich erleben.

Ich erinnere mich an mein Kinderlachen, wenn unser Hund in den Wiesen lief und du Opa und mich, leicht wütend über unsere Verspätung, zum Essen riefst.

Oma, und auch Opa, ich hab euch lieb und werd euch immer lieb haben. Auch wenn es keine gemeinsame Zeit mit euch mehr gibt.

Doch was ihr mich gelehrt, ist mehr als Gold doch wert. So danke ich euch beiden sehr. Nie vergesse ich die Zeit mit euch, die mir doch als ein Geschenk in meiner Erinnerung stets jetzt bleibt.

Danke.

Dani Karl-Lorenz: geboren im Herbst 1967, Mutter eines Sohnes. Verheiratet. Ihre Hobbys sind Fotografieren, Malen und Schreiben. Sie wohnt in Bayern. Hat in verschiedenen Anthologien veröffentlicht und das Buch „Die Abenteuer des Katers Casar" veröffentlicht.

Traumfreundin

„Wie lange ist es nun schon her,
dass ich zum letzten Mal Dich sah?",
so fragt das Herz gar sehnsuchtsschwer,
bist wieder Du im Sinne nah.

Die Antwort schmerzt. Die Jahre floh'n
und ließen mich zurück. Doch schlimmer
vermag zu sehr'n des Schicksals Droh'n,
dass Du mir fern wirst sein für immer.

Die Hoffnung schwand im Lauf der Zeit.
Des Zagen Wünschen war vergebens.
Verweht die zarte Zweisamkeit
mit Dir, der Liebe meines Lebens!

Verehrte Freundin bliebst bis heut'
allein im Traum von Nacht und Tagen.
Erwacht, bin ich's, der arg bereut,
Dir zu Gesteh'ndes nie zu sagen.

Wolfgang Rödig lebt in Mitterfels. Er hat seit 2003 mehr als 600 belletristische Kurztexte in Anthologien, Literaturzeitschriften, Tageszeitungen, Magazinen und Kalendern veröffentlicht.

Wer bist oder warst du?

Ich weiß nicht, wo du heute bist, auch wenn es Hinweise darauf gibt, dass ich es zumindest ahne. Und vielleicht ist meine Ahnung ja auch richtig. Denn einem dürftest sowohl du als auch ich und wahrscheinlich auch jeder Leser, der diesen Text liest, zustimmen – es gibt sehr viele Dinge zwischen Himmel und Erde, die wir uns nicht erklären können.

Und so war es ja auch damals mit dir – du bist so plötzlich in mein Leben gekommen, wie du einige Jahre später fast genauso plötzlich wieder verschwunden bist.

Immer wieder diskutiere ich mit meinen heutigen Freundinnen, ob du vielleicht ein Engel warst. Oder doch einfach nur ein irgendwie besonderer Mensch. Eine Freundin von mir ist der festen Überzeugung, dass du kein Engel gewesen sein kannst, weil sich Engel nicht umbringen. Doch woher will sie das wissen? Ich glaube kaum, dass wir, die wir hier auf der Erde leben, auch nur ansatzweise wissen, welche Regeln es für einen Engel gibt. Vielleicht hast du einen Auftrag nicht erledigen können und wurdest dann zurückgerufen? Wer weiß das schon?

Und für einen besonderen Menschen warst du mir, ehrlich gesagt, zu besonders und zu viele Dinge unerklärlich und mysteriös. Tatsache ist, dass ich ohne dich mindestens abgestürzt wäre und möglicherweise heute sogar auf der Straße leben würde. Alleine deine Aussage: „Du telefonierst doch so gerne, bewirb dich doch bei der Auskunft", hat Auswirkungen bis heute, auch wenn das Ganze schon über 30 Jahre her ist.

Auch heute erinnere ich mich noch an unsere ersten Telefonate, das längste davon acht Stunden und 30 Minuten. Dieser Rekord ist bis heute ungebrochen.

Manche Dinge von damals hab ich nicht gleich verstanden und manches verstehe ich immer noch nicht, aber auch da erinnere ich mich dann an einen Satz von Dir. „Du wirst es verstehen, wenn es an der Zeit ist ..."

Du hattest eine Ausstrahlung, dass man dich auf viele Meter Entfernung schon kommen spürte. Wenn man mit dir im Auto fuhr, waren IMMER alle Ampeln grün. Manche Dinge scheinst du im Voraus gewusst zu haben.

Mit manchen Dingen kämpfe ich heute noch – wieso gab es bei dir in der Wohnung keinen einzigen Spiegel? Warum durfte ich dich nicht fotografieren? Was bedeutete der Satz, als ich dir vorschlug, dich bei *Wetten dass* ... zu bewerben: „Das kann, DARF und will ich nicht ...“ Was hatte das DARF darin zu suchen? Ich weiß, ich hab damals versucht, dich zu löchern, um eine Antwort auf diese Frage zu bekommen, aber ich habe sie nicht bekommen und du wurdest sogar sauer und sagtest wieder einen deiner Lieblingssätze: „Du wirst es verstehen, wenn es an der Zeit ist.“

Wie konntest du bei einem Einkauf wissen, dass der einen Dame gleich die Tasche herunterfallen würde?

Woher wusstest du, dass da jetzt gleich ein Hund ums Eck kommen würde, obwohl dieser zu diesem Zeitpunkt weder zu hören noch zu sehen war.

Ich würde dich gerne fragen, warum du dich umgebracht hast, denn so wie du mir geholfen hast, hätte ich auch dir geholfen, selbst dann, wenn du eines Nachts um 3 Uhr nackt vor meiner Türe gestanden hättest.

Allerdings hat sich da auch dann vieles geändert: Namensänderungen, Umzug und später auch noch die Transidentität. Vielleicht hast du damals ja sogar versucht, Kontakt mit mir aufzunehmen, und mich nicht mehr gefunden. Und dein Selbstmord kann ja keine spontane Entscheidung gewesen sein, immerhin hast du vorher deinen Sohn (den ich auch als Baby mal auf dem Arm hatte) in Sicherheit gebracht.

Dass immer wieder Lieder kommen, wenn ich an dich denke oder über dich schreibe, die irgendetwas mit uns zu tun haben ... ist das vielleicht ein weiteres Zeichen, dass ich recht habe und du doch ein Engel bist?

Doch wenn du ein Engel bist – warum hörst du dann meine Bitte nicht ...?

Ja, ich weiß, vieles, und vielleicht sogar das meiste, was für das Leben notwendig ist, hast du mir beigebracht – und bis auf ein wenig Stolpern und Straucheln klappt es eigentlich recht gut.

Vielleicht ist es wirklich so, wie eine Freundin vermutet, dass du mir keine Kollegin von dir mehr schickst, weil ich dafür einfach nicht mehr genügend Schwierigkeiten habe. Ich denke, wenn ich mich so umsehe und umhöre, habt ihr wahrscheinlich so viel Aufträge, dass ihr euch nur um wirklich schwere Fälle kümmern könnt, so wie ich damals einer war.

Dennoch bitte ich dich, wenn es dir möglich ist, mir eine Kollegin von dir vorbeizuschicken. Keine Angst, so viel Arbeit, wie du damals mit mir hattest, wird sie nicht haben, aber ein bisschen Unterstützung, wenn es mal wieder wackelt und strauchelt, wäre halt doch irgendwie schön.

Ich weiß ja nicht, wo du wirklich bist, aber je mehr ich darüber nachdenke, umso sicherer bin ich, dass du nicht nur ein besonderer Mensch, sondern eben ein Engel oder vielleicht auch eine Fee, eine Elfe oder was auch immer warst und bist.

Falls du ein Engel bist und es da oben Kaffee gibt, trink eine Tasse, ich mach mir auch gleich eine mit meiner neuen Kaffeemaschine.

Und denk mal bitte darüber nach, ob du mir nicht doch eine Kollegin vorbeischickst oder mir wenigstens einen Teil meiner Fragen beantwortest oder vielleicht auch nur einfach die wichtigste, auf die ich keine Antwort weiß und die mich seit damals, also seit über 30 Jahren, nicht loslässt:

WER um in alles in der Welt warst und bist DU?

Machs gut – wer immer und wo auch immer du bist – wenn ich mit meiner Vermutung recht habe, sehen wir uns ja eines Tages wieder. In diesem Fall grüße bitte auch deinen *Chef*.

Gruß
Susanne (damals Michael)

Susanne Weinsanto *wurde 1966 in Karlsruhe geboren.*

Späte Geständnisse

Liebe Mama,

seit Jahren trage ich ein Geheimnis mit mir herum. Immer wieder wollte ich mit dir darüber reden, habe aber nie den Mut dazu gefunden.

Vielleicht erinnerst du dich noch an Oskar. Du hast ihn immer für einen guten Jungen gehalten und anfangs kamen wir ja auch gut miteinander aus. Und dann haben seine Eltern sich getrennt. Ihr Haus wurde verkauft und er wohnte bei seiner Mutter in einer kleinen Wohnung etwas weiter weg, blieb aber weiterhin in meiner Klasse. Oskar war zunächst traurig, aber nach und nach wurde er immer zorniger. Ohne Grund konnte er plötzlich aufbrausen und dann beleidigte er alle, die seinen Weg kreuzten.

Seine Noten wurden schlecht und dabei hatte er doch gehofft, ein gutes Abitur zu schaffen. Schon als Kinder haben wir beide von unserer Zukunft geträumt. Oskar wollte Arzt werden wie sein Vater und ich Ingenieur. Wir malten alles in den schönsten Farben aus – und dann dieser Wechsel in seinem Leben!

Früher war Oskar sehr großzügig. Als Kind hatte er immer Süßigkeiten dabei für andere, später verteilte er Zigaretten. Alle mochten ihn. Und jetzt hatte er kein Taschengeld mehr. Sein Vater hatte ihm erklärt, er bezahle genügend Unterhalt. Er solle sich an seine Mutter wenden. Diese brauchte aber das Geld für ihren Haushalt.

In der Schule saßen wir nebeneinander, was immer peinlicher wurde. Oskar redete pausenlos auf mich ein und schimpfte über seinen Vater, den er nicht mehr sehen wollte. Dauernd wollte er Geld von mir ausleihen, gab es aber nie zurück. Jedes Mal, wenn ich es zurückforderte, schlug er mich. Da er stärker war als ich, konnte ich mich kaum wehren.

Damals hätte ich mit Euch reden sollen, wagte es aber einfach nicht. Ihr hattet Mitleid mit Oskars Mutter und sagtet mir dauernd, ich solle nett zu Oskar sein, er habe es verdient.

Immer wieder kam ich mit blauen Flecken nach Hause. Du wolltest dich schon in der Schule beschweren und ich habe dich davon abgehalten mit Lügen über harte Fußballspiele. Ich war sogar erstaunt, wie schnell ihr mir geglaubt habt. Hätte ich euch die Wahrheit gesagt, wäre ich als Lügner beschimpft worden.

Mitten im Schuljahr kam Heiner in unsere Klasse und saß allein an einem Tisch. Am nächsten Tag setzte ich mich zu ihm und wir wurden Freunde.

Eines Tages habe ich aus Versehen den Füllfederhalter von Heiner mit meinem Schreibzeug eingepackt. Oskar hatte es gesehen und wollte ihn haben. Dies sei eine teure Marke und das würde viel Geld bringen, wenn er ihn verkaufe. Als ich mich weigerte, drohte er, allen zu erzählen, dass ich ihn gestohlen habe. Voller Panik reichte ich ihm den Füller und schwieg, als Heiner danach suchte.

Oskar triumphierte. Er hatte es geschafft, meine Freundschaft mit Heiner zu untergraben. Von jetzt an erpresste er mich und verlangte Summen, die mein Taschengeld überstiegen. Anfangs konnte ich ein wenig Geld dazuverdienen, wenn ich bei den Nachbarn im Garten half. Wenn es nicht reichte, stahl ich es aus deinem Geldbeutel. Immer wieder habe ich beobachtet, wie du dein Bargeld nachgezählt hast. Manchmal hast du mich bemerkt und verlegen die Tränen weggewischt.

Heute glaube ich, dass wir beide Angst hatten vor der Wahrheit. Du hättest Fragen stellen können und hast es nicht getan. Ich war wie versteinert in solchen Momenten.

Eines Tages hat Papa mich beim Stehlen erwischt. Ich war so verwirrt, dass ich ihm nichts erklären konnte. Er fragte nur, ob ich Probleme in der Schule habe, und ich nickte. Bis zum Ende des Schuljahres waren es noch vier Monate. Papa hat mir in dieser Zeit das Geld vorgestreckt, unter der Bedingung, dass ich ihm später alles sage.

Papa war öfters beruflich unterwegs, also waren die Zahlungen an Oskar nicht pünktlich. Er setzte mich so sehr unter Druck, dass auch meine Noten schlechter wurden. Aber das wollte er doch: mir wehtun, wo er konnte! Als ich das verstanden hatte, machte ich mich wieder an die Arbeit und bestand mein Abitur. Oskar blieb sitzen. Von da an ging ich ihm aus dem Weg. Papa hat dir sicher nichts erzählt von unserer geheimen Abmachung und ich möchte dir nur sagen, dass ich früher aus Not Geld gestohlen habe, nicht aus Bosheit.

Als ihr euch getrennt habt, du und Papa, war ich überzeugt, dass es meinetwegen war. Ich hatte immer noch das Bild von Oskars Mutter im Gedächtnis, die weinte, weil sie kein Geld mehr hatte. Das habe ich selber noch mitbekommen, als Oskar und ich noch keine Feinde waren. Ich habe geglaubt, dass es dir jetzt ähnlich ergehen würde. Gerade deshalb habe ich es nicht gewagt, von Oskar zu erzählen, um dir keinen Kummer zu machen.

Du hast mir damals gesagt, dass jeder seinen Weg selber finden müsse, auch ich – und ich habe mir das sehr zu Herzen genommen, habe mein Studium erfolgreich abgeschlossen und nebenher gearbeitet. Auch beruflich habe ich meinen Weg gefunden, wie du weißt.

Im Nachhinein möchte ich euch beiden danken für euer Verständnis. Ihr habt mir bei der Scheidung freigestellt, abwechselnd bei dir oder Papa zu wohnen und während meiner Studien habe ich davon Gebrauch gemacht.

Nie wieder habe ich Geld verlangt von euch. Papa hat mir manchmal mit einem Augenzwinkern ein paar Geldscheine zugesteckt – nach den Examen. Ich habe sie lachend genommen. Wir haben uns ohne Worte *unter Männern* verstanden. Von meiner Geschichte mit Oskar hat er nie etwas erfahren, aber er spürte, dass ich aus meinen Problemen heraus war. Das genügte.

Mit dir war es schwieriger. Du hast meine Angst gespürt und wolltest mich nicht bloßstellen. Ich hatte Angst um dich und fühlte mich schuldig wegen eurer Scheidung. Eine Aussprache hätte Klarheit schaffen können, aber es war nicht der richtige Moment. Daher hat unsere gegenseitige Rücksichtnahme eine Mauer des Schweigens um uns herum entstehen lassen – aus Liebe!

Mama, ich habe den Brief auf deinen Schreibtisch gelegt, damit du ihn sicher findest. Gleichzeitig habe ich ein Foto meiner Freundin Lisa beigelegt. Papa kennt sie bereits. Wir sind dabei, eine größere gemeinsame Wohnung zu suchen. Ich würde dir gerne Lisa vorstellen, jetzt, wo wir uns wieder alles sagen können.

Ingrid Maestrati, Jahrgang 1945. Mehrere Lebensphasen: anfangs ausgedehnte Reisen als Schiffsoffizier und Auslandsaufenthalte in Myanmar und Paris über das Auswärtige Amt. Dann Studium und Arbeit als Psychologin in Paris, in der Industrie und bei Gerichten. Nach meiner Pensionierung: ein französisches Sachbuch in Arbeit und Kurzgeschichten.

Letzte Worte

Hallo, Oma und Opa,

ich bin nicht oft hier gewesen, aber den Stein nicht mehr zu sehen, der eure Namen trägt, ist schlimmer, als dass ihr von mir gegangen seid. Damals hatte ich das Gefühl, dass ein Teil von euch noch da ist. Dass es einen Ort gibt, wo ich noch mit euch reden kann, auch wenn es nur Erde mit Blumen und ein Stein war. Jetzt seid ihr weg, das Grab so leer wie das Loch, was ihr in mir hinterlassen habt. Niemand kann es füllen. Ich fühle mich zerrissen allein beim Gedanken daran, dass es nichts mehr gibt, was anderen zeigt, dass ihr gelebt habt, dass ihr dort zusammen geruht habt.

Ihr wart wie Eltern für mich und ich bin euch dafür so dankbar.

Und gerade jetzt komme ich mir wie eine schlechte Enkelin vor, weil ich so selten an eurer letzten Ruhestätte war, um mit euch zu reden. Ausreden wie Zeit, Entfernung und Kinder gehen mir durch den Kopf. Aber wenn man will, schafft man es doch trotzdem, oder?

Der Wille war wirklich da, geschafft habe ich es selten. Ändern kann ich jetzt nichts mehr. Aber ich weiß, dass ihr mir trotzdem verzeiht und wisst, wie sehr ich euch liebe. Ich brauche keine Bilder oder Videos, weil ihr tief in meinem Herzen seid. Auch wenn der Ort weg ist, seid ihr ein Teil von mir. Ihr habt mich mit geprägt, mit erzogen und wart da, als es Mama nicht sein konnte.

Manchmal wünsche ich mir, ich könnte die Zeit zurückdrehen oder in mein kleines Ich schlüpfen und es verhindern. Dich, Oma, vielleicht retten zu können, wenn ich dich früher zum Arzt geschickt hätte. Und dir das Leid zu ersparen, Opa, oder für dich da zu sein, wenn ihr Kampf gegen den Krebs schmerzhaft war. Doch das geht nicht. Was bleibt, sind die Erinnerungen und die Hoffnung, dass es euch jetzt dort gut geht. Vielleicht auch, dass ich euch dort oben wiedersehen werde.

Ich habe euch so viel zu erzählen. Doch ich weiß jetzt schon, dass ich euch einfach nur in den Arm nehmen und weinen werde. So wie ich es jetzt wieder tue, weil nichts und niemand euch ersetzen kann, auch weil es gerade so wehtut.

Zeit heilt alle Wunden. Nur die Wunde des Verlustes einer Person, die man liebt, schließt sich nie wirklich. Der Alltag mag sie verstecken, aber mehr auch nicht. Vielleicht bin ich deswegen auch nicht so oft hier gewesen, weil der Schmerz mich jedes Mal überrollt hat.

Ihr seid nicht mehr da und euer Grab ist weg.

Dieser Brief ist mein Weg, der Welt zu zeigen, ihr wart da. Dass ein Stück von euch in meinem Herzen bleibt, weil ihr für mich die besten Großeltern gewesen seid, die ich mir wünschen konnte.

Eure liebste Enkelin

Luna Day lebt mit Familie in Augsburg.

Bewusst

Es gibt Dinge, die weiß man,
Und es gibt Dinge, die sind einem bewusst.
Ich weiß, dass das Leben endlich ist,
Aber dass das heißt, dass du einmal nicht mehr bei mir bist,
Das war mir nicht bewusst.
– Du bist in meinem Herzen.

Paula Nick, geboren im Jahre 2005, lebt im schönen Hunsrück und liest und schreibt für ihr Leben gern, schon so lange sie denken kann. Nach Jahren, in denen sie vorwiegend für sich selbst geschrieben und ausprobiert hat, darf sie sich nun auch über einige erste kleine Veröffentlichungen freuen.

Flaschenpost zum Himmel

Lieber Bruder!

Heute ist dein Tod nun schon ein Jahr her, doch es kommt mir viel länger vor. Jeden Tag denke ich an dich. Ich vermisse dich sehr. Früher habe ich manches gerne auf später verschoben, weil ich dachte, dass man ja noch lange lebt.

Seit deinem Tod denke ich das nicht mehr. Jeder Tag ist eher ein Geschenk für mich. Wie gerne würde ich wieder mit dir spielen, so wie früher. Wenn ich in deinem Zimmer bin, höre ich noch immer dein Lachen, dein herzliches Lachen. Das werde ich immer hören und dabei an dich denken. Noch immer ist es auch irgendwie unheimlich bei dir im Zimmer. Deine Sachen sind alle noch da. Niemand von uns mag etwas weggeben. Du bleibst in unseren Herzen.

Gestern Abend habe ich auf dem Balkon gesessen, Roséwein getrunken und in den Himmel geschaut. Ich habe auf dich getrunken und im gleichen Moment eine Sternschnuppe gesehen. Schön, dass auch du uns nicht vergessen hast und uns Grüße hinunterschickst.

Ich denke oft daran, wie wir als Kinder im Wohnzimmer getanzt haben. Danke, dass du mich auch auf meinen Schulabschlussball begleitet hast und mit mir übers Parkett gewirbelt bist. Meine Füße taten zwar hinterher sehr weh, aber es hat riesig viel Spaß gemacht. Wenn wir uns wiedersehen, müssen wir unbedingt wieder zusammen tanzen. Ich bin gespannt, wie sich *Dancing above the clouds* anfühlt.

Lieben Dank auch, dass du im Himmel Bescheid gegeben hast, dass ich mal einen Regenbogen von oben sehen möchte. Als ich letztes Jahr aus dem Urlaub zurückkam, habe ich vom Flugzeug aus einen Regenbogen von oben gesehen. Ich hätte dich gerne dabeigehabt. Einfach am Strand toben, so wie als Kind, das würde ich so gerne wieder mit dir machen.

Ich hätte nie gedacht, dass man jemanden so sehr vermissen kann. Die eigenen Erfahrungen sind immer anders, als wenn man einen Zeitungsartikel liest, in dem von einer Tragödie berichtet wird.

Was erwartet einen nach dem Tod?
Wie geht es dir jetzt?
Wie fühlt sich der Himmel an?
Dich wiederzusehen, wird mein Highlight zum Lebensfinale sein.

Ich schicke dir liebe Grüße nach oben.
Bis eines Tages!

Deine Schwester Valentina

Valentina nahm den Brief und rollte ihn zusammen, bevor sie ihn in die Flasche steckte und diese fest verschloss. Dann stand sie von der Bank, die auch immer Roberts Lieblingsbank gewesen war, auf und ging zum Steg, der zum Fluss führte.

Kurz blickte sie aufs Wasser, dann zum Himmel. Eine Träne rann ihr die Wange hinunter, als sie die Flasche ins Wasser warf.

Lisa Marie Kormann, *Tänzerin und Autorin, hat bisher folgende Bücher geschrieben: „Mord in der Tanzschule", „Stella – Die Sternschildkröte", „Worldstories – Lesen, lieben, lachen". Außerdem hat sie bereits bei vielen Anthologien mitgewirkt. Sie ist Mitglied im Bundesverband junger Autoren und im Bookerflyclub. Wenn sie gerade nicht schreibt, steht sie auf dem Tanzparkett oder engagiert sich für den Meeres- und Tierschutz. Auch designt sie Postkarten und Lesezeichen für ihre Kollektion LiMaKo Design, die man auf Facebook finden kann. Weitere Infos unter: limakormann. wixsite.com.*

Jenseits der Stille

Ich sitze gemütlich auf der Couch, meine Beine sind ausgestreckt und ich wärme meine Hände an einer Tasse Tee, während meine Lieblingsserie im Fernsehen läuft. Es war doch im Großen und Ganzen ein guter Tag, wenn auch anstrengend. Ich bin überzeugt, dass ich es mir durchaus verdient habe, einmal richtig auszuspannen. Die Wärme macht mich ganz dösig – na gut, ich werde nur kurz meine Augen ausruhen. Dann umgibt mich eine sanfte, willkommene Stille, die mich direkt wegdriften lässt.

Es ist kurz vor Mitternacht, als die Polizei an der Tür klingelt. Wie in Trance versuche ich zu erfassen, welche Botschaft die Beamten mir übermitteln wollen. Das gelingt mir nur schwer – jedes Wort wirkt dumpf und weit entfernt. Ich bekomme eine Nummer, die ich anrufen soll. Die Polizisten sprechen mir ihr Beileid aus. Ich bedanke mich, schließe die Tür. Dann ist da wieder nur noch Stille.

Ich kann nicht schlafen. Die Nachricht über deinen Tod hält mich wach, zumal ich einfach nicht begreifen kann, dass du nicht mehr da sein sollst. Ich lese alte Nachrichten und prüfe, wann du bei WhatsApp das letzte Mal online warst. Am Tag zuvor haben wir noch getextet – nichts Wichtiges, ein paar Smileys als Kommentare auf Bilder: ein Lächeln mit Tränen in den Augen, um zu zeigen, wie sehr du dich über das letzte GIF gefreut hast, was ich geschickt habe. Ich verfasse einen kurzen Text, sende ihn aber nicht ab – aus Angst vor der ausbleibenden Reaktion, der zermürbenden Stille.

Auch jetzt habe ich Tränen in den Augen – allerdings nicht vor Freude, sondern aus Wut und tiefster Traurigkeit. Alles bricht plötzlich aus mir heraus: Ich kann kaum atmen, mir ist speiübel. „Reiß dich zusammen", sage ich mir immer wieder. Dann schlucke ich die Emotionen herunter, schließe meine Augen und versuche, mich wieder zu beruhigen. Diese Stille ist plötzlich so erdrückend.

Um mich musst du dir keine Sorgen machen.

Das hast du mir vor Kurzem auf die Nachfrage geschrieben, wie es dir geht. Seit zwei Jahren haben wir uns nicht gesehen – die Pandemie hat das verhindert. Doch der nächste Besuch war schon in Planung – und die Vorfreude unendlich groß. Warum lässt man den Kontakt zu geliebten Menschen immer schleifen und wiegt sich in Sicherheit? Jeden Tag passieren schlimme Dinge – aber uns nicht, oder? Wie naiv wir doch waren.

Ich schaue mir Bilder von dir auf Facebook an. Auf den meisten davon lachst du – das reißt mich mit. Ein paar Fotos, die ich noch nicht kenne, werden direkt auf meinem PC abgespeichert. Ich erwische mich dabei, wie ich lächele und teilweise sogar kichere. Wie unangemessen. Ich fühle mich eingesperrt und kann kaum atmen. „Reiß dich zusammen", sage ich mir erneut. Mich umgibt wieder diese beklemmende Stille.

Ich brauche frische Luft, weil ich nicht mehr klar denken kann. Ich fühle mich wie benebelt, bin wackelig auf den Beinen. Es ist eine klare Nacht, in der man sogar die Sterne sehen könnte, wenn man dazu Lust hätte. Ein kleiner Spaziergang kann Wunder bewirken, nicht wahr? Doch schnell überwältigen mich meine Emotionen – ich muss mich übergeben und lasse den Tränen freien Lauf. Ein elendiges Schluchzen ertönt im Viertel. Ich kauere mich auf dem Boden zusammen und weine. Mein Kopf ist leer.

Was bleibt?

Nur noch Stille.

Ich bin mir unsicher, ob ich die Meldung richtig verstanden habe. Ich weigere mich vehement, den Begriff *leblos* mit dir in Verbindung zu setzen. Ich sollte mir doch um dich keine Sorgen machen. Wie naiv ich einfach war. Ein Punkt quält mich besonders: Wusstest du Bescheid über deinen Zustand? Da war doch nur Stille, wenn ich Fragen gestellt habe.

Es gibt sicher viel zu regeln. Welche Aufgaben an wen genau verteilt werden müssen, wird sich bestimmt in den nächsten Tagen herausstellen. Arbeit ist gut, Ablenkung muss sein. Im Organisieren bin ich Weltklasse.

Was folgt, sind unzählige Telefonate. Ich mache mir Notizen und lasse mich zu den zuständigen Behörden durchstellen. Die To-do-Liste ist lang. Es gibt wirklich viel zu regeln. Ich wiederhole mich am Telefon – immer und immer wieder.

Als ich den Hörer auflege, umgibt mich wieder diese unbarmherzige Stille. Es gibt unendlich viel zu regeln.

Wenn ich meine Augen schließe, sehe ich dich. Dann sind da Erinnerungen an die gemeinsam verbrachte Zeit. Allerdings frage ich mich, ob all das, was mir gerade durch den Kopf schwirrt, tatsächlich so passiert ist. Ich merke schnell, dass sich die Szenen wiederholen – und mir wird allmählich bewusst, dass keine neuen Momente dazukommen werden. Ein unvorstellbarer Gedanke. Ich werde gierig, ich möchte mehr – muss mich aber mit dem abfinden, was ich habe. Was bleibt, sind die Erinnerungen – das kann doch nicht alles gewesen sein.

Bist du noch da, jenseits der Stille?

Plötzlich überwiegt ein ganz bestimmtes Geräusch: ein Herzschlag, der langsamer wird, bis er schließlich verstummt. Ich reiße die Augen auf und ringe nach Luft. Habe ich das alles nur geträumt? Ich versuche, die Gedanken an deine letzten Momente auf Erden abzuschütteln und aus meinem Kopf zu verbannen, was mir einfach nicht gelingen will. Was am Ende bleibt, ist die traurige Gewissheit, dass du wirklich nicht mehr da bist – manifestiert in zwei kleinen Worten: Jenseits – und Stille.

Ich informiere deine beste Freundin über die Schocknachricht – und merke, wie es sie innerlich zerreißt. Das Gefühl kenne ich nur zu gut. Ich bin so kaputt, so ausgelaugt. Verstanden habe ich immer noch nicht, was passiert sein soll. Man hatte sich schon gewundert, dass man dich nicht erreichen konnte. Aber wer geht schon vom Schlimmsten aus? Wie naiv wir doch alle sind. Es ist schwer, diesen Verlust in Worte zu fassen. Also strafen wir uns gegenseitig mit Stille – weil die Sprachlosigkeit überwiegt.

Das ganze Prozedere, das folgt, ähnelt eher einer Folge *CSI*, als dass ich es als Realität einstufen könnte. Auch das genutzte Vokabular passt eher in eine Polizeiermittlung aus dem Fernsehen – es ist alles so absurd. Inwiefern soll ich das Geschehene mit dir in Verbindung setzen können? Das macht doch alles keinen Sinn, was die da sagen. Ich kann mir das nicht länger anhören – und wünsche mir so sehr, dass wieder Stille herrscht.

Ich bin so müde. Meine Gedanken kreisen wild umher, aber es findet sich kein Ausweg. Der Kopf ist voll, der Körper jedoch nicht dazu in der Lage, einen neuen Tag zu beginnen. Wenn ich aufstehe, gibt es weitere Formalitäten zu regeln – und das will ich nicht. Ich habe nicht die

Kraft dazu, mich tagein, tagaus mit dem Tod meiner Schwester auseinanderzusetzen. Merkt denn niemand, wie sehr mich das alles zerstört?

„Reiß dich zusammen", sage ich mir, unter Tränen, bevor die Stille erneut die Oberhand gewinnt.

Ich starte den Versuch, mich abzulenken. Der Kaffee tut gut – hast du den auch gern getrunken? Ich bin mir auf einmal nicht mehr sicher. Der nächste Schluck aus der Tasse schmeckt plötzlich sehr bitter. Wie komme ich am besten auf andere Gedanken? Ich entschließe mich dazu, ein neues Buch anzufangen, stöbere durchs Bücherregal und werde schnell fündig – Auswahl gibt es genug. Ich schlage die erste Seite auf und beginne zu lesen – bis mir auffällt, dass es sich um mein Geburtstagsgeschenk handelt. Eine klare Empfehlung von dir. Die Erinnerung umgibt mich und schenkt mir kurzzeitig etwas Freude – bis plötzlich alles wieder hochkommt.

Jenseits.

Stille.

„Du musst endlich etwas essen", fleht mein Ehemann.

Ich weiß nicht einmal mehr, welcher Tag überhaupt ist, geschweige denn, wie viel Zeit bereits vergangen ist, seitdem ich von deinem Tod erfahren habe. Eines ist mir klar: Seitdem funktioniere ich nur noch, ich beginne jeden neuen Tag, weil ich es muss – und es sicher auch so erwartet wird. Ich bin leicht reizbar und meine Gesellschaft ist eher unerträglich als angenehm-erfrischend. Sobald ich sichtlich abschweife und mich mein Gedankenkarussell vollends einzunehmen scheint, beginnt die lästige Fragerei. „Wie geht es dir? Gibt es Neuigkeiten?" Aber ich bin es leid, Informationen weitergeben zu müssen. Ich wünsche mir nur Stille.

Es vergehen viele Wochen, bis die Beisetzung endlich stattfinden kann. Am Ende ist das ein längst überfälliger, notwendiger Schritt, um irgendwann wieder nach vorn blicken zu können. Ich bin überzeugt, dass Zeit diese tiefe Wunde nicht heilen kann – wie soll das auch möglich sein? Schließlich ist da eine große Lücke, die du hinterlassen hast. Auf der Suche nach einem Schuldigen werde ich leider nicht fündig. Es meldet sich niemand zu Wort, dem ich meine maßlose Wut aufhalsen kann. Auch hier überwiegt die Stille.

Ich muss allmählich versuchen, um die Trauer herumzuwachsen, selbst wenn es mir schwerfällt, deinen Tod zu akzeptieren. Ab jetzt schwingt bei jedem Atemzug immer auch ein bisschen Melancholie mit. Das finde ich jedoch richtig, weil es mir zeigt, wie viel du mir bedeutest und dass ich unter deinem Verlust leide – und irgendwie ist das auch eine Form der Wertschätzung und gehört zur Trauerbewältigung dazu. Noch immer erwische ich mich dabei, wie meine Gedanken abdriften und ich Zeit mit dir verplane. Zeit, die uns leider nicht mehr vergönnt ist. Eine Träne kullert über meine Wange, wenn ich daran denke, was hätte sein können.

Doch das Stück ist vorbei und die Schauspieler haben längst die Bühne verlassen. Der Vorhang ist gefallen. Es herrscht ein Moment der Stille im Saal …

… dann ertönt plötzlich tosender Applaus: eine Laudatio, für dich.

Es ist an der Zeit, die erdrückende Stille zu durchbrechen, denn da ist noch einiges, was ich auf dem Herzen habe und was ausgesprochen werden muss: Ich war immer stolz auf dich und habe es bewundert, wie du deinen Weg gegangen bist. Du warst so stark, so unabhängig. Ich habe nie wirklich verstanden, warum du Deutschland verlassen musstest. Deine Entscheidung hat mich damals verletzt, vermutlich weil ich dachte, dass ich ein Grund für dein Weggehen war. Ich war noch so klein – und du hattest so viel Verantwortung. Wahrscheinlich warst du einfach maßlos überfordert. Aus der räumlichen Trennung wurde mit der Zeit auch eine emotionale Barriere, was mich rückblickend wirklich sehr traurig macht.

Über die Jahre habe ich gelernt, was es heißt, dich zu vermissen. Doch jetzt ist es nicht mehr nur die geografische Entfernung, die uns trennt. Das ist ein unerträglicher Gedanke, der immer noch nicht vollends eingesackt ist. Doch ich versuche, nach vorn zu blicken und weiterzumachen, weil ich mir sicher bin, dass das dein Wunsch gewesen wäre. Wir hatten unsere eigene Art und Weise, zu kommunizieren: Die Wortspiele und Referenzen hier im Text hätten dir sicher sehr gefallen. Erinnerst du dich an unseren spielerischen Austausch mit Begriffen und Zitaten? Das war wirklich etwas ganz Besonderes. Eine gewisse Unbeschwertheit, so viel Freude – das ist es, was ich mit dir verbinde und wie ich mich an dich erinnern möchte.

Jenseits der Stille sind die Erinnerungen an dich und die gemeinsame Zeit sehr präsent. Vor mir liegt allerdings noch ein harter Weg, mit etlichen Tiefs – und ich weiß nicht, ob ich stark genug bin, ihn zu gehen. Doch ich habe Unterstützung und Menschen, die mir Halt geben. Jenseits der Stille bin ich natürlich nicht allein, auch wenn ich aktuell viel mehr Zeit für mich brauche, um in mich zu kehren, innezuhalten und zu reflektieren. Keine Sorge, große Schwester, ich werde meinen Weg gehen: für dich, für mich, für alle, die uns kennen und lieben.

Da ist zwar immer noch die große Trauer über deinen Verlust, die Wut und das Unverständnis. Doch fernab von dieser Stille, die mich seit deinem Tod umgeben hat, ist auch noch Leben – und mittlerweile auch wieder ein Funken Hoffnung.

Was ich dir noch sagen wollte? In meinem Herzen lebst du weiter. Meine Gedanken sind bei dir und du bleibst unvergessen. Ich hätte mir sehr gewünscht, noch viele schöne Momente mit dir erleben zu dürfen. Die Zeit war einfach viel zu kurz. Jenseits der Stille erinnere ich mich an deine Fröhlichkeit, deine Lebensfreude, aber vor allem an dein herzliches Lachen – und das fehlt mir. Jeden Tag.

Katharina Witthuhn *liebt ausgiebige Spaziergänge, Bücher und fehlerfreie Texte. Neuerdings tobt sich die selbstständige Lektorin aus Neustadt am Rübenberge auch im kreativen Schreiben aus – und findet daran großen Gefallen.*

Zum Abschied
für meine geliebte Oma

Nach einer langen Reise
ist meine Oma nun ganz leise.
Erloschen ist ihr Augenlicht,
doch vergessen wollen wir ihrer nicht.
Nie mehr wird sie aus ihrem Schlaf erwachen,
sie soll träumen viele schöne Sachen.
Von Momenten in ihrem Leben,
die ihr konnten Freude geben.
Vom Himmel aus, da wacht sie nun
über das, was wir hier unten tun.
Drum seid gewiss, sie ist nicht fort,
nur als Engel an einem anderen Ort.
Und wenn unsere Liebe wird nie verblassen,
wird sie unser Herz auch nie verlassen.
Denn Erinnerungen, die unser Herz berühren,
gehen niemals verloren.

Liebe Oma,
du fehlst uns allen sehr. Doch bist du stets bei uns, weil wir in vielen Situationen an dich denken und dich vor uns sehen. Zum Beispiel beim Kartoffelnschälen, weil das keiner so schnell kann wie du. Dann sind wir zwar traurig, weil du nicht mehr bei uns bist, aber wir lächeln, weil wir dich durch unsere Erinnerungen am Leben erhalten.

Ich drücke dich fest und werde dich immer lieben.
Deine Enkelin Nicole

Nicole Kulinski ist 27 Jahre alt und leidenschaftliche Kinderbuchautorin. Sie hat u. a. das Buch „Die spannenden Abenteuer von Clementine und Nora, dem magischen Einhornpony" geschrieben. Ihre Bücher sollen Kindern Mut machen und sie inspirieren.

Warum ich dir schreibe

Auch nach all den Jahren fällt es mir schwer, zu akzeptieren, dass du für immer gegangen bist.

All die Dinge, die ich bei den Eltern nicht sagen konnte, weil ich mich nicht traute oder Angst hatte, dass sie mir meine Ideen ausreden könnten, sie als Fantastereien abtun würden, konnte ich mit dir besprechen. Du hast mir immer zugehört, mich ermutigt, gefragt und vor allem mit Offenheit deine ehrliche Meinung gesagt. Von dir wusste ich, dass ich zu allem eine Meinung haben darf – auch wenn sie nicht jeder gut fand oder teilte, auch dass ich sie durchaus ändern konnte, um Kompromisse einzugehen sowie einen Konsens zu finden!

Du hast mir Wege gezeigt, die nicht immer gerade und eben waren, weil ich mal wieder eine sehr ausgefallene Idee hatte. Zum Beispiel als ich mir in den Kopf setzte, den Pilotenschein für den Hubschrauber machen zu wollen, um in Australien oder Afrika als Entwicklungshelfer zu arbeiten.

Meine Träume bekamen Flügel, wenn ich mit dir darüber sprach, obwohl du mich auch immer wieder auf den Boden der Realität zurückgeholt hast.

Du warst es, die mich erdete, mir Argumente lieferte, gewisse Ideen und Vorhaben von allen Seiten zu beleuchten oder die rosarote Brille abzunehmen, indem ich mich der Tatsache stellte, wie schwierig die Umsetzung letztendlich sein würde ... So erkannte ich den wahren Wert der Sache. Dafür danke ich dir!

Du hast maßgeblich dazu beigetragen, dass ich der Mensch wurde, der ich heute bin. Ich verdanke deinem Weitblick wie deiner Sichtweise so viel. Auch heute fehlt mir manches Mal dein Rat, das Gespräch oder ein Impuls, den du immer zu geben bereit warst.

Ach ja, da ist noch etwas:

Ich verzeihe dir, dass du nie gesagt hast, dass du aus einer Adelsfamilie stammst und minderjährig durchgebrannt bist, um die Liebe deines Lebens gegen den Willen der Familie zu heiraten. Zwar hielt diese Liebe nicht für den Rest eures Lebens, doch es gab dir den Freiraum, für uns Enkelkinder da zu sein ohne Verpflichtungen und Zwänge einer herrschaftlichen Familie in Hintergrund, die die Fäden zog – und letztendlich bin ich dir dafür sehr dankbar!

Danke, Omi!

In Liebe deine jüngste Enkeltochter

Dorothea Möller, *freie Autorin, schreibt für Erwachsene und Kinder. Ihr Schwerpunkt liegt auf historischer Fantasy, Märchen und Urban Fantasy.*

Schweigen bis in alle Ewigkeit

Liebe Frau Knallmeier,

ich weiß nicht, was ich falsch gemacht habe, dass Sie mich ignorieren. Wir haben uns doch mal so gut verstanden. Vielleicht haben wir uns sogar zu gut verstanden? Mit Ihren ständigen Veräppelungen trafen Sie genau meinen Humor, auch wenn ich meist nicht wusste, wie ich auf Ihre Sticheleien reagieren sollte. Mir blieb nichts anderes übrig, als passende Sprüche für die nächste Gelegenheit vorzubereiten, um mich zur Wehr zu setzen.

Und was ist das Resultat? Angeblich soll ich krank sein, wogegen es keine Medikamente gäbe. Aber alles halb so schlimm, dann müssten wir da gemeinsam durch. Sie bestätigten mir meinen Dachschaden, der auf Ihrem eigenen beruhte. Damit haben Sie es geschafft, in meinem Kopf den Schalter auf Humor umzulegen. Dabei hätte ich schlagfertige Worte schon viel eher im Leben brauchen können.

Unbedingt wollte ich andere zum Lachen bringen. Um die lustigen Situationen nicht zu vergessen, schrieb ich sie nieder, und zwar angefangen mit dem Kindermund von Nicolas und Sophie. Sie, Frau Knallmeier, fügten sich prima ein. Mit der Zeit wurden die einzelnen Sprüche zur Herzensgeschichte, woraus das Buch *Blöder Mama!* resultiert. Dabei war ich selbst nur die schusselige Mama, die von der Kindererziehung nicht so viel Ahnung hatte. Aber Sie waren für mich die Erziehungsexpertin, die mir mit Rat und Tat zur Seite gestanden hat. Und wenn sonst nicht viel half, blieb ja immerhin noch der Humor.

Falls das Buch eines Tages erfolgreich werden sollte, habe ich den Erfolg nur Ihnen zu verdanken. Daran wird sich nichts ändern, auch wenn Sie nicht mehr mit mir kommunizieren.

Sie sagten damals, dass Ihre Kollegen lieber nichts von dem Buch erfahren sollten. Ich verstehe bis heute nicht, warum das so ist. Sie hatten mir doch sogar schriftlich gegeben, dass Sie keinerlei Einwände hätten. Und trotzdem schien es Ihnen unangenehm zu sein.

Okay, ich habe auf Sie Rücksicht genommen. Ich achtete darauf, dass keine Rückschlüsse der Namen auf die Kita möglich waren. Nur im allerengsten Bekanntenkreis habe ich ein wenig Werbung gemacht. Und glauben Sie mir, Sie hätten mich gewiss noch ausbremsen können, wenn Sie – selbst anonym – die Veröffentlichung nicht gutgeheißen hätten. Sie waren mir wichtiger als das Buch. Ich wollte es mir mit Ihnen keinesfalls verscherzen. Nur eins lag mir sehr am Herzen: Ihre ehrliche Rückmeldung, wie Sie das Buch finden. Aber auf die wartete ich vergebens. Warum konnten Sie sich nicht dazu äußern? War der ganze Text doof oder albern oder fühlten Sie sich peinlich berührt? Ihr Schweigen konnte ich nicht einordnen. Ich fühlte mich zutiefst enttäuscht.

Stattdessen lobten Sie im Internet irgendeine andere Person, die Ihnen eine Freude mit dem Spruch gemacht hatte, dass Sie die beste Lehrerin im Kindergarten wären. Das waren auch meine Worte in dem Buch. Ich fühlte mich gekränkt, dass ich Ihnen offensichtlich keine Antwort wert gewesen war. Sie sollten wenigstens wissen, dass ich enttäuscht war, weshalb ich Sie daraufhin antextete. Vielleicht war es ein Fehler von mir, direkt an den öffentlichen Kommentar anzuknüpfen, statt Sie persönlich zu konfrontieren. Aber mir schien das sinnvoller zu sein, um nicht wieder mit dem Vorwand der nicht vorhandenen Zeit abgewiesen zu werden. Ich glaubte nicht mehr daran, dass Sie sich mit mir auseinandersetzen wollen würden. Dass Sie meinen öffentlichen Beitrag eher nicht gut finden würden, war mir schon klar. Aber ich hätte wenigstens damit gerechnet, dass Sie versuchen würden, mich zu verstehen.

Doch was kam zurück? Ein lachender Smiley, der mir besagte, dass Sie mich nicht ernst nahmen. Sie löschten meinen Kommentar und dann sollte alles vergessen sein. Damit fühlte ich mich ausgelacht. Auf meine Nachfrage war Ihre Antwort, dass Sie blöden Fragen aus dem Weg gehen wollten. Niemand sollte von dem Buch erfahren, auch nicht, dass Sie darin eine wichtige Rolle spielen. Ich verstand nicht, was für Sie an der Story so unangenehm sein sollte. Dass Sie einen Dachschaden hätten, würden Sie ja nicht mal vertuschen, wie Sie so schön schrieben. Außerdem kämen Sie niemals in Verlegenheit. Auch das waren Ihre eigenen Worte.

Ich fragte mich, ob das die Reaktion gewesen sein soll, die ich mir so lange schon gewünscht hatte. Doch andere Worte folgten nicht. Die blöden Fragen blieben demnach Ihre einzige Assoziation zur finalen Version. Das durfte doch nicht wahr sein. Plötzlich hatten wir einen Konflikt, den ich niemals hätte haben wollen. Ich weiß gar nicht, warum dieser überhaupt entstehen konnte. Sie konnten mich doch auch gut leiden. Das haben Sie mir zumindest mehrfach signalisiert. Was ich zwischendurch verstanden habe, waren Ihre Aussagen: „Wir zwei verstehen uns." Oder auch: „Wir sind doch Freunde."

Wissen Sie eigentlich, dass ich das Buch *Blöder Mama!* Ihnen persönlich gewidmet habe, weil Sie etwas Besonderes für mich sind? Jetzt weiterhin mit Ignoranz behandelt zu werden, tut weh. Und Ihre Reaktion passt überhaupt nicht zu dem, was während der fünf schönen Kindergartenjahre zwischen uns gewesen ist. Es war doch sogar Ihre Idee, einfach noch ein Kind zu machen, um in Kontakt bleiben zu können. Was ist schiefgelaufen? Bin ich Ihnen doch auf die Nerven gegangen, obwohl Sie mir mal bestätigten, dass ich das nicht schaffen würde? Womit habe ich Sie belästigt?

Als ich Sie wissen lassen hatte, dass ich wegen des Konflikts noch sauer war, hoffte ich auf ein klärendes Gespräch. Vielleicht hatte ich Sie einfach nur missverstanden. Aber mit: „Ach, Frau Schussel …!", signalisierten Sie mir, dass doch alles gar kein Drama sei. Damit fühlte ich mich schon wieder nicht wahrgenommen. War ich denn in Ihren Augen nichts weiter als die komische Mama von Ihren Bezugskindern aus der Kita, mit der es keiner weiteren Diskussion bedurfte?

Na gut, Sie wollten schlichtweg keine Auseinandersetzung. Schlimmer konnte es für mich nicht werden. Daraufhin habe ich meine Schlüsse gezogen. Was Sie betraf, waren auf einmal Respekt und Wertschätzung für mich verloren gegangen. Eine normale Begrüßung, wenn wir uns über den Weg liefen, war für mich nicht mehr möglich.

Eigentlich hatte ich Sie anders kennengelernt – immer mit einer schlagfertigen Antwort parat. Aber leider musste ich erkennen, dass Sie nie eine Reaktion zeigen würden, egal wie lange ich noch warten würde.

Dann ging es mir eben nur noch darum, wenigstens das Buch erfolgreich zu vermarkten. Oder haben Sie ernsthaft geglaubt, dass ich es halt auf sich beruhen lassen würde, nur weil Sie sich nicht mehr melden? Inzwischen hatte ich viel Zeit und Geld in mein Buchprojekt investiert, aber sicherlich nicht, damit das Resultat schlussendlich im Regal verstaubt.

Länger konnte ich nicht auf Ihre Bedürfnisse Rücksicht nehmen. Dann sollte es nun der gesamte Freundes- und Bekanntenkreis erfahren. Vor allem ist das Buch für diejenigen interessant, die die Charaktere kennen. Mit dem Bezug zum Kindergarten im selben Ort bekam ich die Aufmerksamkeit der örtlichen Presse und der Buchhandlungen. Sehr wohl gab es ein positives Statement über unsere wahre Veräppelungsgeschichte. Viele konnten sich auf Anhieb in die banalen Alltagssituationen, von denen ich erzählte, wiederfinden. Und so manchen Eltern scheint es ähnlich zu ergehen, dass in der Kita eben alles besser funktioniert als zu Hause.

Dass wir unseren Konflikt nicht lösen können, weil Sie sich nicht gesprächsbereit zeigen, macht mich traurig. Mir würde nach wie vor am Herzen liegen, diesen zu beseitigen. Aber ich weiß nicht, wie, wenn dieser nur einseitig existiert. Ich verstehe nicht, warum ich Ihnen so egal zu sein scheine. Ich kann nur sagen, wie es war: Für mich war es schön, mit anzusehen, wie Sie und Nicolas zu einem lustigen Dream-Team wurden. Dabei hätten Sie niemals sein Herz berühren können, ohne auch meines zu berühren. Das wissen Sie im Prinzip ja schon.

Wie dem auch sei. Auf jeden Fall haben Sie einen bleibenden Eindruck hinterlassen. Noch heute spricht Nicolas von Ihnen.

„Im Traum habe ich Hanni gesehen."

„Ich habe mir Hanni zum Geburtstag gewünscht."

„Ich wünschte, Hanni wäre überall dort, wo ich auch bin."

„Ich wünsche mir meine Kitazeit zurück."

Vielen Dank für die schönen Erinnerungen, die uns bleiben. Was zusätzlich bleibt, ist aber auch die Enttäuschung.

Ich wünsche Ihnen alles Gute!

Ihre Valerie Schussel

Valerie Schussel wurde 1985 in der Grafschaft geboren und lebt derzeit mit ihrem Mann und den beiden Kindern im Rheinland. Zu ihren Hobbys zählen vorwiegend das Schreiben und das Fotografieren, um alle schönen Erinnerungen für die Ewigkeit festzuhalten, bevor das Gedächtnis Lücken aufweist. Nachdem sie ihr Abitur auf dem Fachgymnasium für Sozialpädagogik und Psychologie vorzeitig aufgegeben hatte, wechselte sie doch noch erfolgreich zur schulischen Ausbildung zur Fremdsprachenkorrespondentin.

Wie das kleine Mädchen

seine Mutter wiederfand

Es war einmal ein kleines Mädchen, das lebte mit dem Vater, der Mutter und dem kleinen Bruder in einem großen Haus unter hohen Bäumen. Die Tage waren gefüllt mit fröhlichem Lachen und Geborgenheit. Es schien, als würde alles für immer so bleiben.

Doch eines Tages wachte das kleine Mädchen auf. Es regnete stark und ein Gewitter mit dunklen Wolken hing am Himmel. Und obwohl es schon viele solcher grauen Tage erlebt hatte, war dieser Tag besonders dunkel. Es lief nach unten, um Vater und Mutter in der Küche zu besuchen. Doch diese war leer. Auch als es in der Stube nachsah, fand es dort niemanden.

Das kleine Mädchen bekam große Angst und schrie, so laut es konnte. Es horchte in die Stille hinein und wartete, bis es ein Schluchzen aus dem Elternschlafzimmer hörte.

Ganz vorsichtig schlich es durch den Gang und lugte durch den Türspalt. Der Vater saß zusammengekauert auf dem Bett, das Gesicht in den Händen vergraben und weinte. Komisch, dachte sich das Mädchen. So hatte sich der Vater noch nie verhalten. Es öffnete langsam die Tür und betrat das Zimmer. Es ließ die Augen zwischen den Wänden entlang streifen und fragte: „Wo ist Mutter?“

Als das kleine Mädchen nach einer Weile immer noch keine Antwort bekam, fragte es erneut. „Wieso weinst du, Vater? Wo ist Mutter?“ Doch anstatt einer Antwort nahm der Vater das kleine Mädchen in den Arm und drückte es ganz fest. Seine Hände waren kalt und nicht so warm wie sonst. Das kleine Mädchen konnte sich keinen Reim darauf machen, warum er sich so seltsam benahm. Doch es beschlich das Gefühl, dass es mit dem Verschwinden der Mutter zu tun haben könnte.

Nach einer Weile hatte der Vater all seine Tränen vergossen und sah sie traurig an. „Wir werden eine schwere Zeit vor uns haben“, sagte er. „Mutter wird nicht wieder kommen.“

Wut stieg in dem kleinen Mädchen herauf. Was für eine Lüge der Vater doch erzählte! Natürlich würde Mutter wiederkommen. Es drehte sich um und verließ das Zimmer.

Als das kleine Mädchen später am Abend in sein Bettchen schlüpfte, wiederholte es drei Worte immer wieder, die die fremden Personen, die zuvor im Haus gewesen waren, gesagt hatten: „Mutter ist tot." Es wusste nicht genau, was das bedeutete. Aber eins wurde dem kleinen Mädchen bewusst, nichts würde mehr so sein, wie es war. Es schloss die Augen und versuchte, sich an das Bild der Mutter zu erinnern.

Nichts.

Es versuchte, sich die Stimme der Mutter in das Gedächtnis zu rufen. Doch auch das schien nicht richtig zu funktionieren.

„Wieso kann ich dich nicht mehr sehen und hören?", flüsterte es traurig in die Dunkelheit. „Wo bist du nur hingegangen?" Leise Tränen liefen dem kleinen Mädchen über die Wangen. „Werde ich nun für immer ohne dich leben müssen?", versuchte es weiter, doch das Zimmer blieb weiterhin still.

Es musste träumen, dachte das kleine Mädchen, denn so eine Welt hatte es noch nie gesehen. Es befand sich in einer Art Wald. Doch da, wo normalerweise Bäume standen, ragten bunte Blumen in den Himmel, deren Blütenköpfe das kleine Mädchen nicht sehen konnte. Der Boden war bedeckt mit funkelnden Steinen, die eine besondere Wärme ausstrahlten, sodass seine nackten Füße nicht froren. Zwischen den riesigen Blumen konnte das kleine Mädchen am Himmel rosa Sterne entdecken, die sich wellenartig hin und her bewegten. Langsam folgte es einem Pfad und lauschte gespannt um sich. Obwohl ihm alles fremd und neu war, hatte es keine Angst. Es lief weiter und immer weiter, bis es schließlich an einem Bach kam. Auf einem blauen Seerosenblatt saß eine gelbe Libelle und winkte dem Mädchen fröhlich zu.

Das kleine Mädchen winkte zurück und fragte: „Hast du meine Mutter gesehen?"

Die Libelle schüttelte den Kopf und antwortete: „Nein, mein Kind, das habe ich nicht. Aber erzähl mir doch, wer ist deine Mutter?"

Das kleine Mädchen musste nachdenken. Was für eine komische Frage. Ihre Mutter war ihre Mutter. Doch nach einer Weile grübeln sagte es: „Meine Mutter ist eine wunderbare Person. Sie ist groß und hat braune lange Haare, die sich im Wind hin und her bewegen wie dieses Seegras hier." Während es das sagte, zeigte es auf den Bach. „Sie hat eine große Brille auf der Nase, die sie nur zum Schlafen abnimmt.

Ich habe einmal versucht, durch diese Brille hindurchzuschauen, doch mir ist ganz schwindelig geworden." Das kleine Mädchen drehte sich im Kreis und lachte dabei. „Außerdem hat meine Mutter ein ganzes Kästchen voll Lippenstift, den sie manchmal auflegt. Dann sieht sie aus wie eine feine Dame, die auf einen Ball geht."

„Und hast du ihr das einmal gesagt?", wollte die Libelle von dem kleinen Mädchen wissen.

„Nein", sagte es traurig und schaute zu Boden.

„Nun, dann kannst du das jetzt tun", sprach die Libelle und reckte den Kopf in den Himmel.

Das kleine Mädchen tat es ihr nach und sagte: „Mutter, du bist so hübsch wie eine feine Dame, die auf einen Ball geht. Und eines Tages möchte ich so aussehen und so schlau sein wie du!" Das kleine Mädchen bedankte sich bei der Libelle und ging den Pfad mit den funkelnden Steinen weiter.

Nach einer Weile kam es an einem Hügel vorbei, an dem es hinaufstieg. Oben angekommen, sah es auf einem roten Stamm ein grüner Maulwurf sitzen. „Hast du meine Mutter gesehen?", fragte das kleine Mädchen, bevor der Maulwurf etwas sagen konnte.

Der Maulwurf schüttelte den Kopf und deutete mit einer Pfote auf den Stamm. Das kleine Mädchen folgte der Einladung und setzte sich. „Leider habe ich niemanden gesehen. Aber erzähl mir, wer ist deine Mutter?", fragte der Maulwurf und sah das kleine Mädchen an.

Das kleine Mädchen überlegte eine Weile und sprach: „Meine Mutter kann singen wie keine andere. Immer wenn ich traurig bin, singt sie mit mir ein Lied vor, dann geht es mir besser. Sie kann sogar ein Instrument spielen." Das kleine Mädchen machte eine Bewegung mit seinen beiden Händen.

„Du meinst eine Querflöte?", fragte der Maulwurf.

Es nickte eifrig und wiederholte die Bewegung.

„Und hast du ihr das einmal gesagt?", wollte der Maulwurf wissen.

„Nein", sagte es traurig und sah zu Boden.

„Nun, dann kannst du das jetzt tun", sprach der Maulwurf und reckte den Kopf in den Himmel.

Das kleine Mädchen tat es ihm nach und sagte: „Mutter, du bist eine so fröhliche Person mit so einer schönen Stimme, dass allen Menschen das Herz aufgeht. Eines Tages möchte ich die Menschen genauso glücklich machen, wie du es kannst."

Der Maulwurf nickte dem kleinen Mädchen zum Abschied freundlich zu und es ging den Hügel wieder hinunter. Es folgte wieder dem Pfad mit den funkelnden Steinen und kam nach einer Weile auf einer Lichtung an. Auf dieser Lichtung saß eine alte Frau mit weißen Haaren. Als das kleine Mädchen die Lichtung betrat, versammelten sich alle Sterne am Himmel und bildeten einen Kreis, sodass die alte Frau von allen Seiten beleuchtet wurde.

Das kleine Mädchen trat näher und fragte: „Hast du meine Mutter gesehen?"

Die alte Frau antwortete: „Nein, das habe ich nicht. Aber komm doch näher."

Das kleine Mädchen folgte der Aufforderung und stellte sich zu der alten Frau in den Lichtschein. Die alte Frau nahm es bei der Hand und zeigte in den Himmel. „Siehst du die Sterne da oben? Da oben ist deine Mutter jetzt. Sie wird dich niemals verlassen, denn sie ist jetzt bei den Sternen. Manchmal wirst du sie nicht sehen können, sie ist dennoch immer da. Wann immer du deiner Mutter etwas sagen möchtest, kannst du in den Himmel sehen und deine Worte frei lassen."

Das kleine Mädchen sah in den Himmel zu den rosa Sternen hinauf und fragte die Frau: „Und du meinst, Mutter wird mich immer hören können, auch wenn ich sie nicht sehe?"

Die alte Frau sah das kleine Mädchen an und nickte. Das kleine Mädchen nahm all seinen Mut zusammen und sagte mit fester Stimme: „Mutter, ich bin durch den ganzen Wald gelaufen und habe dich endlich gefunden. Doch du bist so weit weg, dass ich dich nicht sehen kann. Das macht mir Angst, weil du mich nun nie wieder in den Arm nehmen kannst. Du kannst mir nie wieder deine Lippenstifte zeigen oder mir ein Lied vorsingen können. Du wirst nie wieder vor mir stehen und mich anlächeln. Und trotzdem hoffe ich, dass du immer da sein wirst. Egal wohin ich gehe, egal wie alt ich werde. Ich hoffe, du bist immer da".

Als das kleine Mädchen am nächsten Morgen aufwachte, war das Gewitter vorbei. Es rannte in die Küche und umarmte seinen Vater und den kleinen Bruder ganz fest. Ja, es würde eine schwere Zeit kommen. Doch sie hatten sich. Und wann immer es allein sein würde, konnte es in den Himmel sehen und die Worte herauslassen.

Und wie das kleine Mädchen, Mama, so stehe ich auch manchmal am Fenster und schaue in den Himmel, um ihm meine Ängste und Sorgen mitzuteilen. Ich weiß, dass du mich hörst, egal wo ich bin. Und was ich dir noch sagen wollte: „Bis bald, ich hab dich lieb."

***Lena Johanna Kaa** ist 23 Jahre alt und studiert Linguistik an der Universität Stuttgart. Sie sagt: „Als meine Mutter 2006 plötzlich starb, war das ein Schock für mich und meine Familie. Auch heute, 17 Jahre später, fällt es mir immer noch manchmal schwer zu begreifen, dass sie nicht wieder zurückkommt. Aber es gibt viele Menschen in meinem Leben, die mir geholfen haben, meine Trauer und meine Ängste frei rauszulassen. Auch wenn das nicht immer funktioniert, ist es gut, sich daran zu erinnern, dass es irgendwo jemanden gibt, der immer ein Auge auf uns haben wird. Ich habe dieses Projekt zufällig einen Tag vor ihrem Todestag gesehen. Da wusste ich, dass es etwas aufzuschreiben gibt. Ich möchte zudem meinem Vater und meinem kleinen Bruder danken, die immer an mich glauben. Ich habe dieses Projekt zufällig einen Tag vor ihrem Todestag gesehen. "*

Und was ich dir noch sagen wollte

Und was ich dir noch sagen wollte,
bleibt mir im Hals stecken
zwischen Gaumen und Zunge.
Alles will gesagt werden.
Alles, was ich dir noch nicht sagte.
(Oder was du nur in meinen Augen lesen konntest.)
Alles, was schön ist.
Alles, was hässlich ist.
Dabei fällt mir ein: Gibt es überhaupt
schön und hässlich in der Sprache?
Kommt es nicht immer nur auf den Kontext an,
frage ich dich.
Alles, was immer zwischen uns war, will gesagt werden.
Was vor und hinter und neben uns war.
Auf dem leeren Sitzplatz neben mir in der Straßenbahn.
Im Schweiß, der unsere einander haltenden Hände,
wie Schmieröl verband.
In der Zukunft, die wir nicht kennen.
In der Vergangenheit, die wir längst vergessen haben.
Alle,s was auf meinen Brustkorb drückt
wie Gewichte auf die Weichbodenmatte im Fitnessstudio,
in welches du sowieso nicht gingst.
Alles, was ich nicht sagen durfte als Kind, hätte
ich dir gerne ins Gesicht geschrien,
sodass der Wind, den meine Worte erzeugten,
deine Locken verstrubbelt hätte.
Ficken und Pupskaka und Hure und Alter Schwede
– es gibt ja auch junge Schweden – und Scheiße.
Alles, was ich gedacht habe, als ich dich
zum ersten Mal gesehen habe.
Dass deine Augen schön sind wie der Schaum des Meers.

Dass dein Mund dein Lächeln anspült wie Treibholz an den Strand.
Dass deine Nase aus dem Wasser sticht wie ein Mast vom Segelschiff.
Vielleicht warst du ja
doch ein Fischer.
Alles, hätte ich dir sagen wollen.
So viele Worte wie es Sterne am Himmel gibt über unserer Stadt,
die man nicht sehen kann wegen der Luftverschmutzung.
Alles hätte ich sagen wollen.
Nur das nicht:
Nichts.

Fee Johanna Heck: 17 Jahre zählt ihr Leben. Sie wohnt in Freiburg. Bis jetzt waren ihre Worte nahezu nur für sie. Sie tut das, was man macht als junge Frau. Tanzen gehen, lachen, weinen, lesen, sich bilden, Freundschaften pflegen, Menschen und das Leben lieben.

An mein Handfegerlein

Liebes Handfegerlein,

ich weiß, ich habe dir das alles schon gesagt, aber ich möchte es heute noch einmal Richtung Gestern und Morgen schicken, dahin, wo Zeit keine Rolle mehr spielt.

Du hast mich herzlich willkommen geheißen, als du noch ganz klein warst und ich in eurer Familie aufgenommen wurde. Ein Mädchen wie ein Irrwisch, flink wie der Blitz.

„Die ist viel zu klein für ihr Alter", haben alle immer behauptet, weil du mit drei Jahren noch senkrecht unter dem Tisch herlaufen konntest.

„Ich möchte auch eine Hexe sein wie du! Mit einem Besen zum Fliegen." Diese Bitte hast du verschmitzt an mich gerichtet, als ich einmal den Hof gefegt habe und auf dem Reisigbesen herumgehüpft bin und den Hexenflug nachgeahmt habe. Ich habe Märchen für dich erfunden – und meistens tauchten darin gute Hexen und Feen auf.

Wir lachten zusammen und ich sagte zu dir: „Du kannst doch einen so großen Besen gar nicht fliegen, kleine Wiesnase, versuche es erst einmal mit dem kleinen Handfeger, der da liegt."

Das hast du tatsächlich ernst genommen, dir den Handfeger geschnappt, ihn zwischen deine kleinen Beinchen geklemmt und bist hinter mir hergeflogen. Hüpfend und lachend haben wir auf dem Hof Hexe gespielt. Die Herbstblätter blieben liegen bis zum nächsten Tag, vielmehr haben wir sie erst recht durcheinandergewirbelt. Seitdem warst du für mich mein kleines Handfegerlein und das mutigste Wesen auf diesem Planeten.

Dein Lachen das mich viele Jahre, mal mehr und mal weniger, begleitet hat, fehlt mir – und du auch. Immer wieder verloren wir den Kontakt, weil jede von uns ihr eigenes Leben gelebt hat. Heirat, Kinder, Beruf. Da blieb nicht immer Zeit für ein Telefonat oder ein Treffen.

In den letzten Jahren sind wir uns wieder sehr viel näher gekommen, weil wir beide krank wurden. Oft hast du mich um Rat gebeten, manchmal hatte ich eine Idee, manchmal leider auch nicht. Tiefsinnige Gespräche führten wir – über unsere Kindheit, unsere lustige Hexenzeit, unsere Misserfolge, über den Tod und über das Leben. Glückliche Zeiten haben wir auch beim Graben in der Vergangenheit gefunden. Krankheit gab es für uns nicht mehr, nur noch Gesundheit in unseren stundenlangen Konversationen. Doch noch mehr haben wir zusammen gelacht. Gelacht, gelacht, bis uns das Zwerchfell wehtat.

Trotz der Entfernung haben wir es geschafft, uns ab und an zu treffen. Was meine Augen sahen, hat wehgetan. Der körperliche Verfall, obwohl du so viele Jahre jünger warst, war sehr präsent. Mutig hast du alles so genommen, wie es war. Keine Klagen, kein Jammern über Schmerzen. In deinen Augen war immer ein Lächeln, so ein Lächeln, das die Seele erreicht. Auf den Lippen ein liebes Wort für jeden. Allen Tieren dieser Welt wolltest du helfen. Egal ob Kröten auf der Wanderung, verletzten Tauben, Katzen, die niemand mehr wollte, oder den Igeln, die sich in deinem Garten verlaufen hatten. Sie waren in deinen Händen glücklich und du gabst ihnen ein Zuhause, solange sie es wollten. Mit zunehmendem Alter hast du immer öfter bemerkt: „Mit den meisten Menschen komme ich gar nicht mehr klar." Und wenn es darum ging, Gerechtigkeit walten zu lassen, warst du schon eine sehr große Hexe, die ein Donnerwetter loslassen konnte.

Erinnerst du dich an das kleine Hexenbuch mit den Zaubersprüchen, das wir uns gekauft haben? Die Sprüche darin wurden ausnahmslos ausprobiert. Teilweise konnten wir die Reime auswendig. Hat nicht wirklich funktioniert, das mit dem Zaubern. Karten gelegt, um die Zukunft zu überlisten, versuchten wir auch. Kräuter gesammelt, daraus Tee gekocht, von dem uns dann richtig schlecht geworden ist. Jeder Unfug war uns das Ausprobieren wert, auch noch als wir älter wurden. Es waren häufig nur kurze Momente, aber so wertvoll wie Jahre. Alles das war tausend Lacher wert.

Jetzt bist du vor ein paar Tagen dorthin gegangen, wo es schön ist. So haben wir beide den Tod interpretiert.

Ich sehe dich, weil du mir ein Bild in meinen Kopf geschickt hast, von dort, wo du jetzt bist. Eine blühende Wiese mit Gänseblümchen und all deinen Hunden, die jemals an deiner Seite gelaufen sind. Ein fröhliches Wesen, das jetzt alles hat, was ihm hier auf der Erde wichtig war. Inmitten dieser Tiere, Zitronenfalter, die deine Lieblingsschmetterlinge waren, über deinem Kopf. Der Wald und die Bäume, die du so sehr mochtest, sind nicht weit entfernt. Einen Moment hältst du inne, siehst in meine Richtung mit einem Lächeln, das die Seele erreicht, und hebst deine Hand, um zu winken.

„Und jetzt, mein Handfegerlein, dreht dich um und lauf! Lauf Richtung Wald!", schicke ich als Gedanken in deine Richtung. „Und wenn du irgendwann wieder Lust hast, auf diese Welt zu kommen, werden wir uns erkennen."

Ich antworte dir mit diesem Brief, winke mit meinem Besen in der Hand. Dankeschön für dieses Bild, das du in meiner Seele entstehen lässt, um mich wissen zu lassen, dass es dir gut geht.

Adelheid Bitzer: 1957 während der Evakuierungen in Freising geboren. 1960 ins Ruhrgebiet zurückgekehrt. Aufgewachsen in einer deutsch-italienischen Arbeiterfamilie in Gladbeck. Beruf Sekretärin. Hobby: Linedance. Zahlreiche Veröffentlichungen.

Unvergessliche Erinnerungen

In meiner ältesten Erinnerung an dich sehe ich dich auf deinem Fahrrad. Du holst mich damit vom Kindergarten ab und es ist das Tollste, wenn ich auf dein großes Fahrrad sitzen darf und du mich nach Hause schiebst.

Ich fühle den Wind im Haar, wenn wir mal wieder eine Fahrradtour zu meinem Lieblingskletterbaum machen. Während ich klettere, sitzt du auf der Bank unter dem Baum und schaust zu. Und wenn ich genug habe, gibt es Kekse zur Stärkung.

Ich rieche, schon als ich zur Haustür hereinkomme, dass du backst. Das machst du so oft. Wie gerne helfe ich dir bei den Quarkbrötchen! Erst werden Zöpfe geflochten und dann mit Eigelb bestrichen. Und wenn die Hälfte des Teiges in meinem Mund statt auf dem Blech landet, dann schimpfst du trotzdem nie. Auch Apfelkuchen, Fasnetsküchle, Marzipankartoffeln und Vanillekipferl machst du oft und etwas Teig ist immer für mich übrig.

Ich sehe dich gebeugt über dem Blumenbeet stehen und Unkraut zupfen. Du bückst dich oft – im eigenen Garten, im großen Garten oder bei der Grabpflege, überall kümmerst du dich darum, dass es blüht. Auf dem Friedhof spielen wir Verstecken im hohen Gras neben dem Kastanienbaum und im großen Garten pflücken und naschen wir Johannisbeeren.

Ich höre dich im Flur rumpeln. Jeden Morgen bist du gegen 5 Uhr morgens als Allererste wach. Du machst Frühstück für Papa, holst die Zeitung aus dem Briefkasten und weckst mich, wenn ich verschlafen habe. Dafür gehst du aber abends auch schon um 19 Uhr ins Bett.

Ich sehe dich noch vor mir – auf der Küchenbank sitzend, mit einem Buch oder Rätselheft, mal schlafend, mal essend und manchmal machst du Akupressur-Übungen für deine Sehkraft. Eins ist jedenfalls sicher: Du bist immer da, auf deiner Küchenbank! Und falls nicht, dann hast du einen Zettel geschrieben und auf den Tisch gelegt, damit ich weiß, wo du bist und mir keine Sorgen mache.

Ich fühle deinen Arm in meinem. Du bist älter geworden und immer so dankbar, wenn jemand dich stützt. Du traust dich ja nie, um etwas zu bitten, willst keinem zur Last fallen, obwohl wir dir doch alle gerne helfen. Jedes Mal, wenn wir zum Gärtner und auf den Friedhof gehen und ich dir dabei helfe, das Grab deines Mannes aufzuhübschen, bist du danach so glücklich und bedankst dich tausend Mal. Ist es nicht selbstverständlich, dass wir dich in deinen letzten Jahren unterstützen, wenn du doch dein ganzes Leben für uns da warst?

Ich höre dich mit dem Rollator hantieren. Du bist nicht mehr so mobil und verbringst immer mehr Zeit am Küchentisch. Du siehst schlechter, das Lesen und Rätseln fällt dir zunehmend schwer, dafür schläfst du immer mehr. Und du hörst schlechter, merkst oft gar nicht, wenn ich zu dir in die Küche komme. Ich wünschte, ich hätte mich öfters zu dir gesetzt ...

Ich sehe den Häkel-Löwen, den ich in der Grundschule gehäkelt und dir geschenkt habe. Seitdem sitzt er bei dir im Schlafzimmer, über 20 Jahre lang! Die letzten Wochen hast du es nicht mehr verlassen. Es geht dir nicht gut, du isst und trinkst kaum noch. Du hast Schmerzen und bittest um Erlösung und der tägliche Pflegedienst tut sein Bestes. Uns ist klar, dass es Zeit ist, sich zu verabschieden, doch es ist so schwer. Du warst schließlich immer da, unsere gute Seele im Haus. Es tut weh, dich so zu sehen und dass wir dir nicht helfen können.

Ich denke an all unsere Erlebnisse und ich bin froh und dankbar, dass wir so viel Zeit mit dir verbringen durften und konnten. Du hast so viel durchgemacht und du warst trotzdem immer so stark und positiv. Nie hast du den Glauben oder die Hoffnung verloren. Du bist ein großes Vorbild und ich wünsche mir, immer genauso optimistisch durch mein Leben zu gehen. Wie schade, dass du den 100. Geburtstag nicht mehr geschafft hast und wie schön, dass du stolze 99 Jahre alt geworden bist. Freud und Leid liegen nun mal nah beieinander.

Ich sehe den Häkel-Löwen. Er ist nun in mein Schlafzimmer umgezogen. Hier wacht er über meinen Schlaf und erinnert mich an dich, bis wir uns irgendwann wiedersehen.

Aline Petschaelis *wuchs mit ihren Eltern, ihren zwei älteren Schwestern und ihrer im Text beschriebenen Großtante in einem kleinen Dorf auf der Schwäbischen Alb auf. Sie ist Medienkauffrau für Print und Digital und arbeitet bis heute in der Verlagsbranche.*

Grenzenlosigkeit

Das Licht auf dieser Welt
zum Strahlen bringen.
Im Hier und Jetzt.

Das ewige Vergessen beenden.
Den Kreislauf durchbrechen.

Sich erinnern.
Wer man ist.

Als Lichtgestalt nicht auf Wolken gehend,
sondern auf feuchter Wiese und inmitten der Natur.

Erleben. Spüren. Den ganzen Mix des Seins.

Eben noch ins Licht gegangen
und bald schon wieder da.

Wie lang?
Wie oft?
Noch mal?

Einklang. Ausgleich. Grenzenlosigkeit.

Alles verschwimmt.
Gerade noch die einzelne Welle gewesen.
Nun der ganze Ozean.

Der Baum dort drüben.
8 Meter entfernt.
Berührung.

Aus der Ferne.
Die Hand lang machen und die beiden Lichter vereinen.
In sich drehenden Spiralen in den Himmel hinein.

Ich bin du.
Ich sehe es in deinen Augen.
Ich sehe mich in dir.
Du bist Licht.
Genau wie ich.
Hell strahlend, mal unter der wollenen Decke.
Mal verdeckt, mal frei.
Immer da.
In jedem.

Verbindung in unserer Trennung spüren.
Liebe.
Ein sich öffnendes Herz.
Verstehen.
Den eigenen Weg.
Und du den deinen.

Kein Richtig, kein Falsch,
denn alles ist Licht.

Stefanie Bräunig schreibt seit einigen Jahren Kurzgeschichten und Gedichte. Manche davon fallen dabei geradezu vom Himmel. Andere entfalten sich zu den Tönen der Musik. Auf ihrer eigenen Website (herzensgut-do.de) teilt sie ihre Gedanken und Erlebnisse in Form von Texten, selbst gemalten Bildern und Fotografien. Sie begegnet Flora und Fauna mit einem offenen Herzen, welches weitere Texte tief aus ihr herauszaubert. Über einen wundervollen Sonnenaufgang freut sie sich genauso wie über ein Gespräch mit Freunden über Gott und die Welt – bei einem gemeinsamen Spaziergang oder einer Tasse Kaffee.

Was ich dir schon immer sagen wollte, aber nie wirklich konnte

Und weißt du, mir geht's jetzt gut,
besitze auch deutlich mehr Mut,
unter anderem um dir zu sagen, dass du mir viel bedeutet hast
und es vielleicht immer noch etwas tust.

Niemand kann jemanden retten, der nicht gerettet werden will,
um einen herum wird's dann plötzlich so still,
und gleichzeitig unglaublich laut,
dass man seine eigene Stimme nicht mehr hört.
Wie kann es sein,
dass uns die Abwesenheit eines einzelnen Menschen so sehr stört?

Denken tage- und nächtelang darüber nach,
wie dies und jenes hätte anders laufen sollen.
Ich mein', wer würde einen solchen Abschied freiwillig wollen?
„Tschüss", und das wars,
doch es kam nie der Moment, an dem ich dich komplett vergaß.

Ich sehe jeden Abend die Sonne untergehen,
wie sie hinter den Bergen verschwindet
und sie uns trotzdem immer noch miteinander verbindet.
Der Himmel bleibt an jeder Ecke der Welt derselbe,
es sind nur die Farben, die er ändert.

Vielleicht verhält es sich genauso mit uns Menschen,
mal treffen wir uns zum richtigen Zeitpunkt an der richtigen Stelle,
mal trennt uns eine unvorhersehbare große Welle.

Wenn wir uns dann irgendwann wiedersehen,
meinst du, wir würden wortlos aneinander vorbeigehen?
Oder doch auf einmal alles verstehen?

Ich denk', mein Herz würde den Schlag des deinen erkennen
und sich an all die lachenden Stunden zurückerinnern,
aber auch an all die vergossenen Tränen.
Vielleicht lässt sich Glück und Leid nicht immer so klar trennen.
Vielleicht erkennen wir unser Glück erst durch das Leid
sowie aus Lügen die Wahrheit.
Beide Wörter können nur zusammen existieren,
denn gäbe es das eine nicht, wäre das andere nicht notwendig,
ich denk', es verhält sich mit vielen Dingen so.

Die Welt da draußen ist oft so kalt,
wann finden wir endlich in unseren warmen Gefühlen Halt?
Wann sagen wir die Dinge genau so, wie wir sie meinen?

Ganz egal, was die anderen sagen,
ich find', es macht ziemlich viel Sinn, es zu wagen.
Dem Klopfen unseres Herzens zu lauschen,
denn schließlich hat's als Erstes geschlagen.

Wir alle haben einen Rucksack auf unserem Weg,
ist das nicht ein wunderbares Privileg?
Ich weiß,
es mag sich manchmal auch als eine untragbare Last anfühlen,
und es wird auch nicht besser,
wenn du wie verrückt beginnst, darin rumzuwühlen.

Nimm dir Zeit und schau all die Dinge an,
die sich so in deinem Rucksack befinden,
nimm sie sorgfältig raus und lass sie mit Liebe verschwinden.

Gewisse Erinnerungen werden sicherlich für immer bleiben,
und genau diese werden dir
die wichtigsten Lektionen im Leben zeigen.

Ich denk', du bist eine davon und das wird auch so bleiben,
mir das einzugestehen, macht mein Rucksack um einiges leichter.

Mit einem lachenden und einem tränenden Auge,
so würd ich's zwischen uns beschreiben,
ich kanns bis zum heutigen Zeitpunkt nicht sagen,
ob's so für immer wird verbleiben.
Ich hoff aber, wenn du in den Himmel hinaufblickst
und all die schönen Farben erkennst, auch mich darin siehst
und irgendwann nicht mehr vor allen Dingen fliehst,
dass du lernst, im Regen zu tanzen,
und in Pfützen zu planschen.
Dass du dich getraust, intensiv zu fühlen,
ohne gleich Angst zu haben, am Ende sowieso Schmerz zu spüren.

Ich weiß, es ist ein langer Weg,
welchen nur du alleine beschreiten kannst.
So etwas vom Mutigsten ist es zu kämpfen entgegen seiner Angst.
Aber hasse sie nicht, sondern hör ihr zu, wenn sie zu dir spricht.

Wenn dein Herz nun das nächste Mal beginnt,
wie verrückt zu pochen,
lass es sanft an deine Türe klopfen.
Blick dich um in deiner Welt,
und erinnere dich, auch ein winziger Stern trägt dazu bei,
dass sich die Dunkelheit erhellt.

Du und ich, wir sind auch solche Sterne,
nur sehen wir uns vielleicht nur aus der Ferne.
Und vielleicht ist das gut so.
Vielleicht.

Lorena-Noëmi Hensel, *(Jahrgang 2004) ist momentan in der Schweiz wohnhaft und absolviert das letzte Jahr des Gymnasiums. Bereits mit 16 Jahren begann sie, eigene Gedichte zu schreiben. Nachdem sie zuerst nur für sich selbst schrieb, hat sie sich ziemlich schnell an Schreibwettbewerben wie dem Bleiwiis Rheintaler Jugend-Schreibwettbewerb (2021), dem der Hanns-Seidel-Stiftung (2022), Stiftung SAGS (2022) und der Brentano-Gesellschaft (2022) beteiligt. Themen wie Veränderung, Mut, Schmerz & Liebe findet man in ihren Texten immer wieder – alles, was eben zum Leben dazugehört.*

Lieber Simon ...

Lieber Simon,

ich habe letzte Nacht mal wieder von dir geträumt. Ich muss zugeben, ich fühle mich seltsam. Ich weiß nicht, was für ein Gefühl es genau ist, es fühlt sich in etwa so an, als erlebe ich alles zum allerersten Mal – lass mich versuchen, es dir zu erklären:

Heute Morgen habe ich mir die Haare gewaschen und dabei an den Traum und an dich gedacht. Ich habe versucht, die Gedanken an dich wegzuschieben, weil ich weiß, dass wir aktuell nicht zusammen sein können, wir sprechen ja nicht mal mehr miteinander, also bemühte ich mich, meine Wahrnehmung, meine Gedanken und Gefühle nur auf das Waschen meiner Haare zu richten. Ich stand also unter der Dusche und schäumte mir die Haare ein. Ganz langsam massierte ich in kleinen Kreisen meinen Kopf, spürte die Haut unter meinen Fingern, bemerkte zum ersten Mal, wie weich meine Kopfhaut eigentlich ist und dass ich über dem linken Ohr einen Leberfleck auf dem Kopf habe. Wie konnte mir das 28 Jahre nicht auffallen?

Ich betrachtete den Schaum in meinen Händen, nie vorher war mir aufgefallen, wie sehr das Shampoo schäumt, richtig fester, weißer Schaum, fast schon wie Eischnee! Danach spülte ich das Shampoo aus, es floss in kleinen, milchigen Bächen an mir herunter, zwischen meinen Füßen hindurch und hinterließ sanfte Spuren auf meinem Körper. Es fühlte sich an, als könnte ich jeden einzelnen Tropfen aus dem Duschkopf auf meiner Haut spüren – Hunderte kleine, warme Tropfen, kleine, weiche Berührungen. Danach trocknete ich mich ab, merkte zum ersten Mal, wie kratzig mein Handtuch ist, ich werde es jetzt bei meiner Nachbarin mal in den Trockner packen, das soll helfen.

Dann öffnete ich die Badezimmertür und stellte zum ersten Mal fest, wie kleine Sonnenstrahlen sich den Weg durch die kleinen Schlitze im Rollladen kämpften. Wieso ist mir das so noch nie aufgefallen? Die Sonnenstrahlen hinterließen ein wunderschönes Schaubild auf meiner

Bettdecke und weil der Rollladen sich durch den Wind draußen leicht bewegte, bewegten sich auch die Sonnenstrahlen. Sie tanzten ihren ersten und schönsten Sonnentanz auf meiner Bettdecke. Ich öffnete das Fenster, der Wind spielte mit meinen Haaren und kraulte meine Ohren. Es roch nach frischem Regen, es musste gerade erst aufgehört haben zu regnen, ist dir der Geruch schon mal aufgefallen? Mir war bis eben nicht bewusst, wie verdammt gut das riecht!

Ich atmete tief ein und die feuchte Luft kitzelte in meiner Nase und in meinem Rachen. In der Küche habe ich mir dann einen Kaffee gemacht. Die Kaffeemühle machte einen ohrenbetäubenden Lärm! Wie laut das ist, war mir so gar nicht bewusst, ich musste anfangen zu lachen, weil es mir so absurd vorkam, dass ich das bisher nicht als so kräftig empfand. Dabei war das Geräusch wirklich sehr penetrant, vermutlich sind in der Wohnung unter uns die Kinder aus dem Bett gefallen bei dem Krach. Ich weiß auch gar nicht, wie ich das besser beschreiben kann, es sollte einen Begriff eigens für diese Geräuschkulisse geben – Kaffeekonzert vielleicht? Oder Kaffeebohnenkonzert? Findest du das passend? Das Kaffeekonzert der mahlenden Bohnen erfüllte also die ganze Küche, das ganze Haus, ja, für wenige Sekunden mein ganzes Leben! Ich spürte das Kaffeebohnenkonzert mit ausnahmslos jeder Faser meines Körpers, vom Siebträger in meiner Hand beginnend, breitete sich die Melodie bis in meine Zehenspitzen und von dort weiter in den Boden aus. Ich glaube wirklich, für einen kurzen Moment hat das ganze Haus gebebt, wenn nicht sogar die gesamte Wohnhausreihe! Wo kurz zuvor noch die Wassertropfen aus dem Duschkopf auf meiner Haut ihr Schaumwettrennen veranstalteten, fegten jetzt die Töne der Kaffeemühle wie ein Wirbelsturm unter meiner Haut durch mich hindurch.

Kurze Zeit später setzte ich mich an den Küchentisch und jetzt schreibe ich das erste Mal eine Mail an dich. Simon, ich habe das Gefühl, dass ich zum ersten Mal richtig wach bin, dass ich die Welt zum ersten Mal richtig sehe und spüre, sie überhaupt wahrnehme – und das alles erst, seit ich dich kenne (und neuerdings auch von dir träume!) Es fühlt sich an, als wäre ich auf einmal lebendig, als hätte sich ein Schalter umgelegt, als wurde der Schlummermodus aus meinem Leben entfernt, als hätte endlich jemand auf *Play* gedrückt! Ich kann das erste Mal Farben richtig sehen, gelb ist endlich gelb, rot ist rot, ich sehe es jetzt, ich verstehe es auf einmal!

Ich fühle mich, als bekäme ich erstmalig richtig Luft, auf einmal kann ich atmen, alles scheint plötzlich möglich zu sein: die Quadratur des Kreises, das Abbremsen des Klimawandels, die Rettung der Welt. Zum ersten Mal fühle ich mich unbesiegbar, als trage ich ein unsichtbares Schutzschild, das unzerstörbar ist. Das klingt doch bescheuert, oder? Du kannst ja wohl schlecht die Luft in meine Lungen gepumpt haben, die muss da ja schon vorher drin gewesen sein, aber wieso fühlt es sich dann jetzt so an, als bekäme ich endlich Luft?

Es ist erst eine Stunde vergangen, seitdem ich aufgestanden bin, geduscht und gelüftet habe, Kaffee gemacht, den Laptop aufgeklappt und die Mail an dich begonnen habe. Eine Stunde und ich habe schon unzählige erste Male erlebt. Simon, bin ich das erste Mal verliebt? Bin ich verliebt in dich? Fühlt sich Verliebtsein so an? Und wie geht der Tag, die Woche, der Monat, mein Leben jetzt weiter? Warten weitere unzählige erste Male auf mich? Was denkst du?

Du fehlst mir und anscheinend bin ich verliebt in dich.
Nele

Nina Kipke, geboren im April 1994 in Würzburg, studierte Germanistik, Literatur und Kunst in Nürnberg und Konstanz. Aktuell arbeitet und wohnt sie in Hamburg. Nina liebt scharfes Essen, Aquarien und Spaziergänge. Ihre Freizeit verbringt sie am liebsten in guter Gesellschaft. Seit 2018 schreibt sie Kurzgeschichten.

Wenn die Wiesen glänzen

Wenn die Wiesen glänzen von den Tränen der Nacht,
Und sich der Rotklee verwelkt ergeben hat des Herbstes Macht,
Wenn die Sonne müde den nächsten Tag anbricht,
Lässt du los, gehst du ihm entgegen, dem weißen Licht.

Wenn sich die Hügel im Schatten schlafen legen,
Und geerntete Felder keinerlei Hoffnung mehr hegen,
Wenn du schwankst und wankst bei nebliger Sicht,
Verlässt dich der dunkelschöne Wunsch
einfach zu entschwinden nicht.

Wenn der Duft von buntem Laub hinweg über die Täler fegt,
Und nichts, als die Vorstellung es ihm gleich zu tun,
in deinem Geiste schwebt,
Wenn der Himmel sich wölbt und die Wolken brennen,
Weißt du, unsere Wege werden sich trennen.

Vögel fliegen vorüber,
um die Pracht der Landschaft nicht verkümmern zu sehen,
Sie ziehen weiter,
um dem unweigerlich kommenden Frost zu entgehen.
Und so singen sie ein letztes Lied, des Abschieds Melodie,
Wie dein Lebenswille, deine Kraft verschwinden sie.

Sei gewiss, der Traum, dass du zurückkehrst, erlischt wohl nie,
Erinnere ich mich immerzu an dein großväterliches Lächeln,
deinen Witz, die Melancholie.
Ach, wie sich die Gedanken sinnlos ballen,
Wenn die Blätter des Lebens traurig fallen.

Es verblüht dein Wort, es entflieht dein Herz,
Es weilt über mir dein Friede und in mir dein Schmerz.
Doch die ewigtiefe Hoffnung bleibt mein,
Du hast dich verloren, um dir endlich wieder nah zu sein.

Magdalena Ungersbäck, *geboren 2002 in Niederösterreich, lebt in Baden bei Wien. Seit 2021: Studien der Theater-, Film- und Medienwissenschaft und Geschichte an der Universität Wien. Veröffentlichungen: „Weltschmerz und Wahnsinn" (2021), Roman. Hobbys: Lesen, Theaterbesuche, Kinobesuche, Teilnahme an einer Studententheatergruppe.*

Einfach mitgenommen

Nachdem sein Umzug in die neue Stadt abgeschlossen war, suchte er sich einen neuen Hausarzt. Er bekam einen Termin und stattete ihm nun seinen Antrittsbesuch ab.

Nach der Begrüßung bat ihn der Arzt: „Am besten ist es, Sie legen erst einmal Ihre Kleidung ab und ich sehe mir Ihren Körper von oben bis unten an." Der Arzt schaute ihn prüfend an und begann auch gleich nach dem Erblicken der längeren Narbe am Arm mit der Frage: „Was ist denn da geschehen und seit wann haben Sie das?"

Er konnte zwar sagen, dass dort das Ellenbogengelenk, genauer gesagt das Speichenköpfchen, gebrochen war, aber wann das geschah, das weiß er nicht mehr. Nur eine ungefähre Jahreszahl konnte er nennen. Auch zu den vom Arzt erkannten weiteren Narben am Körper konnte er keine präzisen Jahreszahlen nennen.

„Wissen Sie, Herr Doktor, das ist so: Meine Mutter wusste derartige Daten alle aus dem Kopf. Sie konnte Ihnen fast taggenau sagen, wann ich welche Verletzung erlitten habe. Das war schon immer ganz drollig, wenn ich das so sagen darf. Wenn gefragt wurde, wann zum Beispiel diese Ellenbogenverletzung geschah, dann überlegte sie, was an dem Tag oder um diesen Tag herum sonst noch Wichtiges geschah. Da wurde dann überlegt: Das war der Tag, an dem unser Nachbar von der Reise kam. Der verreiste immer von Anfang Juni bis Mitte Juni eines Jahres und als der weg war, hatten wir unser Wohnzimmer renoviert. Das ist jetzt soundsoviel Jahre her. Also hast du dir den Arm im Juni vor drei Jahren gebrochen. Sie hatte von uns Kindern alle Daten im Kopf. Sie brauchte weder einen Kalender noch irgendein anderes Papier. Aber sie ist vor längerer Zeit verstorben und ich habe es versäumt, mir die Termine von ihr aufschreiben zu lassen oder es nach ihrer Ansage selbst aufzuschreiben. Jetzt stehe ich da. Keine Ahnung."

„Da seien Sie nicht zu traurig, dass Sie es nicht wissen. So geht es einigen Patienten von mir. Sie verlassen sich darauf, dass ihr Ehepartner oder irgendjemand aus der Familie die Daten im Kopf hat und bei

Befragen nennen kann. Aber wenn dann dieser Person etwas zustößt, dann sind sie im wahrsten Sinne des Wortes verlassen. Wir nehmen ihre sogenannten Erinnerungsdaten auf und sehen bei Bedarf dann weiter." Der Arzt setzte seine Bestandsaufnahme des Körperzustandes fort. Nachdem der medizinische Teil des Besuchs erledigt war, fragte der Arzt, ob denn sein Vater noch lebe.

„Nein, der ist leider auch schon viele Jahre tot. Aber da ist es genauso mit den vielen Dingen, die nicht besprochen wurden. Ich habe es immer versäumt, ihn genauer nach seinen Kriegserlebnissen und -erfahrungen zu fragen. In meinen jungen Jahren fehlte mir, ehrlich gesagt, das Interesse daran. Papa war da und damit war's gut. Von sich aus sprach er nie darüber. Und gefragt hat keiner. Später dann, als mein Interesse an den damaligen Ereignissen wuchs, wollte ich nicht in ihm die schreckliche Zeit neu auferstehen lassen. Er war bestimmt froh, dass er die Erlebnisse des Krieges, seiner Gefangenschaft und seiner Flucht über eine lange Strecke vergessen oder zumindest so weit in seinem Gedächtnis nach hinten geschoben hatte, dass sie ihm nicht jeden Tag erneut Sorgen bereitete. Aber jetzt ist es zu spät. Es ist zu spät, weil er nicht mehr da ist und keine Auskunft mehr geben kann. Er kann, ebenso wie meine Mutter, keine Erklärungen oder persönlichen Erfahrungsberichte über die Geschehnisse in den fürchterlichen Kriegszeiten mehr geben. Er ist tot und ich habe es versäumt, ihn darauf anzusprechen. Ich bin an meiner Unkenntnis selbst schuld. Beide Eltern sind verstorben und haben ihre Erlebnisse, ihr Wissen und ihre Erfahrungen mitgenommen. Einfach mitgenommen."

Der Arzt beendete seine Körpervisite und vereinbarte einen neuen Termin in drei Monaten. Er ermunterte seinen neuen Patienten, ein wenig darüber nachzudenken, ob ihm anhand der sogenannten Wegpunkte wie Urlaubsreisen, personellen Veränderungen oder besonderen Anschaffungen nicht doch noch das eine oder andere Datum seiner Narbenentstehung einfiele.

Gleich nachdem er zu Hause angekommen und sein Mittagessen eingenommen hatte, wollte er mit den Überlegungen zu den Wegpunkten beginnen. Aber das war schwer, sehr schwer. Ob es nicht doch noch jemanden gab, der das in seinem Kopf gespeichert hatte und ihm sagen könnte? Es fiel ihm niemand ein.

Diese gedankliche Anstrengung ermüdete ihn derartig, dass er seine Augenlider schloss und in einen entspannenden Mittagschlaf fiel.

Vielleicht hatte er morgen den rettenden Einfall. Es waren ja noch drei Monate bis zum nächsten Arztbesuch.

Wertvolle Zeit verging.

Charlie Hagist wurde 1947 in Berlin-Steglitz geboren. Nach Grund- und Oberschule absolvierte er eine Ausbildung zum Bankkaufmann. Während seiner Tätigkeit in der Personalabteilung des Hauses bildete er sich zusätzlich zum Personalfachkaufmann (IHK) weiter. Ehrenamtlich war er als Richter am Amtsgericht Berlin-Tiergarten, am Sozialgericht Berlin und danach am Landessozialgericht Berlin tätig. Charlie Hagist ist ver- heiratet, hat einen Sohn.

Mein liebes Kind

Mein liebes Kind,
irgendwann wird der Tag kommen, an dem du bemerkst, dass ich alt werde. Ich werde oft Hilfe gebrauchen und möchte dann jemanden an meiner Seite haben, der mich versteht.

Als du noch nicht lesen konntest, habe ich dir jeden Abend eine Geschichte vorgelesen. Manchmal wolltest du die gleiche Geschichte immer wieder hören. Jeden Abend immer wieder … Und ich habe es sehr gerne getan. Wenn ich dir heute eine Geschichte immer wieder erzähle, unterbrich mich nicht. Ich weiß nicht, warum ich es tue. Ich habe es vergessen. Hör mir einfach zu …

Lach nicht über mich, wenn ich mit dem neuen Handy und dem modernen Fernseher nicht umgehen kann, gib mir einfach die Zeit, die ich brauche, um alles zu verstehen. Ich habe dir früher geduldig erklärt, wie man auf dem Zifferblatt einer Uhr die Zeit abliest. Es wird der Augenblick kommen, wo du merkst, dass ich unserem Gespräch nicht mehr folgen kann und mich an Vergangenes nicht mehr erinnere. Sei geduldig mit mir, und hilf mir, mich zu entsinnen.

Oft fällt es mir schwer, vom Stuhl aufzustehen, weil meine schmerzenden Beine einfach nicht in der Lage sind, ihren Dienst zu verrichten. Gib mir einfach deine Hand. So wie ich dir meine Hand gereicht habe, als du die ersten Schritte machtest. Ich erinnere mich daran, wie stolz du damals warst. Vergiss nie, dass ich bei jedem deiner Schritte ins Leben für dich da war. Begleite du mich, wenn mir das Gehen irgendwann zu schwer fällt und mich die Kraft verlässt. Sei einfach an meiner Seite, nur dann fühle ich mich sicher und geborgen.

Das wollte ich dir noch sagen …
In Liebe, deine Mama

Helga Licher *wurde 1948 in einem kleinen Ort am Rande des Teutoburger Waldes geboren. Die Autorin findet die Ideen für ihre Geschichten und Romane im Alltag oder bei langen Spaziergängen.*

Offene Fragen

Wie geht's dir dort?
Ist da oben ein schöner Ort?
Bist du dort ganz allein?
Wünschst du manchmal, wieder hier zu sein?
Hast du deine Eltern wieder?
Schreibst du da oben weiter Lieder?
Bist du überhaupt im Himmel? Ich meine, gibt es den?
Wenn ja, kannst du uns von da oben sehen?
Bist du stolz auf uns? Auch auf mich?
Mach ich dieses Trauern überhaupt richtig?
Weinst du dort oben gerade auch?
Ist dir bewusst, wie sehr ich dich hier eigentlich brauch?
Bist du zufrieden mit deinem Leben?
Oder hast du zu viele Chancen vergeben?
Wie viele Worte hast du noch nicht gesagt?
Gibt es etwas Ungesagtes, was dich jetzt dort oben plagt?
Ich hab dir viel verschwiegen.
Hab meine Gefühle zu dir oft vermieden.
Glaubst du wir sehen uns wieder? Irgendwann?
Ich weiß nicht, ob ich das hier ohne dich kann.
Denn was ich dir noch sagen wollte ist, dass ich dich lieb.
Ich hätte es dir wohl sagen sollen, als mir die Zeit noch blieb.

Nele Oppermann *ist 2004 geboren und besucht zurzeit das Gymnasium, welches sie voraussichtlich 2023 abschließen wird. Wirklich angefangen, sich für Literatur und Lyrik zu interessieren, hat sie bereits in der 7. Klasse. Texte schrieb sie seitdem immer, wenn es möglich war. Doch vor allem in der Zeit des Corona-Lockdowns packte sie das Schreibfieber. Auf Englisch und auf Deutsch entwickelten sich erste Kurzgeschichten, Songtexte und Gedichte, welche allerdings bisher unveröffentlicht blieben.*

In Memorandum

an Omi Mariechen

Liebe Oma Mariechen!

Mittlerweile könntest du deinen 100. Geburtstag im Kreise deiner Kinder, die selbst schon in Rente sind, feiern. Alle erwachsenen Enkel mit ihren teils pubertären Kindern wären an diesem Tag um dich herum. Eine beachtlich große Familie, die seit deinem Tod noch gewachsen ist.

Leider hast du nicht mehr erlebt, wie meine eigenen Kinder geboren wurden, denen du mit Liebe und Geduld wundervolle, selbst erdachte Geschichten vor dem Einschlafen erzählt hättest wie mir. Es gibt vieles, was ich dir noch sagen wollte, wozu es durch deine rasch voranschreitende Krebserkrankung nicht mehr kam.

Dein Heim war mein zweites Zuhause. Zwar mochte ich nicht immer alles essen, was es zu Mittag gab, aber es war richtig, darauf zu bestehen, dass wir wenigstens einige Löffel von dem uns unbekannten Gemüse oder was auch immer probieren sollten, bevor wir unseren Nachtisch erhielten. Eine Philosophie, die ich übernommen habe und auch meinen Kindern nahebrachte ...

Heute weiß ich, dass du uns beschützen wolltest, indem du manch ein Verbot ausgesprochen hast. Was hättest du unseren Eltern erzählen sollen, wenn uns etwas Schlimmes passiert wäre? Aus heutiger Sicht einer Mutter verstehe ich die Ängste, Verbote und Sorgen, die du seinerzeit geäußert hast.

Ich habe Dir auch verziehen, dass du die Wahrheit verbogen hast. Ich sage nicht, dass es eine Lüge war, weil ich weiß, dass du die Familie vor Klatsch und Tratsch schützen wolltest. Meine Frage, warum du geschieden bist, wurde seinerzeit sehr kurz abgehandelt und das Thema gewechselt. Es muss unendlich schwer für dich gewesen sein, als du erfahren hast, dass Opa ein Kind mit einer anderen Frau hatte, nachdem er aus dem Krieg zurückkehrte. Der Skandal in der Kleinstadt, als bekannt wurde, dass er der Vater war. Seine anfängliche Feigheit, es nicht einzugestehen, aus Angst vor Verurteilung – wohl auch durch die eigenen Kinder. Als sein zweites uneheliches Kind unterwegs war, hast du den Mut aufgebracht, noch vor Beginn der 50-er Jahre die Scheidung einzufordern, was den nächsten Kleinstadt-Skandal heraufbeschwor. Eine Frau, die verlassen und geschieden war, wurde verachtet – selbst wenn die Schuld nicht bei ihr lag.

Ich kann nur erahnen, was du seinerzeit durchmachen musstet. Die Kinder gingen noch zur Schule, das jüngste war gerade mal sechs Jahre alt. Beschimpft, verurteilt und ausgegrenzt von Nachbarn wie gemeinsamen Freunden. Verurteilt? Warum und vor allem, wofür?

Man bestrafte dich und die Kinder, indem die Pflaumen aus dem Garten bei Nacht abgeerntet oder die Kartoffeln geklaut wurden. Dinge, die vorher nie passiert wären. Eine Form von Selbstjustiz selbst ernannter Sittenwächter jener Zeit.

Jahrzehnte später erfuhr ich aus Gesprächen, wie wenige Menschen zu dir hielten und dieser Haltung zustimmten, einen Schlussstrich unter eine ruinierte Ehe zu ziehen.

In meinen Augen warst du die Mutige! Du hast den Ehemann sowie Vater deiner Kinder freigegeben, damit die jüngere Frau nicht als gefallene Frau oder weitaus Schlimmeres bezeichnet wurde. Für dich stand das Wohl der Kinder an erster Stelle, selten das eigene Glück. Ich zolle dir Hochachtung und dein Mut erfüllt mich Stolz.

Wenn ich noch einmal die Gelegenheit hätte, aus heutiger Sicht und meinen Erfahrungen mit dir zu sprechen, würde ich das sehr zu schätzen wissen. Deine Reife, Vorausschau und Unbeirrbarkeit ging weit über dein Alter und die Zeit, in der du gelebt hast, hinaus.

Du warst immer mein Vorbild und wirst es immer bleiben. Dafür danke ich dir. Gerne hätte ich dir genau dies persönlich gesagt!

In Liebe deine Dorothea

__Dorothea Möller__ lebt und arbeitet als freie Autorin im Westfälischen. Sie hat weit über hundert Kurzgeschichten in Anthologien und Zeitschriften veröffentlicht. Mittlerweile sind drei E-Books von ihr erschienen. Zuletzt „Der Skateboardengel", eine Sammlung mit weihnachtlichen Kurzgeschichten für Kinder und Erwachsene. Homepage: www.Dorothea-Moeller.de

Unüberbrückbare Klüfte

Es fiel ihm nicht leicht, die E-Mail seines alten Schulkameraden zu löschen. Noch zögerte sein Finger, schwebte unentschlossen über der Tastatur.

Er quälte sich schon zwei Tage damit herum, zu verstehen, warum dieser so unerwartet schroff und aggressiv auf seine Nachricht reagiert hatte. Dass er es nicht verstand, ärgerte ihn genauso sehr wie dessen unangemessene Wortwahl.

Ihm lag so viel auf dem Herzen, was er mit dem einmal so engen Freund austauschen und teilen wollte. So viel, was er ihm noch sagen wollte, gerade weil ihre gemeinsame Kindheit sie beide später doch ähnlich geleitet und beruflich geprägt hatte. Beide hatten ihr Leben den Naturwissenschaften gewidmet, forschten, wenn auch auf ganz unterschiedlichen Gebieten. Er selbst im Bereich der Geologie, sein Freund in der Zoologie. So als wären die Wurzeln hierfür schon bei ihren gemeinsamen Streifzügen durch die heimischen Wälder und Steinbrüche gelegt worden, denn schon als Kinder hatten die kleinen und großen Wunder der unbelebten und belebten Natur sie fasziniert und beschäftigt. So eine Gemeinsamkeit durfte doch nicht unausgesprochen bleiben, das verband sie doch auch jetzt noch.

Es war seit einundfünfzig Jahren der erste Kontaktversuch zu seinem Freund aus Kindertagen gewesen, auf welchen nun diese Antwort kam. Denn man hatte sich völlig aus den Augen verloren, damals, als sich ihre Wege durch die Lebensumstände bedingt trennten, sie im Alter von zehn Jahren unterschiedliche Schulen besuchten und sich nach und nach, unmerklich, voneinander entfernten.

„Eigentlich seltsam", dachte er nun, nicht ohne Selbstvorwürfe. In den Jahren in der Volksschule waren sie unzertrennlich gewesen, streiften nachmittags gemeinsam durch das bewaldete Tal hinterm Dorf und verlebten eine rundum glückliche und erfüllte Zeit zusammen. Damals fühlten sie sich noch wie unzertrennliche Blutsbrüder, waren in Gedanken wie zwei Trapper im fernen Wilden Westen ihrer Fantasie, schwelgten in einer halb realen, halb imaginären Wildnis, die ihnen alles bot, was sie sich an Abenteuern nur wünschen konnten.

Aber dann, nachdem sich die Wege trennten, war das alles langsam verblasst und schließlich irgendwann wie ausradiert gewesen bei ihm selbst. Weggewischt durch neue Herausforderungen und Schulfreunde, spannendere und ihn nun mehr bewegende Ereignisse und Interessen. Dann kam irgendwann auch noch die räumliche Distanz dazu, denn so wie es ihn selbst später nach Übersee verschlagen hatte, so war der Freund schon früh in die Schweiz gezogen. Eigentlich ganz normale Entwicklungen, so war der Lauf der Dinge eben.

Beim zweiten und dritten Lesen der E-Mail hatte er zwischen den Zeilen jedoch gespürt, dass es bei dem anderen nicht so narbenlos verlaufen war. Die Kontaktaufnahme nach so langer Zeit hatte ein verkapseltes Gefühlsgeschwür nun aufbrechen lassen, mit Gift und Galle und einer Wucht, die ihn unvorbereitet traf.

War es ein Fehler gewesen, mit einer langen, herzlichen, etwas humorvollen und an die alten Kindheitserinnerungen anknüpfenden Nachricht den Versuch zu wagen, in einen Dialog zu treten? Nachdem er zufällig in einem Online-Artikel auf den vertrauten Namen gestoßen war, hatte er nicht gezögert, einfach drauflosgeschrieben und die Mail abgeschickt, in freudiger Erwartung, an alte Zeiten anknüpfen zu können. War das naiv?

Er hinterfragte seine eigene Motivation, suchte erst einmal nach Fehlern bei sich selbst, konnte und wollte sich aber schließlich nach einigem Nachdenken keine echte Schuld zuweisen. Er hatte es vor vielen Jahren ja bereits oft versucht, den Namen des alten Freundes diverse Male gegoogelt, aber keinerlei Informationen finden können. Hätte sein Freund das Gleiche getan, so wäre es für jenen ein Leichtes gewesen, den Kontakt wiederzubeleben, denn er selbst war leicht zu finden im Netz, samt Lebenslauf und daher eindeutig identifizierbar. Warum hatte nicht also der andere den ersten Schritt getan, er, der sich nun so unnahbar und fast gehässig gab?

Sie hatten beide ihren späteren Weg durch Studium und Beruf erfolgreich beschritten, das wusste er aus dem Artikel. Da gab es also auch keine Gründe für so etwas wie Minderwertigkeitsgefühle oder Neid. War sein alter Freund also wirklich nur aus Enttäuschung über das damalige Auseinanderdriften so unduldsam? Wieso eine derart ausgeprägt einseitige Schuldzuweisung?

Was würde eine vernünftige, eine angemessene Reaktion auf diese Antwortmail sein? Wäre es nicht schon fast anbiedernd, trotz dieses eindeutig abweisenden Verhaltens einen erneuten, versöhnlichen Anlauf zu nehmen?

Es gab so viele schöne Erinnerungen an die gemeinsamen Jahre, so viel Verbindendes. Sollten denn die lange Zeitspanne und die jeweiligen Lebenswege tatsächlich so große, so unüberbrückbare Klüfte geschaffen haben? Klüfte zwischen ihnen als Menschen, zwischen damals und heute? Er konnte sich dies aus seiner eigenen Sicht nicht vorstellen, wollte es auch eigentlich nicht als Option für sie beide akzeptieren, dafür waren sie sich einmal zu nah gewesen.

Er las also die Mail ein weiteres Mal. Langsamer, weitete dabei sein Herz, ließ den Schmerz zu, den das Geschriebene in ihm verursachte. Er achtete sehr bewusst darauf, hierbei keine weitere Wut auflodern zu lassen. Dies gelang ihm auch, aber stattdessen machte sich nun Traurigkeit in ihm breit. Vielleicht weil er langsam die Sinnlosigkeit so einseitiger Empfindungen einsah.

Manchmal war es wohl besser, nicht zurückzublicken in vielleicht verklärte Zeiten.

Manchmal musste man Brücken hinter sich auch abbrechen. Um sich selbst nicht zu verletzen aus falscher Sentimentalität. Wer konnte schon wissen, wie sich das sonst noch entwickeln würde?

Und sein Zeigefinger drückte die Delete-Taste.

Dieter R. Fuchs, *Jahrgang 1952, lebt in München. Er war 35 Jahre als Geowissenschaftler und Forschungs-Manager tätig, arbeitete in 80 Ländern weltweit. Seit Eintritt in den Ruhestand schreibt er in verschiedenen Genres. Neben vier Romanen erschienen zahlreiche Kurzgeschichten und Gedichte von ihm in Anthologien und Literatur-Magazinen. Ehrenamtlich engagiert er sich als Social Media Redakteur beim Bayerischen Literatur Radio Hörbahn. Ausführliche Vita und Bibliografie: https://de.wikipedia.org/wiki/Dieter_R._Fuchs.*

Unser Frühling

Meine Gedanken tragen die Kleider
des letzten Frühlings.
Ich kann sie nicht ablegen,
sie duften nach dir
und sie singen deinen Namen.
Ach, so gern leb ich im Gefühl,
du wärst noch da.
Und ja, du bist es.
Alles lebt, alles atmet, alles tanzt
umringt von dir.
Unser Frühling liegt noch auf meiner Haut.

Stefanie Haertel *ist 35 Jahre alt und lebt in Berlin. Sie hat eine Ausbildung zur Industriebuchbinderin gemacht und ist als Autorin zahlreicher Anthologien vertreten. Ihr Hobby ist das Schreiben von Gedichten.*

Abschied einer Mutter

Meine wundervolle Tochter,

mein Körper wird schwächer und der Krebs breitet sich immer mehr aus. Seitdem die Ärzte alle weiteren Therapien eingestellt haben, merke ich, dass das Ende nun nicht mehr weit ist. Die Schmerzmittel lassen alles erträglicher sein, aber ich gebe zu, ich habe Angst, vor dem, was kommt. Gibt es ein Wiedersehen? Werden mich meine Eltern, deine Oma und dein Opa, schon erwarten? Es gibt nur eines, das ich sicher weiß. Ich möchte diese Welt nicht verlassen, ohne dir ein paar Worte dazulassen.

Ich bin so unheimlich dankbar, deine Mama sein zu dürfen. Mit dem Moment, als ich von dir erfuhr, hat sich mein Leben geändert. Vom ersten Moment an wusste ich, dass du nun das Wichtigste bist und ich einfach alles für dich tun würde. Durch dich habe ich erfahren, was Mutterliebe ist. Diese unendliche, bedingungslose Liebe ist mit keiner anderen vergleichbar. Ich weiß, dass ich manchmal streng war, dass ich dir nicht immer alles erlaubt habe und du mich dafür oft verflucht hast. Aber weißt du was? Das alles habe ich nicht getan, um dich zu ärgern, sondern weil ich mich immer um dich gesorgt habe. Die Angst, dass dir was passieren könnte, ist und war einfach immer groß. Trotzdem hoffe ich, dass ich dir immer eine gute Mutter sein konnte.

Weißt du noch unser Urlaub in Dänemark? Im Schwimmbad bist du das erste Mal frei geschwommen. Wir hatten so unglaublich schöne Tage mit der Familie. Dein Papa hat bis spät am Abend mit dir getobt und tagsüber machten wir tolle Ausflüge. Leider hatten wir viel zu wenig Urlaub in den letzten Jahren. Ich habe so viel Zeit im Krankenhaus verbracht und dadurch, dass ich nicht arbeiten konnte, fehlte einfach das Geld. Dafür haben wir die Zeit zu Hause umso mehr genossen. Du hast es geliebt, wenn wir Spieleabende gemacht haben oder die Umgebung auf langen Spaziergängen erkundet haben. Als du älter wurdest, hast du immer mehr deine freie Zeit mit deinen Freunden verbracht.

Manchmal habe ich dich, ehrlich gesagt, sehr vermisst. Du glaubst gar nicht, wie schwer es ist, wenn man als Mutter langsam loslassen muss und die Kinder ihre eigenen Wege gehen. Dennoch bin ich so unfassbar stolz auf deinen Werdegang. Du hast deine Schule super abgeschlossen und eine tolle Ausbildung gemacht. Nun stehst du mitten im Leben und ich habe mich schon so sehr auf Enkelkinder gefreut. Leider kann ich das nun nicht mehr erleben, aber ich bin mir sicher, dass du mich dann noch mehr verstehst. Du wirst das alles super meistern.

Weißt du eigentlich, dass ich mir damals so sehr einen Bruder oder eine Schwester für dich gewünscht habe? Ich wollte immer, dass du nicht alleine bist. Allerdings ist uns dieser Wunsch verwehrt geblieben. Umso glücklicher hat es mich immer gemacht, dass wir dich haben. Du bist unser Wunder, unser ganzes Glück. Ich hoffe, du konntest immer spüren, wie sehr du geliebt wirst.

Nun werde ich dich und Papa bald zurücklassen müssen. Ich werde es so sehr vermissen, sonntags mit euch am Mittagstisch zu sitzen. Ebenso unsere Mutter-Tochter-Gespräche, die immer so tiefgründig waren. Danke für das große Vertrauen, das du mir immer wieder entgegengebracht hast.

Ich hoffe, ihr werdet oft an mich denken. Nicht nur mit einem weinenden, sondern auch mit einem lachenden Auge. Blickt zurück auf die schönen Momente, die wir erlebt haben. Wenn ich von da oben auf euch runterblicke, möchte ich euch fröhlich sehen. So wie ihr es immer gewesen seid.

Danke für dieses wundervolle Leben, das ich mit euch hatte. Ich habe meine absolute Erfüllung gefunden und kann nun glücklich in den Himmel aufsteigen. Dank euch habe ich nichts im Leben verpasst, denn diese Familie hat mir einfach alles gegeben.

Ich liebe euch über alles, jetzt und in aller Ewigkeit.

Sophia Hahn *hat schon einige Kurzgeschichten und Gedichte veröffentlicht. Ihr großes Ziel ist es, irgendwann ihr eigenes Buch in den Händen zu halten. Sie lebt mit ihrem Mann und den zwei Kindern in Mecklenburg Vorpommern und ist beruflich als Erzieherin tätig.*

Vergiss uns nicht

Weißt du noch, als ich dich angerufen und dich gefragt habe, was du davon hältst, wenn deine Mutter nun auch meine Mama ist? Meine Stimme hat so gezittert und ich glaube, du konntest meine Aufregung heraushören.

„Ich kann mir nichts Schöneres vorstellen", war deine Antwort und ich konnte dich dabei fast lächeln sehen.

Weißt du noch, als ich das erste Mal danach zu Besuch war und mich nicht getraut habe, zu deiner Mama auch Mama zu sagen? Sie kam also zur Tür rein und wir wollten gemeinsam: „Hallo, Mama", sagen. Ich konnte nicht und du hast sie noch mal aus dem Raum geschickt und wieder hereingerufen, damit ich eine zweite Chance bekam, es zu sagen. Mit deinen süßen sieben Jahren warst du so ehrlich glücklich und hast mich damit mutig gemacht.

Weißt du noch, als mein Kollege mich geärgert hat und ich abends wie immer schnell, damit ich noch pünktlich zum dich Zudecken komme, traurig nach Hause kam?

„Ich beschütze dich, nimm mich mit, keiner geht so mit meiner Schwester um!" Das waren deine Worte. Da warst du zehn Jahre alt, viel zu ernst für dein Alter und es hat dich so berührt.

Weißt du noch, als ich die Hundefutterschüssel in meinem motorischen Schussel gegen die Wand gehauen habe und sie kaputt war? Wir wussten beide, Mama rastet aus.

Weißt du noch, was du gesagt hast? „Sag einfach, ich war es, das ist schon okay." Da warst du neun und so voller Liebe für mich.

Weißt du noch, als du in die fünfte Klasse kamst? Nachdem dein Bruder abgehauen ist? Sie haben dich deswegen alle geärgert und dir dann erklärt, dass ich nicht mal deine richtige Schwester bin.

Weißt du noch, was wir entschieden haben? Dass das, was wir fühlen über unsere Beziehung, die einzige Wahrheit ist! Da warst du elf Jahre alt, mein Schatz, und so loyal.

Weißt du noch, als du eines Tages neben mir auf dem Bett saßt und mich gefragt hast, wie das sein kann, dass die Frau, die mich geboren hat, mich nicht liebt? Ich wollte dir ja eine Antwort geben, aber ich konnte keine finden.

Weißt du noch? Du hattest eine. Ab diesem Tag war sie für dich nur noch die Blödfrau. Und das sagst du mit deinen süßen zehn Jahren, ohne dass du etwas Nettes sagen wolltest, einfach weil du es so meintest und beantwortest damit eine der wichtigsten Fragen meines Lebens besser, als ich es jemals gekonnt hätte.

Wenn ich jetzt nach dir suche, sehe ich: *Konto nicht gefunden*. Und mein Herz hat seinen Takt verloren, ich glaube, ein Teil von mir ist weg mit dir. Oder fühlt es sich nur so an?

Seit Tagen sammel ich nun all meine Worte, welche ich dir sagen möchte, liege im Bett und stehe einfach nicht mehr auf. Ich greife wieder und wieder ins Leere und suche deine Hand, die Kilometer weit weg alleine auf deinem Bett liegt, weil deine Menschen jetzt glauben, du bist alt genug, dass du niemanden mehr brauchst, der sie hält.

Ich weiß es besser, das tut wohl am meisten weh. Ich schwöre, MEIN HERZ hält sie noch immer!

Es war mein letzter Weg, dich zu sehen und meine heutige Antwort darauf war, ist und bleibt: Sag *Konto nicht gefunden*, hallo. Das tue ich und ich schreie es in die Nacht, so stumm, voller lauter Verzweiflung und bitterer Tränen, weil du es weder lesen noch hören kannst.

Mein Bruder. Du fehlst.

Als große Schwester möchte ich doch, dass du tausend Dinge von mir lernst. Ich möchte tausend Dinge von dir lernen. Ich möchte dich beschützen und weiter die sein, der du alles immer erzählst, die, in deren Arme du versinken kannst, wenn die Welt ein so gemeiner Ort ist und niemand dich versteht. Es gibt so vieles, was du wissen solltest, und ich muss anfangen, es dir zu sagen, um nicht daran zu ersticken.

Was ich dir noch sagen wollte:

Jetzt momentan machst du ständig die Erfahrung, Liebe ist auf Zeit. Ich weiß, woher deine Ängste kommen, und ich weiß, alle haben dich verlassen und nun ich auch, aber nicht deinetwegen.

Ich weiß, dass dir das nicht reichen wird. Nicht wegen dir gehen heißt auch, nicht wegen dir bleiben – aber nein, so ist es nicht. Ich möchte bleiben wegen dir, bin geblieben wegen dir. Länger als ich konnte.

In all den Momenten, in denen du neben mir, in meinem Armen oder auf meinem Schoß wieder und wieder wolltest, dass ich verspreche, nie zu gehen, habe ich es ernst gemeint und ich halte mein Versprechen. Ich gehe nicht, ich kann gerade nicht kommen, aber ich werde nicht gehen. Ich werde hier sein, immer.

Also, was ich dir noch sagen möchte:

Bald bist du groß und dann kannst du selbst entscheiden und dann wird das aufhören. Menschen werden nicht mehr gehen, weil es niemals deine Schuld war. Bitte verliere nicht dein Vertrauen in die Menschen.

Was ich dir noch sagen wollte:

Krank sein bedeutet nicht, böse zu sein, auch dann nicht, wenn jemand aufgrund seiner Krankheit Böses tut. Es tut mir so leid, dass du das so früh lernen musst. Das soll nicht heißen, dass du nicht verletzt sein darfst und alles verzeihen musst, was dir geschieht, sondern nur, dass ich mir so sehr wünsche, dass du dein kleines Herz nicht mit Hass verdunkelst.

Bevor du da warst, war ich nur halb. Nur halb hier, nur halb ganz und nur halb dabei. Du und deine kleinen Augen, deine kleinen Finger in meinen und dein Bild der Superheldin, welche du in mir siehst, hat mir klar gemacht, dass es eine Entscheidung gegen ein Morgen nun nicht geben wird.

Du warst mein Gegengewicht zu all dem Schmerz, der so viel tiefer geht, als es Worte jemals könnten. Du hast mich berührt auf eine Art, wie es nur deine kleine Seele konnte, und am Ende bist du der Grund, wieso ich heute noch irgendetwas tue.

Ich möchte, dass du weißt, dass ich dich liebe, mehr als du es dir vorstellen kannst. Ich liebe dich mehr als meine Träume, mehr als mein Leben und mehr als mich. Ich liebe dich mit meinem ganzen Sein. Du wirst jetzt denken, dass ich dir das oft genug gesagt habe, aber die Wahrheit ist, es gibt kein oft genug dafür.

Du bist wundervoll stark und kannst alles erreichen!

Du bist wunderschön! Ja, sie werden dir vielleicht manchmal etwas anderes sagen, aber es wird nie wahr sein.

Weißt du noch, was ich dazu gesagt habe?

Genau, ich bin deine Schwester, ich sehe dich tausend Mal öfter und länger als alle anderen und ich finde, du bist wunderschön, also bist du das.

Was ich dir noch sagen wollte, vergiss das nicht!

Du bist der perfekte kleine Mensch mit einem wunderschönen Herzen aus Gold und einer so tiefen Seele. Die wenigsten werden sie sehen, aber ich bete, dass dir Menschen begegnen werden, denen du sie zeigen kannst. Ich hoffe, dir werden Menschen zeigen, was die Wahrheit ist, und ich hoffe, du wirst im Meer der Lügen schwimmen und nicht ertrinken. Ich hab dir tausend Schwimmwesten gegeben, ich hoffe, du findest sie in deiner Seele, wenn du sie brauchst.

Ich liebe dich, ich glaub an dich und nichts und niemand wird daran etwas ändern. Ich trinke unseren Tee auf dich und ich kaufe einen zweiten, weil ich nicht begreifen kann, dass du nicht mehr neben mir bist. Und ich frage mich, wie kann ein Leben so leer sein, nur weil nicht mal 1,50 Meter fehlt?

Ich denke jeden Tag an dich und jeder kennt deinen Namen und jeder wird deinen Namen kennen. Egal wann du wieder in mein Leben kommen wirst, ich schwöre dir, dass dir jeder sofort die Tür öffnen wird. Ich werde nie aufhören, von dir zu erzählen, nie.

Was ich dir noch sagen wollte, ich werde hier sein, wenn du mich brauchst.

Zuletzt warte ich, mein kleiner Mensch. Ich warte auf den letzten Funken Fairness, die Einsicht Erwachsener, welche über ihr eigenes Ego fallen und Geschwister trennen, welche zusammengehören.

Ich warte auf das Wunder, das wir brauchen, um wieder beieinander zu sein, oder darauf, dass die Zeit dich älter macht und du mich eines Tages suchen kannst. Ich werde meinen Namen großschreiben, so oft und so lange ich kann, damit der Tag kommen kann, an dem ich meine große-Schwester-Arme für dich ausbreiten kann.

Finde mich, ich darf es nicht. Sie haben es verboten und ich kann nichts tun. Wir waren uns immer einig, die Biologie brauchen wir nicht, doch damit war nicht zu rechnen. Jetzt ist alles leer ohne dich und ich hoffe, dass meine Entscheidung, zu warten anstatt zu kämpfen, am Ende die richtige für dich ist.

Was ich dir noch sagen wollte, ich geh nicht, weil ich nicht bleiben will, sondern weil ich befürchte, es ist besser für dich, wenn ich gehe.

Was du wissen sollst und niemals oft genug gehört hast, ich liebe dich, mein kleiner Mensch, für immer ...

Und ich höre nicht auf, zu beten, dass dies nicht für immer meine letzten Worte an dich sind.

Ich verspreche, du wirst mich finden können, wann immer du mich suchst.

Was ich dir noch sagen muss: Wenn dich unser Leben niemals mehr an meine Seite bringt, dann bist du meine schönste Erinnerung. Durch dich wird die Zeit voller Lügen und Ausnutzen zu einer, die okay war.

Scheiß auf all das Geld, scheiß auf das Vertrauen und die Zeit, ich hab all die Jahre deine Hand gehalten, auf dich aufgepasst und dich zu meiner höchsten Priorität gemacht.

Und weißt du was? Wenn ich wüsste, wie sehr es mein Herz bricht, wenn ich wüsste, wie tief ich falle, wenn ich wüsste, wie sehr ich zerstört bin am Ende, ich würde es wieder tun, weil deine Hand zu halten, dein Lachen, deine Liebe und die Art, wie du mich angesehen hast, Grund genug für all das ist.

Also, was ich dir noch sagen wollte, danke, dass du der beste, wundervollste kleine Bruder bist. Danke, dass du mich ansiehst wie eine Heldin. Danke, dass du mir immer vertraust. Danke, dass du immer versuchst, auf mich aufzupassen, und danke für all die wundervollen Sätze, welche die schönsten sind, die ich jemals gehört habe. Und vor allem danke dafür, dass du mir gezeigt hast, wie wahnsinnig krass man mich lieben kann.

... Und was ich dir noch sagen möchte: Der Geschwisterschwur löst sich nicht durch Fehler, nicht durch Lügen und auch nicht durch die Zeit, ich hoffe, das weißt du. Du bist immer da und ich bin immer da, zwischen deinen Zeilen, in deiner Musik, in jedem Zockermoment, meine Hand hält deine Hand, wenn du schläfst, in jeder Nacht.

Weißt du noch,
Ich liebe dich.
Was ich dir noch sagen wollte:
Bitte
Vergiss uns nicht

Bianca Findeisen wohnt am Meer in Mecklenburg-Vorpommern, arbeitet in der sozialen Arbeit, liebt es dort und träumt vom Schreiben. Wenn sie nicht übers Leben philosophiert, mal wieder viel zu viel nachdenkt, arbeitet, liest oder schreibt, fährt sie auch gerne Auto, um die Liedtexte falsch und schief mitsingen zu können.

Happy Birthday, Bruderherz

Sie wusste nicht, wie lange sie schon an die Decke starrte und ihren Gedanken nachhing. Als sie sich hingelegt hatte, war es draußen noch hell gewesen und nun war es mitten in der Nacht. Neben ihr schlief ihr Freund bereits und ahnte nicht, was in Emilies Kopf vor sich ging.

Sie drehte sich auf die Seite und schaute durch das Fenster hinaus in die Nacht, in den Sternenhimmel. Der große Tag X kam in wenigen Stunden auf sie zu und dieses Jahr war es noch mal anders als in all den Jahren zuvor. Stumm liefen ihr Tränen über die Wange und sie biss sich auf die Lippen, um ihr Schluchzen zu unterdrücken. Sie hatte ihr ganzes Leben schon diese eine Sehnsucht in ihrem Herzen, die sie nicht stillen konnte und die sie manchmal in die Knie zwang.

Vorsichtig deckte sich Emilie auf und warf einen letzten Blick auf den Schlafenden, bevor sie sich aus dem Zimmer schlich. Obwohl das Alleinsein wehtat, musste sie gerade für sich sein, nur für einen Augenblick. Sich einmal ausweinen, bevor sie sich wieder zu einem Lächeln durchringen und diesen Tag anders meistern konnte, als sie jemals geglaubt hatte.

In der Küche schenkte sie sich etwas zu trinken ein und atmet durch, während immer mehr Tränen über ihr Gesicht liefen.

„Es ist so unfair", war der einzige Gedanke, der ihr immer wieder kam. Aber dieser änderte nichts an dem, was sie fühlte und was sie so gerne in die Welt schreien würde. Emilie stellte das Glas Wasser an der Spüle ab und bemerkte in dieser die weißen Rosen, die ihre Mutter für morgen gekauft hatte. Emilies Fingerspitzen glitten über die Rosenblätter, bevor sie den Entschluss fasste, der sie nicht mehr im Haus hielt.

In eine dünne Jacke eingehüllt und mit einem kleinen Kissen ging sie leise hinaus in den Garten, bedacht, niemanden aufzuwecken. Hinter den Hecken versteckt hatte ihre Mutter eine kleine Gedenkstätte angerichtet, die Emilie normalerweise mied. Es tat ihr zu weh, aber manchmal zog dieser Ort sie an wie Licht eine Motte, was nicht hieß, dass es nicht dennoch schmerzt. Das Kissen platziert auf dem Steinboden nahm im Schneidersitz darauf Platz. In ihrer Hand hielt sie eine der Rosen und schaltet die elektrische Grabkerze an, die ein wenig flackert.

„Hallo Bruderherz." Mehr brachte sie nicht über ihre Lippen. Sie legte die Rose ab und ließ den Kopf hängen. Sich die liebevoll gestaltete Ecke anzusehen, schaffte sie einfach nicht.

„Es tut mir leid, dass ich so lange nicht hier war. Tatsächlich ist es schon wieder ein Jahr her." Emilie kam jedes Jahr an einem besonderen Tag zu ihrem Bruder. „In wenigen Minuten haben wir Geburtstag." Der Satz brannte in ihrer Kehle, aber nur in diesem Augenblick hatte sie die Chance, ihre Trauer zu spüren. Ohne alte Narben bei anderen aufzureißen. Ohne dass ihre Liebsten im Haus die Tränen sehen mussten.

„Ich weiß, wir hatten nie die Chance, auch nur einen Geburtstag zusammen zu feiern, und trotzdem spüre ich jedes Jahr, dass etwas fehlt. Dass du mir fehlst." Ihr war es nicht vergönnt gewesen, ihren Bruder zu behalten, stattdessen vermisste sie ihn.

„Ich würde dir so gerne einmal in die Augen schauen und dir alles Gute wünschen. Hätte gerne ein einziges Mal mit dir unseren Geburtstag geplant und dich fest in den Arm genommen, wenn nichts funktioniert hat." Sie wischte sich ihre Tränen aus dem Gesicht und blickte auf die Kerze.

„Weißt du, jedes Jahr, wenn es auf unseren Geburtstag zugeht, kann ich nicht schlafen, kaum was essen und weine mich fast jede Nacht in den Schlaf, wenn ich überhaupt welchen bekomme. Ich frage mich jedes Mal, wie es wäre, wenn du da wärst. Früher habe ich mir ausgemalt, wie wir unseren Kindergeburtstag feiern. Ob sich deine Freunde mit meinen verstanden oder ob wir zwei Partys gemacht hätten, weil wir uns nicht auf ein Thema hätten einigen können. Auf die Diskussionen hätte ich mich sogar gefreut." Und wie sie das hätte. Was gäbe sie dafür, nur einmal ein solches Gespräch mit ihrem Bruder führen zu können.

„Heute frage ich mich, wie wir überhaupt feiern würden." Emilie und ihr Bruder wurden dieses Jahr 25 Jahre alt. Sie lebte mit ihrer Mutter zusammen und war eher schüchtern. In ihrer Vorstellung war ihr Bruder das genaue Gegenteil. Eher beliebt und mit unzähligen Freunden.

„Ich glaube, dass wir keine große Feier mehr machen werden, sondern nur mit dem engsten Kreis, bevor du mit deinen Freunden feierst. Wenn du hier wärst, hätte ich ein ganz anderes Verhältnis zu unserem großen Tag." Ihr Geburtstag war ein Schatten, der sie einmal im Jahr vollkommen verschluckte und bis zum Jahrestag des Verlustes ihres Bruders nicht vorhatte, sie wieder gehen zu lassen. Das waren jedes Jahr mindestens zwei Wochen, in denen Emilie leiden musste.

„Meine Freunde verstehen manchmal nicht, warum ich so traurig bin. Sie haben mich sogar gefragt, wie ich um dich trauern kann, wenn ich doch nicht einmal eine Erinnerung an dich habe. Und ja, das frage ich mich so oft auch. Aber mittlerweile weiß ich, dass ich genau über diese Zeit trauer, die wir niemals hatten. Um die Kindheit, die wir nicht zusammen verbringen durften, und um die Worte, die ich nie zu dir sagen konnte. Ich werde niemals sagen können: Ich liebe dich, und deine Reaktion in deinen Augen sehen können. Ich werde dir niemals mein Herz ausschütten können und daraufhin deine Stimme hören, die mich tröstet. Ich werde niemals wissen, wie du dich anhörst." Wieder schwieg sie einen Augenblick und weinte sich diese Sehnsucht von der Seele. Einmal die Stimme hören, die sie vermisste, obwohl sie sie nicht kannte. Dazu würde Emilie nicht in der Lage sein, die eine Umarmung zu bekommen, die sie vervollständigte.

„Unser Geburtstag ist jedes Jahr eine Erinnerung daran, dass du nicht da bist. Dass das nicht alleine mein Tag ist und ich ihn nicht mit dir feiern kann. In dieser Zeit ist die Frage nach dem Warum so schwer in mir. An jedem anderen Tag kann ich mich ablenken und Freude empfinden, aber nicht jetzt. Jetzt will ich dich am liebsten fragen: Warum hast mich verlassen müssen? Du hast niemandem was getan und trotzdem musste ich dich verlieren. Das ist nicht fair, egal wie viel Zeit vergeht, es ändert nichts an dieser Tatsache." Ihre Stimme brach ab und sie suchte Halt an ihrer Halskette, in die der Name ihres Bruders eingraviert war.

„Dieses Jahr würde ich dich gerne so viel fragen und dich um deinen Rat bitten. Alles ist irgendwie anders, macht mir etwas Angst und dennoch ist es das erste Mal seit Langem, eigentlich seit der Grundschule, dass ich ein bisschen Vorfreude empfinde. Kannst du mir das verzeihen?" Erst in der Grundschule hatte Emilie wirklich verstanden, was der Tod bedeutet – nach einem Verlust innerhalb der Familie war die Trauer um ihren Bruder entfacht. Seitdem war die kindliche Freude auf den Geburtstag verschwunden.

„Du weißt, dass ich es eigentlich immer versuche zu vermeiden, zu feiern. Meine Freunde und auch Mama wollen das nicht zulassen und ich gebe zu, tagsüber macht es fast Spaß, aber nachts kommt das schlechte Gewissen. Ich würde dich so gerne fragen, was du von mir erwarten würdest." Über ihre Schulter schaute Emilie zu den Fenstern hoch, hinter welchen ihr Freund und ihre Mutter schliefen.

„Weißt du, in diesem Jahr sind Mama und ich nicht alleine. Wir sind dieses Mal zu dritt und ehrlich, ich habe ein bisschen Angst. Noch habe ich nicht gesagt, wie schwer der Tag morgen für mich wird. Vielleicht weil ich die gleiche Verständnisfrage wie von meinen Freunden fürchte. Von Mama weiß ich, dass er sich einige Gedanken gemacht hat. Und obwohl er nicht weiß, was los ist, weicht er mir nicht von der Seite. Ihr zwei würdet euch sicher wunderbar verstehen. Mama sagt immer, dass er uns geschickt worden ist. Sie glaubt von Opa, damit es mir besser geht, aber ich glaube, dass du das warst." Ihr Freund war zu einem Zeitpunkt in ihr Leben gekommen, an dem es ihr wirklich schlecht ging, und passte seit bald einem halben Jahr auf sie auf.

„Wenn du das warst, dann danke ich dir. Ich glaube fest daran, dass du noch immer auf mich aufpasst und du irgendwie doch an meiner Seite bist." Zumindest war das ein Gedanke, der sie etwas tröstet.

„Ich vermisse dich so sehr und hoffe, dass es dir gut geht, wo auch immer du bist. Außerdem hoffe ich so sehr, dass du ein bisschen stolz auf mich sein kannst. Ich habe immer versucht, das Beste aus mir zu machen, das Leben zu nutzen, das ich bekommen habe. Ich habe dich so unendlich lieb."

Sie setzte sich um, zog die Beine an und vergrub ihren Kopf in ihren Knien. Die Tränen hörten nicht mehr auf und auch die Wut auf die Welt, dass sie ihren Geburtstag morgen wieder alleine verbringen würde ... zumindest ohne ihren Bruder. Zwar mit ihrer Mutter und ihrem Freund, aber eben ohne ihre andere Hälfte.

„Ich wünschte, du wärst wirklich hier und könntest mich in den Arm nehmen, nur ein einziges Mal."

Während Emilie weinte, spürte sie neben dem kalten Wind der Nacht plötzlich, wie ihr etwas über die Schultern gelegt wurde. Sie schaute nicht auf, sondern fand den Halt, den sie brauchte in ihrem Freund, der seine Jacke über sie gelegt hatte, und bei ihrer Mutter, die sie liebevoll hielt.

„Er ist sicher stolz auf dich", flüsterte er ihr zu und streichelt ihr über das Haar, bevor er ihr einen Kuss auf die Stirn gab, welchen sie sich etwas entgegenstreckte. Ihre Mutter bejahte dies und wischte behutsam die Tränen weg. Für einen Augenblick war Emilie ihrem Bruder nah und musste nicht mehr über ihre Gefühle schweigen. Sie saß einfach mit ihren Liebsten da und teilte mit ihrem Bruder ihr Glück.

Ein weiterer Kuss fand seinen Weg auf Emilies Stirn. „Alles Gute zum Geburtstag. Euch beiden", ergänzte ihre Mutter und führte sie alle zu einer großen, tröstenden Umarmung zusammen.

Die Worte waren auf einer Seite ein Stich ins Herz, auf der anderen Seite aber lächelte Emilie zum ersten Mal aufrichtig. Sie umklammerte ihre Halskette und schaute zum Himmel hoch. Als Kind hatte ihre Mutter ihr gesagt, dass der hellste Stern am Himmel jemand sei, der gerade einen Gruß an Emilie schicke. Für sie war das immer ihr Bruder. An ihre Familie angelehnt weinte Emilie lächelnd ihre letzte Träne für diese Nacht.

„Happy Birthday, Bruderherz."

Lina Groß, geboren 1998 widmet ihre fünfte eingereichte Kurzgeschichte für die Anthologieprojekte des Papierfresserchens MTM-Verlags ihrer verlorenen Hälfte, der sie so viel noch zu sagen hätte. Außerdem widmet sie die Kurzgeschichte den beiden Personen, die ihr dieses Jahr besonders die Kraft gegeben haben, den jährlichen Schatten zu überwinden.

Ein letzter Brief

Ich habe dir schon so viele Briefe geschrieben. So viele Briefe, dass ich selbst irgendwann aufgehört habe zu zählen, wie viele es waren. Gegeben habe ich dir davon keinen. Mir fehlte der Mut und ich wusste, dass sich sowieso nichts ändern würde. Weil all die Briefe mit Worten gefüllt waren, die du nicht hören wolltest.

Das hier ist mein letzter Brief – ich verspreche es. Ein letztes Mal möchte ich ein weißes Papier mit den Worten füllen, die ich dir so gerne noch sagen will.

Du hast mich damals verletzt. Ich weiß gar nicht, ob dir überhaupt bewusst ist, was du mir alles angetan hast? Wie abhängig ich von dir war? Wie lange es gedauert hat, bis ich verstanden habe, dass diese Gefühle keine Liebe waren?

So viele Jahre habe ich darauf gewartet, dass du endlich bereit für mich bist. All die Jahre habe ich mit mir spielen lassen und dabei ganz aus den Augen verloren, was im Leben wirklich wichtig ist. Und du hast es genossen. Hast mir immer wieder Hoffnung gemacht, nur um mich dann wieder von dir zu stoßen. Und ich habe es mit mir machen lassen. Egal, wie oft meine Mama mich gewarnt hat. Weil ich dachte, dass du der Richtige bist. Doch das warst du nicht. Du warst nur wieder jemand, der mir gezeigt hat, wie es nicht sein soll. Doch eigentlich sollte ich dir auch dankbar sein. Dank dir bin ich stärker geworden und weiß mich selbst mehr zu schätzen.

Wir waren beide kaputt. Und wie gerne hätte ich dir damals geholfen, doch ich bin froh, dass ich irgendwann gelernt habe, dass es wichtiger war, mir selbst zu helfen. Um ehrlich zu sein, denke ich kaum noch an dich, obwohl du so lange ein wichtiger Teil in meinem Leben warst. Doch ich bin froh, dass das Kapitel zu Ende ist und wir uns vermutlich nie wiedersehen.

Und deswegen will ich, dass du weißt, dass ich glücklich bin. Aufrichtig glücklich. Ich habe all das erreicht, was ich wollte. All die Ziele in die Tat umgesetzt, von denen ich mich nie getraut habe, sie dir zu erzählen oder die dich nie interessiert haben. Manchmal finde ich es wirklich erschreckend, wie wenig du mich doch gekannt hast. Doch das zählt jetzt alles nicht mehr. Denn wie gesagt: Das hier ist mein letzter Brief. Der endgültige Abschluss von etwas, was nie wirklich war.

Alles Liebe
Vanessa

Vanessa Schönhardt *wurde 1999 geboren und wuchs in einer Kleinstadt in NRW auf. Nach einem kurzen Zwischenstopp in der Voreifel hat es sie zurück nach Wittgenstein gezogen, wo sie nur wenige Kilometer von ihrem Heimatort mit ihrem Freund, ihren zwei Katern und jeder Menge Bücher wohnt. Sie studiert Literaturwissenschaften an der Universität Siegen.*

Dunkle Tage

Ich befinde mich nicht mehr im Dämmerschlaf, sondern in einem Zustand am Morgen, in welchem die Tatsachen des Lebens unerbittlich zuschlagen können. Fest halte ich die Augen geschlossen und rühre mich nicht, wage kaum zu atmen.

„Jetzt", denke ich. „Gleich."

Wenn ich ganz beharrlich liegen bleibe, mich nicht bewege, die Augen fest geschlossen halte, dann werde ich das leise Quietschen deines Bürostuhls hören, wenn du aufstehst, in die Küche gehst und mir einen Kaffee zubereitest, da es ja für mich nun Zeit wird, aufzustehen. Gleich werde ich das Surren der Maschine vernehmen, aus der du meinen Lungo in eine kleine Tasse laufen lässt, und der Duft wird wie jeden Morgen durch unsere kleine Wohnung ziehen. Nochmals vergehen Sekunden, Minuten, doch kein Geräusch dringt zu mir ins Schlafzimmer, kein Kaffeeduft hüllt mich wie unzählige Male wohlig ein.

So liege ich oft fünf Minuten und noch länger da, zwischendurch nach Luft japsend, um sie gleich wieder anzuhalten, um ja nicht das kleinste Geräusch zu verpassen.

Doch nichts geschieht, außer dass mir eine innere Stimme sagt: „Akzeptiere die Wahrheit, finde dich damit ab."

An solchen Tagen laufen mir schon nach dem Erwachen die Tränen herunter, denn nie wieder werde ich hören, wie du in die Küche gehst, nie wieder wirst du mir einen Kaffee zubereiten. Nie wieder wirst du mich in die Arme nehmen und küssen und niemals mehr werde ich deine geliebte Stimme hören.

Und wie jedes Mal, wenn mir diese Tatsache in aller Grausamkeit bewusst wird, breitet die Wahrheit ein beißend schwarzes Tuch über meinen Körper, über meinen Geist und ich fühle, wie ich an diesem Leben ohne dich zu ersticken drohe.

Wie kann man weiterleben, wenn man das Gefühl hat, glühende Splitter von Rasierklingen einzuatmen und gleichzeitig unter schweren Stahlplatten begraben zu liegen, die mich zu zerdrücken drohen? Wie kann man trotz allem morgens aufstehen und einen Alltag leben? Und vor allem: Wozu? Du warst mein Sinn zu leben.

Du bist gegangen, du bist nicht mehr hier und dein Lachen höre ich nur noch in Erinnerung. Wenn ich die Augen schließe, kann ich deine Arme noch spüren, die meinen Körper fest umschlingen und mich halten, doch du hast mich losgelassen, loslassen müssen von einer Sekunde auf die andere.

Der Tod hat dich gefällt, unbarmherzig und ohne jegliches Ahnen von einer Sekunde auf die andere. Wie gerne würde ich dich nochmals umarmen, dir zuflüstern, wie dankbar ich bin, dass du in mein Leben getreten bist. Dir nochmals sagen, wie groß meine Liebe zu dir ist. Doch keine Sprache der Welt verfügt über einen Sprachwortschatz, der ausdrücken kann, was ich für dich gefühlt habe, noch immer fühle, und so muss ich mich damit zufriedengeben, dass meine letzten Worte, bevor du dich im Schlaf aufgebäumt hast und mir tot in die Arme gefallen bist: „Schlaf gut mein Schatz, ich liebe dich.", waren. Fühlten sich diese Worte früher immer zu leicht und unscheinbar an, sind sie mir nun ein Trost dafür, dass sie die letzten Worte waren in deinem viel zu kurzen Leben, die du gehört hast.

Ich hoffe, du konntest sie mitnehmen, dorthin, wo du nun bist, gehüllt in einen letzten Kokon meiner Liebe und dennoch frei.

Sagt man nicht selbst in der Wissenschaft, Energie geht nicht verloren, sie verwandelt sich?

Wir alle sind voller Energie, voller Leben und Liebe. Ich werde sie immer spüren, mein Herz, werde mich immer an deine Umarmungen erinnern, an Tage gemeinsamen Lachens, werde immer deinen Ring an meinem Finger tragen, den du mir einst gegeben hast, denn für mich bist du immer tief in meinem Herzen.

Priska Fiebig, 1959 in Karlsruhe geboren. Seit gut zehn Jahren befindet sie sich im Erwerbsunfähigkeitsruhestand und hat wieder die Liebe zum Schreiben gefunden. Schon mit zwölf Jahren hat sie ihren ersten Krimi geschrieben, doch trat alles in den Hintergrund, als sie heiratete und ihre Kinder später allein groß ziehen musste. Erst als ich ihren verstorbenen Mann heiratete, der ihr allen Rückhalt und Zuspruch für ihr Hobby gab, begann sie wieder zu schreiben. Sie sagt: „Letztes Jahr verstarb mein Mann viel zu früh und ganz plötzlich und hinterließ einen Abgrund in mir. Diese Zeilen sind für ihn."

Kein Abschied

Das hier ist kein Abschied. Oder zumindest sollte es keiner werden. Doch Loslassen ist die beste Option, wenn man neu anfangen möchte. Es ist unglaublich viel Zeit verstrichen. Du und ich, wir sind unterschiedliche Wege gegangen aus Hoffnung, uns selbst zu finden.

Hast du dich selbst gefunden? Das frage ich mich nun. Und wenn du die Frage mit einem klaren „Ja" beantworten kannst, wieso kamst du dann nie zurück?

Es ist viel passiert in der Zeit, in der wir auseinander waren. Ich bin erfolgreich in meinem Beruf und habe neue Menschen, durchaus sympathische Menschen, kennengelernt. Auch im Zeichnen hatte ich die ersten Erfolge. Wie schaut es bei dir aus? Bist du glücklich?

Ich weiß, wir haben einiges durchstehen müssen. Die Vergangenheit holt mich manchmal immer noch ein. Denkst du manchmal an die Vergangenheit?

Auch wenn es schlechte Zeiten gab, so kann ich die guten Zeiten nicht vergessen. Ich flehe dich an, tue es mir gleich und vergiss die guten Zeiten nicht. Das würde mein Herz nicht überstehen.

Schaust du dir manchmal die alten Fotos an? Ich tue das. Nur um daran erinnert zu werden, wie mein Leben einst aussah. Ich muss gestehen, ich bereue keine einzige Sekunde, die ich mit dir verbracht habe. Ich hoffe, dir geht es genauso. Ich habe erst vor Kurzem ein Bild von uns beiden vor unserem gemeinsamen Platz wiedergefunden. Du hast gelächelt, ich habe gelächelt. Wir beide waren glücklich.

Bist du heute glücklich?

Auch wenn es mich nicht kümmern sollte, da wir uns auseinandergelebt haben, ohne uns voneinander zu verabschieden, sorge ich mich um dich. Es wäre eine Lüge, wenn ich sagen würde, dass du mir gleichgültig geworden bist. Ebenfalls ist es eine Lüge, dass ich unsere gemeinsame Zeit wieder aufblühen lassen möchte. Denn das möchte ich nicht. Es wäre eine Schande, das zu wollen.

Die Vergangenheit ist nun mal die Vergangenheit und daran wird sich nichts ändern, egal wie sehr wir flehen und beten. Ich bin froh, diese Erfahrungen mit dir zu teilen zu dürfen. Doch das Leben geht weiter. Ohne dich an meiner Seite. Und das ist in Ordnung.

Du solltest dich freuen. Ich sollte mich freuen. Wir sollten uns füreinander freuen und um der Vergangenheit willen. Ich wünsche dir alles Gute. Mach etwas Sinnvolles aus deinem Leben. Tue das, was dich erfüllt. Ich glaube an dich!

Joleen Erhard, 18 Jahre alt, lebt in einem kleinen Dorf in der Nähe von Bremen. Neben ihren Interessen an Musik, Tanz, Theater, aber auch Recht und Politik, arbeitet sie derzeit leidenschaftlich an einer neuen Idee für einen Roman. Schon als Kind begeisterte sie sich für Literatur. Früh begann sie, sich an Kurzgeschichten auszuprobieren, und durfte erstmals im Jahr 2021 durch die Heimann-Stiftung im „Literatur DUO letterario 2021" eine Kurzgeschichte veröffentlichen. Kurz danach veröffentlichte sie ein Gedicht im „Jahrbuch für das neue Gedicht – Gedicht und Gesellschaft 2022".

Auf Opas Spuren

Liebe Oma Elisabeth,

ich sende dir beste Urlaubsgrüße aus Frankreich. Ich bin gut angekom-
men, das Wetter ist sonnig und richtig warm. Die letzten Tage habe
ich schon viel gesehen – den weltberühmten Louvre, Disneyland und
heute einige der bedeutendsten Wahrzeichen. Wie gerne hätte ich auch
dich mit auf diese Reise genommen, aber du bist zu schwach, deswegen
schreibe ich dir diesen Brief, um dich hautnah miterleben zu lassen.
Weißt du eigentlich, warum ich eine solche Sehnsucht nach Paris hatte
und es gar nicht fassen kann, die Stadt nun endlich sehen zu dürfen?
Es war nicht etwa die Lust auf die Großstadt oder den weltberühmten
Freizeitpark, sondern Opa Robert. Du hast mir so oft von ihm erzählt,

von seiner lieben Art, seinem hilfsbereiten Charakter und seiner Beliebtheit im ganzen Dorf. Er muss ein herzensguter Mensch gewesen sein und hat euch viel zu früh verlassen. Aus diesem Grund konnte ich ihn leider nie kennenlernen, aber ich weiß, ich hätte ihn geliebt – genauso wie du ihn geliebt hast.

Hier im Nachbarland Frankreich verbrachte er eine lange Zeit in Gefangenschaft. Die Franzosen haben ihn und seine Kameraden verachtet und viele Gefangene sind gestorben. Es waren billige Arbeitskräfte für den Wiederaufbau der zerstörten Orte. Doch trotz all des Leids, das die Gefangenen durchlebt haben, hat man sie geschützt – sie durften weder angegriffen, verwundet noch getötet werden. Trotzdem war es jeden Tag ein Kampf ums Überleben – es gab wenig Nahrung und Kleidung, ein Leben in den Trümmern des Zweiten Weltkriegs. Im Vergleich zu vielen seiner Kameraden ging es Opa aber gut, er hat als Maurer erfolgreiche Arbeit geleistet und nie ein schlechtes Wort über die grausame Zeit verloren. Sein Lager war nur unweit der Pariser Innenstadt, sodass er jede freie Minute zwischen den Arbeitseinsätzen genutzt hat, um die französische Hauptstadt zu entdecken. Er hat dir Briefe geschrieben und alles in Bildern festgehalten. Es sind Bilder, die wir bis heute immer wieder ansehen und an die dramatische Zeit Mitte des 20. Jahrhunderts zurückdenken. Diese Bilder haben mich inspiriert für meine Reise nach Paris – denn ich bin auf Opas Spuren unterwegs. Wollte ich doch schon immer genau wie er vor dem ehrfürchtigen Eiffelturm stehen, den gewaltigen Triumphbogen passieren oder eine ruhige Gedenkminute in Notre Dame verbringen.

Heute war es dann so weit, ich stand endlich vor dem gewaltigen Stahlkoloss namens Eiffelturm. Mein Blick schweifte Richtung Spitze und endete in den Weiten des Himmels. Mit dem Hinaufsteigen der Stufen zur Aussichtsplattform wehte mir der Wind sanft durch die Haare und es fühlte sich so an, als ob Opa mir über den Kopf streichelte. Ich fühlte mich so nah mit ihm verbunden, dass mir Tränen in den Augen standen.

Nachdem ich die zweite Aussichtsplattform in 115 Metern Höhe erklommen hatte, sah ich die wirkliche Größe der französischen Hauptstadt. Wusstest du eigentlich, dass der Turm zur Weltausstellung 1889 erbaut wurde und damals noch der höchste Turm der Welt war? Von dort oben kann man bis zu 80 Kilometer weit gucken und ganz viel sehen. Im Norden der Stadt erstreckt sich zum Beispiel die bekannte Champs-Élyseés mit dem Triumphbogen. An diesem Platz treffen zwölf Straßen aufeinander und seit der Befreiung von Paris im Jahr 1944 haben sich auf ihr wohl nie wieder Millionen von Menschen versammelt, obwohl dort alle großen Stars gefeiert werden und das Militär am Nationalfeiertag aufläuft.

Nach gefühlten Stunden in erschreckender Höhe freute ich mich, wieder festen Boden unter den Füßen zu haben. Ich machte es mir auf einer Parkbank im Schatten des Eiffelturms bequem, leckte ein Eis und sah den Franzosen beim Boulespielen zu.

Am Nachmittag zog es mich zum Montmartre. Dieser kleine Hügel nördlich des Zentrums ist ein wahres Vergnügen – tanzende Frauen im Moulin Rouge, Dutzende Touristenbusse und Freiluftmaler, aber eben auch Parks, Ateliers und winzige Läden oder Restaurants. Inmitten des Trubels steht die strahlend weiße Kirche Sacré Coeur. Der Anblick ließ mich erschaudern, um mich herum wurde es ganz still und ich trat durch das ehrfürchtige Portal ins Kircheninnere. Bevor ich das Gotteshaus wieder verließ, zündete ich eine Gedenkkerze an. Sie trägt das Licht des Friedens weit in die Welt, soll an alle Kriegsverwundeten erinnern, den geschädigten Familien beistehen und die Sehnsucht nach meinem Großvater in den Himmel senden.

Es war ein Tag, der mir die Schönheit der Stadt näher gebracht und das Gefühl für die Vielfältigkeit der Kunst und Kultur gezeigt hat. Endlich weiß ich, warum so viele Touristen und auch Opa von der Stadt schwärmen – denn sie ist einfach unbeschreiblich.

Wenn ich wieder zu Hause bin, werde ich dir noch viel mehr berichten, beispielsweise von meiner ersten Fahrt mit der U-Bahn. Ich vermisse dich und freue mich, dich bald wiederzusehen.

*Herzliche Grüße
deine Enkeltochter Sabine*

Auch der schönste Urlaub muss irgendwann zu Ende gehen und nach sieben wunderschönen Tagen packte ich meine Koffer, setzte mich ins Auto und fuhr zurück nach Deutschland. Nach zehn Stunden Autofahrt konnte ich unser Haus auf der rechten Straßenseite sehen. Ich stieg aus, leerte den Briefkasten und eilte schnellen Schrittes zur Haustür.

Während ich wartete, dass mir meine Oma die Tür öffnet, blätterte ich durch die Post und erstarrte, als ich meinen eigenen Urlaubsbrief in den Händen hielt. Warum hatte ihn Elisabeth noch nicht gelesen? Warum öffnet sie mir nicht die Haustür? Panisch suchte ich den Haustürschlüssel und rannte die Treppe hinauf. Ich ging durch alle Räume und fand meine Großmutter in ihrem Bett – ihr Puls war flach und ihre Augen geschlossen.

Zuerst dachte ich, sie schliefe, aber meine Versuche, sie zu wecken, zeigten keine Erfolge. Schnell griff ich zum Telefon, wählte die 112 und konnte nach wenigen Minuten bereits die Sirene des Blaulichts hören. Die Sanitäter legten meine Oma auf die Trage, schlossen die Tür vom Krankenwagen und brachten sie in die nahe gelegene Klinik. Ohne jegliche Reaktion stand ich im Garten und blickte dem Blaulicht hinterher.

Noch in derselben Nacht hat meine Oma Elisabeth die Augen für immer geschlossen, ich konnte ihr nie von meinen schönen Erlebnissen in Frankreich berichten – doch meine Erinnerungen an Paris werden mir immer zeigen, wie stolz ich darauf bin, dass Blut meiner Großeltern in mir fließen zu haben. Sie waren ein Traumpaar und immer füreinander da. Ihr Leben lang mussten sie Leid und Schmerz erleben, doch an aufgeben wollten sie nie denken.

Ihre Söhne sind mit jeweils 30 Jahren durch einen tragischen Unfall verstorben, die Schwiegertochter verliebte sich neu und ließ meine Großeltern zurück. Obwohl Elisabeth und Robert alles auf dieser Welt verloren haben, waren sie glücklich. Sie haben die Kleinigkeiten im Leben genossen und waren zufrieden.

Mit diesen Genen bin auch ich stark geworden, lasse mich nicht unterkriegen und kämpfe mich durchs Leben, in guten wie in schlechten Zeiten. Noch heute gehe ich auf dem Nachhauseweg oft am Grab meiner Oma vorbei, setze mich in die Wiese und lese ihr meinen Brief aus Paris vor.

Julia Kohlbach wurde 1995 in Thüringen geboren. Nach erfolgreichem Studium der Bibliotheks- und Informationswissenschaft arbeitet sie als Bibliothekarin. Wenn sie sich nicht gerade dem Kreativen Schreiben widmet, geht sie wandern, arbeitet im Garten oder fertigt Handarbeiten an. Erste Veröffentlichungen erfolgten in diversen Anthologien und im Online-Magazin KKL.

In Dankbarkeit

Liebe M. H.,

ich wünschte, ich könnte Sie noch einmal sehen, um Ihnen das zu sagen, was ich nun schreibe. Sie fehlen mir. Weil Sie eine großartige, liebenswerte, fantastische Person waren. Obwohl Sie die Welt verlassen haben, werden Sie immer unter uns weilen. Auch in meinen Erinnerungen, Gedanken. In meinem Herzen. Und wenn ich an Sie denke, geschieht es voller Hochachtung und Dankbarkeit. Und ich weiß, dass Sie, irgendwo dort oben, ebenso an Ihre Familie und viele Ihrer Freunde und Bekannten hier unten zurückdenken, um sich mit einem Lächeln auf den Lippen (wie es Ihre Art war) unserer zu entsinnen.

Wir haben uns über vierzig Jahre gekannt. Eine lange Zeit. Ein halbes Leben. Unsere Freundschaft ist etwas Besonderes gewesen, etwas sehr Kostbares. Was für ein wunderbares Geschenk des Lebens.

Kennengelernt haben wir uns mit meinem zehnten Lebensjahr. Ich hatte das erste halbe Jahr in der Fremde, in Portugal, hinter mich gebracht und allmählich begann es mir in dem Land zu gefallen. Nach den ersten langen Sommerferien waren auf einmal Sie meine Lehrerin für Portugiesisch. Mein zusätzliches Glück war, dass ich Einzelunterricht bei Ihnen hatte. Wir haben viel Zeit miteinander verbracht, von Anfang an waren es besondere Stunden. Nicht nur, weil Sie mir die Sprache weniger durch Pauken, sondern vielmehr durch Unterhaltung, durch das Sprechen beibrachten, was ein Novum für mich war. Natürlich korrigierten Sie mich, aber stets auf eine freundliche, positive Art, sodass ich keine Scheu hatte, auch mal einen Fehler zu machen. In Ihrer Gegenwart flossen die Worte aus meinem Mund. Sie waren anders als jede Lehrerin, die ich zuvor hatte. Nicht nur wegen Ihres Unterrichtstils, sondern auch, weil Sie persönlicher, herzlicher, engagierter waren, sich wirklich für die Schülerin oder den Schüler interessierten.

Für Sie stand der Mensch immer im Mittelpunkt. In den Unterrichtsstunden einmal pro Woche am Nachmittag war ich es also, die sich in Ihrer alleinigen Aufmerksamkeit sonnen durfte. Ich freute mich auf die Zeit, die ich nie als Pflicht empfand. Niemals war es bei Ihnen trockener, harter Unterricht. Und trotzdem lernte ich sehr gut. Wir sprachen über so vieles in diesen Stunden, die damit begannen, dass Sie: „Conta de ti! – Erzähl von dir!", sagten. Und ich begann zu erzählen. Was in der Woche geschehen war (und jedes Mal fiel mir auf, wie viel sich in sieben Tagen ereignen konnte). Was ich Neues in der Stadt oder sonst wo aufgeschnappt hatte. Welche Ausflüge wir am Wochenende in die Umgebung unternommen hatten. Welche Tiere und Pflanzen ich entdeckt hatte. Im Handumdrehen waren wir mitten in ein angeregtes Gespräch verstrickt.

Und Sie brachten mir Bräuche und das portugiesische Leben näher, erzählten von sich, von ihren kleineren und größeren Sorgen. Von Ihren langen und ausgefüllten Arbeitstagen, von Ihren drei Kindern, die Sie alleine erzogen, von Ihrer Mutter, die Sie fortschreitend mehr brauchte. Erst im Nachhinein ist mir klar geworden, welche Leistung Sie tagtäglich, Woche um Woche erbracht haben. Ich sehe es voller Bewunderung. Und immer lächelnd, nie ungeduldig, immer höflich, freundlich, liebenswürdig und voller Herzenswärme, auch wenn Ihnen das Leben sicherlich manchmal über den Kopf zu wachsen drohte. Oft kamen Sie erst sehr spät nach Hause, weil Sie abends an der Uni oder einer anderen Einrichtung Unterricht gaben. Ihre Kinder haben Sie ganz selbstverständlich nebenbei erzogen, was sicherlich in der damaligen Lage und Gesellschaft noch schwieriger war als heute.

Wenn wir uns zu diesen Unterrichtsstunden trafen und wir das Fenster öffneten, um die warme Luft des Nachmittages in den Raum des mittelalterlichen Gebäudes hereinströmen zu lassen, fingen wir sofort an, am Leben des anderen teilzuhaben. Es waren Begegnungen auf Augenhöhe, trotz der dreißig Jahre Altersunterschied. Sie waren eine Perle von Mensch.

Wir sprachen über Aktuelles, Vergangenes, Politik (sofern das mit einem jungen Menschen wie mir funktionierte), etwas Klatsch und Tratsch war häufig dabei (schließlich war es eine Kleinstadt, in der wir lebten, und fast jeder kannte den anderen, zumindest vom Hörensagen). Und wir sprachen über die Telenovelas, die sich einer riesengroßen Beliebtheit erfreuten. Da sie immer als Gesprächsthema taugten, hatte auch ich begonnen, diese Serien (in Schwarz-Weiß) zu sehen. Lange Geschichten von Liebe und Leid. Im Wesentlichen ging es nur um diese zwei Themen mit einer Menge neuer Überraschungen. Uns ging der Gesprächsstoff nicht aus. Und Sie waren dafür verantwortlich, dass mit dem Gefallen an dem Land auch die Begeisterung für die Sprache wuchs.

Die vier Jahre ließen eine wunderbare Freundschaft entstehen und gedeihen. Auch im Anschluss, nach meiner Rückkehr nach Deutschland, hielten wir Kontakt. Wir schrieben uns. Sie waren eine begnadete Briefeschreiberin und erzählten mir von Ihrem Leben, dem Leben in der Kleinstadt und was Sie bewegte. Genauso wie wir es zuvor in den Stunden gehalten hatten, ging es nun in Briefform weiter. Natürlich schrieben wir uns nur sporadisch, aber oft genug, um den Anschluss nicht abreißen zu lassen. Immer wenn ein Brief von Ihnen eintraf, freute ich mich darauf, Ihren Gedanken auf dem Papier zu folgen, Ihre ordentliche Schrift zu lesen und für den Moment Ihnen ganz nahe zu sein. Es war, als säßen wir wieder beisammen, ich konnte Ihr Lachen hören. Wie in unseren Unterrichtszeiten. Was für ein Glück!

Wir haben uns besucht, in Deutschland und in Portugal. Jedes Mal war die Freude groß, wenn wir uns wiedersahen. Sie bekamen den festen Freund, den späteren Ehemann, zu Gesicht und auch meine Kinder. Mit großem Interesse und viel Sympathie, das machten Sie bei jedem Treffen deutlich, haben Sie mein Leben verfolgt.

Irgendwann wurden die Briefe seltener, kamen sehr unregelmäßig und ich begann, mir Sorgen zu machen. Aber dann, wie aus dem Nichts, war der ersehnte Brief von Ihnen wieder da. Sie schrieben über Alltägliches, berichteten von Ihrem Leben, aber Sie schrieben auch, Sie würden älter.

Besonders dankbar bin ich für das letzte Wiedersehen. Wir trafen uns im Hotel, in der Lobby. Als ich auf Sie zuging – Sie saßen mit dem Rücken zu mir, – tat ich es mit großem Herzklopfen. Für einen irrwitzigen Moment fragte ich mich, ob wir uns sofort wiedererkennen würden. Manchmal kann das Alter grausam sein.

Als Sie sich umdrehten, wusste ich, ich hätte mir keine Gedanken machen müssen. Alles war wie früher. Ja, Sie waren kleiner, hatten mehr Falten, Ihre Haare waren weiß statt grau. Aber Ihre Augen strahlten wie immer, waren voller Herzlichkeit und Wärme. Wir umarmten uns und hielten uns fest. Ganz lange fest. Und in dieser Umarmung lag so viel Wertschätzung, Dankbarkeit für den Moment, für alles. Ganz viel Freude und Glück. Uns beiden liefen die Tränen über die Wangen, als wir uns voneinander lösten. Wie schön es war, dass wir die anschließenden zwei Stunden zusammen hatten, wir uns wie früher unterhielten. Sofort war diese große Vertrautheit wieder da. Als hätte es keine Unterbrechung gegeben.

Sie waren ein wunderbarer, herzensguter Mensch und ich danke Ihnen, dass ich Ihre Freundin sein durfte. Ich danke Ihnen für alle wunderbaren Begegnungen, die wir hatten, für jedes Gespräch, das wir führten, alle Erlebnisse, die wir teilen konnten. Aus tiefstem Herzen DANKE für diese harmonischen, freundschaftlichen Stunden mit Ihnen!

Adeus, bis auf irgendwann!

Bettina Schneider: Jahrgang 1968, lebt in Berlin, verheiratet, zwei Kinder, Studium der Betriebswirtschaftslehre, im Anschluss zehn abwechslungsreiche Jahre im Rechnungswesen in der Privatwirtschaft, heute Freiraum für kreative Tätigkeit. Sie schreibt mit Begeisterung Kurzprosa, einiges davon ist veröffentlicht. Sie ist eine Leseratte, liebt Sonne und blauen Himmel und mag Wald-Spaziergänge.

Eines Tages werden

wir uns wiedersehen

Es ist so erstaunlich, welchen Einfluss du auf mein Leben hast; es ist unglaublich. Sollte ich nach diesem Leben hier mal gefragt werden, ob ich jemals ein Wunder erlebt habe, dann kann ich das bejahen.

Du kommst zu einem Zeitpunkt in mein Leben, als es schon fast vorbei ist. Es ist nicht mehr viel von mir übrig und es geht weiter bergab. Irgendwie bin ich da in solche Verstrickungen hineingeraten … und ich finde den Weg heraus nicht mehr.

Ich bin kurz davor, aufzuhören zu existieren. Immer leiser bin ich geworden über die Jahre und Monate, immer zurückgezogener, immer unsichtbarer. Ich habe komplett den Bezug zu mir selbst verloren, lebe nur noch für andere, damit andere mich mögen, damit ich akzeptiert werde. Wer ich eigentlich wirklich bin, habe ich zu diesem Zeitpunkt schon längst vergessen. Alles Wahre und Ursprüngliche ist tief in mir vergraben und versteckt.

Längst brüllt meine Seele, weil sie die Richtung, in die mein Leben sich bewegt, nur mehr schmerzt. Gefühle wollen hochkommen, aber weil ich nie gelernt habe, mit ihnen umzugehen, drücke ich sie mit aller Kraft wieder nach unten. Panikattacken entstehen – ein ständiger Kampf gegen mich selbst, den ich gewinne und gleichzeitig verliere. Da ist nur mehr Verzweiflung in mir, Angst und Hoffnungslosigkeit. Ich sehe langsam keinen Ausweg mehr und das macht mir Angst, zu denken, ich werde sterben, noch bevor ich überhaupt gelebt habe.

Und dann kommst du in mein Leben.

Du mit deiner Geduld und deinem Wahnsinns-Einfühlungsvermögen. Du mit deiner Sanftheit und Rücksichtnahme. Ich schwöre, als wir uns das erste Mal miteinander unterhalten, habe ich das starke Gefühl, dass noch nie in meinem ganzen Leben jemand so mit mir geredet hat, wie du gerade mit mir sprichst. Ich weiß nicht, wie ich damit umgehen soll. Es überfordert mich und gleichzeitig tut es so, so gut.

Es ist schwer zu beschreiben, was danach passiert, wie sich das entwickelt mit uns zweien. Ein Teil von mir möchte das auch einfach nur für sich behalten. Ich will es hüten und hegen, weil es mir etwas ist vom Allerliebsten auf der Welt. Ganz nah an meinem Herzen will ich es tragen, will ich dich tragen, weil das einfach nur unbeschreiblich und unglaublich ist, was du alles bewirkt hast bei mir und wozu du alles beigetragen hast. All die vielen kleinen Momente zwischen uns, mit dir, manchmal selbst dann, wenn du gar nicht physisch anwesend warst … All das ist wie ein Schatz für mich, einer, den ich nie mehr hergeben werde.

Du warst schon vieles für mich, zumindest bin ich so manche Option in meinen Gedanken durchgegangen. Es gab Phasen in unserer Beziehung, wo ich dir gern noch eine weitere Rolle gegeben hätte in meinem Leben als die, die du ohnehin schon hattest. Diese Vorstellungen kamen und gingen, sie entstanden und verblassten wieder und übrig blieb, was wirklich war.

Was ich dir auch noch nie gesagt habe: Eine Zeit lang hatte ich unheimlich Angst, dass dir irgendwas passiert und unsere Beziehung abrupt beendet wird; dass ich dich von jetzt auf gleich verliere und niemals wiedersehen werde. Eine Vorstellung, die ich nicht ertragen konnte. Damals brauchte ich dich auch noch viel mehr als jetzt, hatte das Gefühl, ich könnte ohne dich nicht überleben. Gleichzeitig schien es mir sonnenklar, dass unsere Seelen miteinander verwandt sind; dass wir in gewisser Hinsicht so gut zusammenpassen, wie ich es bisher selten mit jemand anderem erlebt habe (wenn überhaupt!). Jedenfalls hatte ich Angst, dass wir uns nach diesem Leben nie mehr wieder- sehen werden. Und gleichzeitig die Hoffnung, dass das genaue Gegenteil passiert; hatte ich doch gelesen, dass verwandte Seelen immer wieder in unterschiedlichen Konstellationen zusammen auf die Erde kommen. Das wollte ich unbedingt mit dir.

Es gäbe ganz viel, was ich dir noch sagen möchte. Ganz viel, was ich dich noch fragen möchte. Ich hatte schon sehr viele verschiedene Gefühle dir gegenüber: Angst, Bewunderung, Zuneigung, Wut, Zorn, Enttäuschung, um nur einige zu nennen. Eine große, bunte Palette, die mir einerseits klar macht, was wir schon alles miteinander durchgestanden und erlebt haben, und mir andererseits auch zeigt, wie wichtig du mir bist und was du mir bedeutest.

Ich bin stärker durch dich. Gesünder, heiler, ganzer, glücklicher, zufriedener, zorniger – einfach mehr ich selbst. Und was könnte mir irgendjemand mehr geben, als mir zu helfen, zu mir selbst zurückzufinden?

Ich möchte dir danken, so sehr, von ganzem Herzen. Es ist einfach unglaublich, was du für mich und mit mir getan hast.

Danke.

__mondzart__ wurde 1992 in Südtirol geboren. Von der ersten in der Grundschule vorgetragenen, selbst geschriebenen Geschichte bis heute hat sie die Freude am Schreiben und Lesen stets begleitet: vom Studium der Germanistik über die Mitarbeit am online Literaturmagazin „Bücherstadt Kurier" hin zu einer eigenen Website (www.mondzart.com). Außerdem hat ihre Liebe zur Literatur auch dazu geführt, dass sie einige Jahre als Bibliothekarin gearbeitet hat. Bis heute ist sie davon überzeugt, dass Bücher Leben verändern können. Sie ist ein sehr kreativer Mensch, liebt den Wald und die Natur und ohne Musik könnte sie wahrscheinlich nicht leben. Seit einiger Zeit schreibt sie nur mehr unter dem Namen „mondzart". Kein Pseudonym, sondern der Name, den sie tief in sich selbst gefunden hat. Und vor allem ein Wort, das sie viel besser beschreibt als ihr Geburtsname: sensibel, poetisch, Feingefühl. Heute lebt mondzart in Bruneck, Südtirol.

Was ich dir noch sagen wollte, Anna ...

Anna. Der Name, den ich nie aussprechen durfte, obwohl er so wunderschön ist. Obwohl er das Bild einer starken, eleganten Frau aufblitzen lässt, so wie ich dich immer in Erinnerung haben werde. Du warst der Grund für viele lange, stille Nächte. Für dich hab ich Tausende Wörter geschrieben, Hunderte Bilder gemalt. Dutzende Lieder geschrieben und am Ende hast du nur Weniges davon zu Gesicht bekommen. Du könntest dir niemals vorstellen, wie mein Herz mir förmlich aus der Brust sprang, wann immer du vorbeiliefst. Wie ich oft nicht wusste, ob meine Faszination oder meine Gefühle für dich größer waren. Ich kann dir nicht sagen, wie alles so kam. Meine Gefühle zu dir sind das Hoffnungsloseste und doch Schönste, was ich jemals erleben werde. Du hast mich immer an Rosen erinnert. Weinrote, blühende Rosen. Nun gehen wir nach langer Zeit wieder getrennte Wege und egal, wie sehr ich die Blumen in meinem Beet wässere, die Wichtigste von allen fehlt. Das Loch bleibt da, und nachdem du so ein großer Teil von mir warst, ist es schwierig, dieses zu übersehen. Das Schlimmste ist aber, dass mir bewusst ist, dass ich kein Loch in deinem Beet hinterlasse. Du hast mein Leben und mein Denken geprägt, wie es keine andere tat. Aber was ich dir eigentlich noch sagen wollte: Du wirst immer ein Teil von mir bleiben.

Tabea Lauer *ist 16 Jahre alt und besucht die TSS in Husum. In ihrer Freizeit zeichnet sie und spielt liebend gern Gitarre, auch in einer Bigband. Nach ihrer Schulzeit möchte sie im Bereich Grafik- und Gamedesign arbeiten. Bevorzugt in Island.*

Mein liebster Bruder

Mein liebster Bruder ...

Diese drei Wörter schreibt Merlyn auf das schöne Briefpapier, das er für diesen Brief gekauft hat. Danach starrt er auf das Papier und hat überhaupt keine Ahnung, was er schreiben soll. „Was schreibe ich denn an meinen Bruder? Er wird den Brief eh nicht lesen", denkt er. Für einen Moment denkt er über diese Worte nach. Mit zaghaftem Lächeln nickt er, schüttelt den Füller ein bisschen und beginnt zu schreiben:

Ehrlich gesagt habe ich keine Ahnung, was ich dir schreiben soll. Du bist tot und wirst den Brief niemals lesen. Diese verdammten PS-Junkies! Warum haben sie ein illegales Autorennen im Tunnel gemacht, als du in diesem Tunnel mit deinem Auto unterwegs warst? Konnten sie ihr blödes Rennen nicht auf einer Rennstrecke machen? Hätten sie ihr Rennen woanders und nicht im Tunnel gemacht, wärest du nicht der sogenannte Kollateralschaden geworden. Vielleicht wollte deine Seele nach fast 25 Jahren gehen durch einen schlimmen Unfall. Wäre dieses Rennen in diesem Tunnel nicht gewesen, wärest du auf andere Weise über die Regenbogenbrücke gegangen.
Belassen wir es dabei, dass du gestorben bist. Es bringt nichts, über deinen frühen und unerwarteten Tod zu toben. Du wirst irgendwann als neuer Mensch mit anderem Charakter zurückkehren, wenn du willst. Aber als mein fünf Minuten jüngerer Zwillingsbruder Selwyn kommst du nicht mehr zurück. In unserer gemeinsamen Wohnung halte ich es nicht mehr aus. Ich werde sie kündigen und mir eine eigene Wohnung suchen, egal ob alleine oder in einer WG.
Es kommt mir so unwirklich vor. Ich glaube, dass du einfach weg bist und jeden Moment nach Hause kommst oder mich anrufst oder mir eine Nachricht aufs Handy schickst. Ich will dich anrufen oder dir eine Nachricht schicken, wo du bist, ob es dir gut geht und wann du nach Hause kommst. Aber mir ist bewusst, dass du für immer ge-

gangen bist und der Tod dich für immer genommen hat. Wie soll ich in drei Monaten unseren Geburtstag feiern? Es wird so komisch ohne dich sein. Wir waren eineiige Zwillinge und feierten unsere Geburtstage immer gemeinsam. Wir können uns nicht gegenseitig zu Onkeln machen mit unseren zukünftigen Kindern. Was werde ich meinen zukünftigen Kindern erzählen, wenn sie mich fragen, warum sie weder Tanten noch Onkeln haben, die sie besuchen und von denen sie Besuch bekommen? Ich habe große Angst davor, deiner Freundin Cheryl zu begegnen. Ich kann ihr wegen dieser Angst doch nicht verbieten, bei deiner Beerdigung anwesend zu sein. Was werde ich machen, wenn Cheryl auf die Idee kommt, eine feste Liebesbeziehung mit mir einzugehen, weil ich dein Zwillingsbruder bin und sie deswegen denkt, dir durch mich trotz deines Todes weiterhin nahe zu sein? Ich kann und will nicht mit deiner Freundin zusammenkommen und dich auf diese Weise betrügen, Bruder!

Bitte verzeih mir, dass mein Brief an dich so chaotisch ist. In meinem Kopf wirbeln die Gedanken so chaotisch umher, ich versuche, sie in diesem Brief so festzuhalten, wie sie in meinem Kopf sind. Jetzt denke ich an Großtante Merel. Wie gut, dass sie vor paar Monaten dem Zungenkrebs erlegen ist. So ersparte ihr das Schicksal, von deinem Tod mit fast fünfundzwanzig Jahren zu erfahren. Es hätte mit Sicherheit ihr Herz gebrochen, ein Loch in ihr Herz gerissen, ihr den Boden unter den Füßen weggerissen, ihre Welt einstürzen lassen, wenn sie jetzt noch leben würde und deinen frühen und unerwarteten Tod miterlebt hätte. Sie wäre zerbrochen. Dein Tod hätte ihr den Rest gegeben und sicher zu ihrem eigenen Tod geführt. Auch wenn sie letztes Jahr nicht an Zungenkrebs erkrankt wäre.

Seit du nach deiner Einschulung begonnen hast, eigene Gedichte zu schreiben (nicht nur Gedichte mit Reimen, sondern auch Gedichte ohne Reime), hat Großtante Merel dich über die Jahre hinweg immer wieder ermutigt, dieser Leidenschaft, die du mit Herzen gemacht hast, zu folgen und dich nicht von den Bemerkungen von Leuten, die dich wegen dieser Leidenschaft auslachen und deine Gedichte blöd fanden, in die Knie zwingen zu lassen und deine Gedichte irgendwann zu veröffentlichen und auch Gedichte ohne Reime zu schreiben – kurz, deiner Leidenschaft zu folgen, ganz egal, was andere Leute somit über sie und auch über dich urteilen. Natürlich hat auch deine restliche Familie dich ermutigt und unterstützt, deiner Leidenschaft zu folgen und nicht auf das zu hören, was andere Leute über dich und deine Leidenschaft sagen und denken. Aber Großtante Merel war deine große Unterstützung. Zwischen euch war die Verbindung stärker, das spürte jeder, der in eurer Nähe war.

Jetzt kommen mir die Tränen bei der Erinnerung, wie du und deine Gedichte Großtante Merel nach der Diagnose bis zu ihrem Tod geholfen habt, den Krebs und die mit ihm verbundenen Schmerzen zu vergessen. Wenigstens während ihr beide zusammen wart und die Veröffentlichung deiner Gedichte als Buch geplant habt. Diese Momente haben unsere Großtante richtig aufblühen lassen, als wäre sie nicht an Zungenkrebs erkrankt. Wie gut, dass Großtante Merel jemanden bei einem Buchverlag kannte, so konnte sie dir schon mal den Weg zu einem Buchverlag ebnen. Diese Person werde ich noch kontaktieren, dass du plötzlich und unerwartet verstorben bist und ich deswegen die Veröffentlichung deiner Gedichte als Buch übernehme.

Oh Bruder, zuerst der Tod von Großtante Merel und jetzt deiner. Das wird der Person beim Buchverlag nicht gefallen, kann ich mir gut vorstellen. Aber gegen die Pläne des Schicksals sind wir alle machtlos. Das Schicksal hat wohl schon vor paar Monaten gewusst, wann und wie du sterben wirst und deswegen dafür gesorgt, dass Großtante Merel dem Zungenkrebs erlag und auf diese Weise deinen Tod und die wegen deines Todes nicht stattfindende Veröffentlichung deiner Gedichte als Buch durch dich nicht miterlebte.

Nun komme ich zu meinen Plänen, wie ich mir deine Gedichte als Buch vorstelle. Du hast von deiner Einschulung bis zu deinem Tod mit fast fünfundzwanzig Jahren so viele Gedichte geschrieben, dass ich mir überlege, sie auf mehrere Bänder aufzuteilen. Zuerst kommt „Merel und die Tulpenfee" mit dem Konzept, das du mit Großtante Merel von deinem Entschluss an, deine Gedichte zu veröffentlichen, bis zu ihrem Tod festgelegt hast, und dem Konzept, das wir beide von Großtante Merels Tod bis zu deinem Tod festgelegt haben. Als erster Teil kommt das Konzept, das du mit Großtante Merel festgelegt hast, zusammen mit deinem Brief an sie und deinem Gedicht über deine Trauer um sie. Was mir jetzt einfällt: Habe ich dir schon mal gesagt, wie gut ich es fand, dass du deine Trauer um Großtante Merel in einem Brief an sie und in einem Gedicht verarbeitet hast? Sicher habe ich das zu dir gesagt, aber der Schock und die Trauer, dass du mit fast fünfundzwanzig Jahren verstorben bist, vernebeln meinen Kopf und hüllen mich wie in Watte. Es kommt mir so vor, als wäre ich ganz dick mit Watte umhüllt, sodass die Welt um mich herum schwer zu mir durchdringt. Jetzt wieder zum Buch mit deinen Gedichten. Im ersten Teil mit dem Konzept, das du mit Großtante Merel festgelegt hast, kommt zuerst dein Vorwort, gefolgt von einigen Gedichten. Dein Brief an Großtante Merel und dein Gedicht über deine Trauer um sie schließen den ersten Teil ab. Den zweiten Teil mit dem Konzept, das wir beide festgelegt haben, eröffnet dein Vorwort. Danach kommen einige Gedichte. Den Abschluss des zweiten Teils bilden das Gedicht Merel und die Tulpenfee, mein Brief an dich und mein Nachwort. Vielleicht lasse ich mein Nachwort weg, mein Brief an dich erklärt meiner Meinung nach genug. Wie gut, dass du gleich unter jedem Gedicht eine Bemerkung geschrieben hast, wann und wie dir die Idee zum Gedicht gekommen ist und was dir sonst wichtig war, den Hintergrund hinter dem Gedicht zu erklären, und jedes Gedicht mit Datum geschrieben hast. Wie gut, dass du deine Familie um ihre Meinung gefragt hast, als du ein bereits geschriebenes Gedicht neu schreiben wolltest und total verunsichert warst, ob du bereits geschriebene Gedichte neu schreiben solltest, und von deiner Familie ermutigt wurdest, bereits geschriebene Gedichte neu zu schreiben, wenn du das Gefühl hattest, sie neu schreiben zu wollen, ganz egal, was die anderen Leute darüber sagen und denken. Wie gut, dass du, bevor Großtante Merel von ihrer Diagnose erfuhr, gespürt hast, dass du deine Gedichte endlich veröffentlichen willst, und zuerst mit Großtante Merel und dann mit mir das Konzept des ersten Bandes deiner Gedichten festgelegt hast. Es hat Großtante Merel sehr gutgetan und viel Spaß und viel Freude gemacht, mit dir festzulegen, wie der erste Band mit deinen Gedichten aussehen soll, das sage ich dir noch mal, geliebter Bruder.

Mir tut es sehr gut, macht es viel Spaß und viel Freude, deine Gedichte zu veröffentlichen. Auf diese Weise bin ich dir nahe und kann meine Trauer um dich verarbeiten. Außerdem ermöglicht mir das Veröffentlichen von deinen Gedichten einen anderen Blick auf deine Gedichte, obwohl ich sie alle bereits kenne. Ich danke dir von ganzem Herzen, dass du mich um meine kritische Meinung gefragt hast bei jedem Gedicht, sobald du es geschrieben hast. Ach, ich kann und will es immer noch nicht wahrhaben, dass du nicht mehr bei uns bist, mein geliebter Bruder. Ich komme mir vor, als hätte ich einen Arm oder einen Fuß oder ein Bein oder eine Hand verloren. So empfinde ich deinen Tod.

Du warst mein Zwilling, mein Spiegelbild. Und jetzt bist du fort und kommst als neuer Mensch mit anderem Charakter zurück, aber nicht als mein jüngerer Zwillingsbruder Selwyn. Mehr kann ich dir in diesem Brief nicht erzählen, wie ich mit deinem Tod umgehe. Ich habe dir schon alles erzählt, was ich dir zu erzählen hatte und er- zählen wollte. In weiteren Briefen halte ich dich künftig auf dem Laufenden, wie ich deinen Tod verarbeite und die Veröffentlichung von deinen Gedichten voranbringe.

Noch was, was mir sehr wichtig ist: Ich will, dass auf jedem Band mit deinen Gedichten dein Name steht, auf dem vorderen Buchumschlag, auf dem Buchrücken, auf dem Vorblatt im Buch. Es waren deine Gedichte, also sollen sie von mir unter deinem Namen veröffentlicht wer- den. Das ist mir sehr wichtig, obwohl ich deine Gedichte veröffentliche, weil du nicht mehr bei uns bist und deswegen deine Gedichte nicht selber veröffentlichen kannst. Ich will als Herausgeber bei jedem Band mit deinen Gedichten angegeben und nicht als Autor abgestempelt werden.

Ich danke dir von ganzem Herzen, dass du mein jüngerer Zwillingsbruder Selwyn Barratt warst, und liebe dich für immer und trage dich für immer in meinem Herzen und in meinen Erinnerungen.

Dein Zwillingsbruder Merlyn

Catamilla (eigentlich Natalie Camilla Katharina) Bunk *wurde 1989 in Niederbayern geboren, wo sie heute noch wohnt. Wegen jahrelangem Mobbing in der Schule beschloss sie 2012, ihren dritten Vornamen Katharina anzunehmen, und wird weiterhin von Familie und Freunden Katharina genannt. Catamilla ist eine Mischung aus den drei Vornamen. Von Kindheit an hat sie eine blühende Fantasie. Das Interesse am Schreiben von Geschichten entwickelte die Autistin (die Diagnose Autismus erfuhr sie mit 21 Jahren) langsam ab der Hauptschule. Seitdem hinderte sie sich jahrelang daran, die Geschichten aus sich rauszulassen und aufzuschreiben, weswegen sie heute mehr Ideen, angefangene Geschichten und Textauszüge hat als aufgeschriebene Geschichten und noch keine Geschichte veröffentlicht hat. Bei Schreibwettbewerben hinderte sie sich beim Mitmachen. Auch beim „kindle storyteller award" hindert sie sich seit 2015 beim Mitmachen. 2015 begann sie mit dem Konzept für ihre Biografie, ließ es aber schnell fallen. 2015 und 2016 schrieb sie einige Gedichte.*

Die letzten Worte

Ich wusste, dass meine letzte Stunde geschlagen hatte. Dass ich bald einschlafen und nie wieder aufwachen würde. Und dass ich nichts dagegen tun konnte.

Genau deswegen wusste ich auch, dass es meine letzte Chance war, meinem Sohn ins Gesicht zu sehen. Sein kurzes, schwarzes Haar. Seine rehbraunen Augen. Seine gerümpfte Nase und seinen Mund, dessen Winkel in letzter Zeit so oft nach unten hingen.

Seine kleine Hand lag auf meiner Handfläche. Ich hatte nicht mehr die Kraft, mit meinem Daumen über seine Haut zu streichen. Die Kraft brauchte ich, um zu sprechen.

„Und was ich dir noch sagen wollte …", begann ich und dachte, dass die Worte von allein kommen würden. Das taten sie nicht. Die Tränen in den Augen meines Sohnes zogen all meine Aufmerksamkeit auf sich. Ich beobachtete, wie sie größer wurden und schließlich fielen, immer wenn er blinzelte. Es war derselbe Ablauf. Immer und immer wieder.

Mein Sohn hatte es nicht verdient, ohne Vater aufzuwachsen. Kein Kind hat das. Aber weder er noch ich konnten daran etwas ändern. Er würde es auch ohne mich schaffen, da war ich mir sicher. Seine Mutter würde sich gut um ihn kümmern. Seine Großeltern würden ihn für den Rest ihres Lebens verwöhnen. Er würde darüber hinwegkommen und sich eines Tages kaum mehr an mich erinnern.

„Und was ich dir noch sagen wollte …", wiederholte ich meine Worte, ohne zu wissen, was ich ihm mitteilen wollte. Dieses Mal waren es nicht seine Tränen, sondern ein Herzschlag, der mich ablenkte. Ich wusste nicht, ob es mein eigener oder der meines Sohnes war. Aber zum ersten Mal seit langer Zeit spürte ich, dass ich noch lebte. Dass noch immer etwas in mir steckte. Das letzte bisschen Kraft, mit dem ich meinem Sohn die letzten Weisheiten mit auf den Weg geben wollte. „Pass auf dich auf. Sag den Menschen, die du liebst, was du empfindest, bevor es zu spät ist. Lass nichts unversucht. Genieße das Leben. Mach Fehler, aber lerne daraus. Versuche, was unmöglich scheint. Sag die Wahrheit. Die Zeit heilt alle Wunden. Sei selbstbewusst, aber nie arrogant. Lass dich nicht ausnutzen. Kenne deinen Wert."

Ich schluckte einmal leer, als ob all diese Worte meinen Mund tatsächlich verlassen hatten. Doch sie blieben unausgesprochen. Niemand außer mir hörte sie. Ich atmete einmal tief durch und schloss für einen Moment meine Augen. Alles um mich herum wurde dunkel wie in einem Kino, in dem die Lichter erloschen, bevor der Film begann.

Auch ich sah einen Film. Den Film meines Lebens. Einzelne prägende Erinnerungen, schöne Erlebnisse und unvergessliche Momente. Gesichter von Familie, Freunden und Bekannten. Jedes einzelne Bild erfüllte mein Herz mit Stolz und Glückseligkeit. Als ich meine Augen wieder öffnete, verstärkte sich das Gefühl, weil ich in die Augen meines Sohnes sah.

„Vater", sagte er und versuchte, seine Mundwinkel zu einem Lächeln nach oben zu ziehen. „Was wolltest du mir sagen?"

„Gute Frage", dachte ich und wusste es noch immer nicht.

„Ich bin stolz auf dich. Bleib, wie du bist. Pass auf deine Mutter auf. Ich liebe dich. Es tut mir leid."

All diese Sätze schwirrten mir durch den Kopf und waren so schnell verschwunden, wie sie gekommen waren. Wort- und ideenlos lag ich da und sah meinem Sohn in die Augen.

Was würde wohl aus ihm werden? Er war gut in der Schule, einer der Besten seiner Klasse. Vielleicht würde er studieren gehen. Er wäre der Erste meiner Familie, der das erreichen würde. Was dann? Vielleicht würde er Arzt oder Anwalt. Manager oder Life-Coach. Schauspieler oder Musiker. Leistungssportler oder Ingenieur. Sein ganzes Leben lag noch vor ihm. Unzählige Möglichkeiten würden sich ihm bieten und er würde selbst die Entscheidungen treffen, die er für die besten hielt. Ich wünschte, dass ich ihn dabei unterstützen könnte. Dass ich ihn davor bewahren könnte, dieselben Fehler wie ich zu machen.

„Und was ich dir noch sagen wollte …", begann ich wieder, ohne den Satz zu beenden.

„Ich möchte, dass du glücklich bist. Dass dir deine Freunde ein Leben lang treu bleiben. Dass du dich verliebst und eine Familie gründest. Dass du deinen Kindern beim Heranwachsen zusehen kannst. Dass du so viel Zeit mit ihnen verbringst wie möglich.

Hatte ich das? Eine Frage, die ich mir nie gestellt hatte, als es mir noch gut ging. Doch jetzt schien es die Frage zu sein, die darüber entschied, ob ich glücklich sterben würde. Hatte ich genug Zeit mit meinem Sohn verbracht? Ich kannte die Antwort nicht. Ich wusste nicht einmal mehr, wie lange ich schon hier in diesem Bett lag. Hatte keine Ahnung, ob ich die Zeit mit meinem Sohn zur Genüge genutzt hatte. Aber die Tränen in seinen Augen zeigten mir, dass ich etwas richtig gemacht haben musste. Er mochte mich. Er würde mich vermissen. Und das war alles, was ich in jenem Moment zu wissen brauchte.

Der Herzschlag, den ich noch vor wenigen Minuten gespürt hatte, war verschwunden. Die Hand meines Sohnes spürte ich kaum mehr auf meiner. Es fiel mir immer schwerer, meine Augen offen zu halten. Selbst das Atmen, das mein ganzes Leben lang unbewusst funktioniert hatte, musste ich bewusst und mit aller Kraft steuern. Die Zeit war gekommen. Zeit, Abschied zu nehmen. Zeit, meinem Sohn die letzten Worte zu sagen.

„Und was ich dir noch sagen wollte …" Der Blick in die Augen meines Sohnes ließ mich stocken. Wie sehr ich ihn vermissen würde. Ich wollte ihn nicht im Stich lassen, doch genau das würde ich tun. Die Tränen traten nun auch in meine Augen. Ich spürte, wie mir eine einzelne Träne über die Wange lief, was mich erstaunlicherweise mit Energie versorgte.

Ich schaute hinunter auf die Hand meines Sohnes. Mein Daumen zuckte einmal kurz und hob sich, ihm sanft über die Haut streichend. Ich hob meinen Blick und sah, dass sich die Mundwinkel nach oben zu einem Lächeln geformt hatten. Seine Augen strahlten, auch wenn sie mit Tränen gefüllt waren. Er war glücklich. So glücklich, wie man es in einem solchen Moment sein konnte. Aber sein Gesicht zeigte nicht nur Glück. Darin befand sich ein Hauch Ungewissheit. Eine letzte Frage, die nach einer Antwort suchte.

„Vater", sagte er leise. „Du wolltest mir etwas sagen …"

„Ja", sagte ich und war erstaunt, meine eigene Stimme zu hören. „Was?", fragte mein Sohn. „Was wolltest du mir noch sagen?"

In diesem Moment wusste ich, dass sowohl ich als auch mein Sohn so viel von diesen letzten Worten erwarteten, dass sie dem nie gerecht werden würden. Egal, was ich sagte, es würde nicht das Richtige sein.

Mir wurde langsam schwarz vor Augen, bis ich mich bewusst zu einem weiteren Atemzug quälte. Es tat mir nicht weh, aber ich spürte, dass mir nur noch wenige Atemzüge blieben.

Ich öffnete meine Augen und sah meinem Sohn ein letztes Mal ins

Gesicht. Ein finaler Atemzug, bevor ich ihm meine letzten Worte schenkte.

„Was wollest du mir noch sagen?", fragte er.

„Nichts, dass ich dir nicht schon längst gesagt habe."

*Marc **Du Buisson** wurde 1993 in der Schweiz im Kanton Solothurn geboren und verbrachte dort seine ganze Kindheit. Das Sport- und Englischstudium führte ihn in die Hauptstadt Bern, wo er bis heute lebt. Seit dem Abschluss der Pädagogischen Hochschule arbeitet er an der Schweizerischen Fachstelle für Sehbehinderte im beruflichen Umfeld in Basel als Englischlehrer.*

Abschied in Ehren

Es geschah in einer Zweizimmerwohnung an einem herrlichen Tag, der viel zu schön war für ein so schreckliches Geschehen.

Das frisch verheiratete Paar Charlotte und Björn stritt sich am Morgen am Frühstückstisch sehr heftig. Sie waren sich beide nicht bewusst, was in diesem Streit geschah, da sie sich so sehr mit Worten angegriffen und dabei die Realität völlig aus den Augen verloren hatten. Beide konnten sich bemühen, wie sie wollten, doch sie trafen auf keinen gemeinsamen Nenner. Dies war kein guter Tag für das junge Paar! Wutentbrannt er- hob sich Charlotte vom Frühstückstisch, schnappte sich ihre Schlüssel und stürmte aus der gemeinsamen Wohnung. Nie und nimmer hätte Björn dies zugelassen, wenn er zu diesem Zeitpunkt geahnt hätte, was sich kurz darauf zutrug.

Björns Appetit war vergangen. Niedergeschlagen räumte er den Frühstückstisch ab und wartete auf seine Frau in der Hoffnung, sie würde bald wieder nach Hause kommen.

Er ließ sich auf der Couch nieder und las in seinem Buch weiter, das er vor zwei Tagen erst begonnen hatte. Irgendwann blickte er auf die Uhr. Fünf Stunden waren vergangen, seitdem Charlotte stocksauer die Wohnung verlassen hatte, und noch immer hatte er nichts von ihr gehört. Langsam begann er, sich um sie zu sorgen. Plötzlich schreckte er auf, denn das Telefon läutete und riss ihn aus seinen Gedanken, welche sich verflüchtigten, als er den Hörer abhob.

„Hallo", sprach er in den Apparat. Er war völlig verwirrt, als er eine fremde Stimme hörte.

„Hier ist das städtische Krankenhaus. Kennen Sie eine Charlotte Bergmann?", fragte die fremde Stimme am anderen Ende der Leitung.

„Das ist meine Frau", antwortete er.

„Kommen Sie bitte sofort. Ihre Frau erlitt einen schweren Unfall", entgegnete ihm die fremde Frauenstimme.

„Natürlich, ich komme sofort", räusperte sich Björn, legte den Hörer auf und eilte zum Krankenhaus, dabei kam ihm in Erinnerung, dass er einen Krankenwagen zwar gehört, ihn aber kaum wahrgenommen hatte.

Im Krankenhaus angekommen, wendete er sich augenblicklich an den Empfang. Im Handumdrehen schritt eine Krankenschwester auf ihn zu, welche ihn zu dem Chefarzt brachte. Björn klopfte an die weiße Tür und wartete auf das Signal des Arztes.

„Herein", vernahm Björn eine Stimme, welche stumpf durch die geschlossene Zimmertür klang.

Björn öffnete sachte die Tür, weshalb er leicht erschrak, als er den Gesichtsausdruck des Arztes sah. Der Arzt erhob sich rasch von seinem bequemen Lederstuhl und trat Björn entgegen.

„Sie sind Björn Bergmann?", fragte der Arzt, als er ihm die Hand reichte.

„Ja, das bin ich. Mir wurde bereits mitgeteilt, dass meine Frau in einen Unfall verwickelt wurde", gab Björn von sich, als er die Hand des Arztes schüttelte.

„So ist es. Aber setzen Sie sich erst mal!", merkte der Arzt an.

Als Björn sich auf einen Stuhl setzte, begann der Arzt zu sprechen, woraufhin Björn aufmerksam zuhörte. All das, was der Arzt ihm mitteilte, klang sehr ernst. Björns Herz begann auf einmal, wie wild zu pochen. Nervosität verbreitete sich in seinem Körper, weshalb er anfing zu zittern. Der Arzt erkannte die Verwundbarkeit, die in Björns Gesicht stand.

„Ihre Frau ist ohne Bewusstsein", sprach der Arzt.

Björn nickte wortlos mit seinem Kopf. Dann blickten sich der Arzt und Björn stillschweigend in die Augen.

„Folgen Sie mir, ich zeige sie Ihnen", gab der Arzt weiter von sich, erhob sich aus seinem Lederstuhl und verließ sein Zimmer. Björn folgte ihm schweigend, bis der Arzt vor einer Tür stehen blieb und ihn anblickte. „Erschrecken Sie jetzt bitte nicht", warnte ihn der Arzt und öffnete dabei leise die Tür.

Dann sah Björn seine Frau auf einem Bett liegen. Ihre Augen hielt sie geschlossen, Kabel, die mit ihrem Körper verbunden waren, führten zu einem Vitaldatenmonitor, der seine Frau elektronisch überwachte.

„Wir mussten sie in ein künstliches Koma versetzen. Es steht schlecht um sie, aber bitte, geben Sie die Hoffnung nicht auf. Reden Sie mit ihr. Ihre Augen sind zwar geschlossen und sie werden keine Reaktion von ihrer Seite aus erkennen, aber sie wird Sie hören. Ganz bestimmt. Und jedes Wort, das sie von Ihnen hört, bringt sie zurück ins Leben und hilft, ihre Wunden zu heilen. Sprechen Sie ihr zu, sagen Sie ihr Gute Dinge, tröstende Worte, erzählen Sie ihr von ihren gemeinsamen guten Zeiten! All das kann helfen. Tun Sie es! Ich lasse Sie jetzt mit ihr alleine", schlug der Arzt vor.

„Wie viel Zeit bleibt mir denn?", fragte Björn beklommen.

„Die Schwester wird Sie holen, wenn die Besuchszeiten vorbei sind", antwortete der Arzt und schloss im Anschluss die Tür.

Kurz darauf blickte Björn auf den Monitor, auf dem die Überwachungslinien deutlich zu erkennen waren, und verschaffte sich einen Überblick über den Zustand seiner stark verletzten Frau. Anschließend setzte er sich auf einen Stuhl, welcher unmittelbar vor dem Bett stand. Lange betrachtete er seine regungslose, geliebte Charlotte. Zum ersten Mal in seinem Leben war er absolut sprachlos. So viele Gedanken schossen ihm plötzlich in den Kopf, bei denen er Mühe hatte, sie zu ordnen und aus diesem Grund einfach nicht wusste, was er sagen sollte. Er musste sich erst sammeln und die vielen Worte, die sich in seinem Kopf befanden, hintereinander reihen, um die richtige Auswahl der Worte zu finden, die er seiner Frau zuflüstern wollte, was sich für ihn als sehr schwierig erwies, denn es schmerzte ihn sehr, mit ansehen zu müssen, in welchem schlimmen Zustand Charlotte sich befand.

Björn begann den Anfang mit einer Versöhnung. „Es tut mir so leid, dass wir uns gestritten haben. Der Streit war absolut sinnlos", wisperte er leise, bis er mit dem nächsten Satz fortfuhr, indem er ihre Hand in seine rechte nahm und mit seiner linken sanft darüber streichelte. „Weißt du noch, wie wir uns kennenlernten? Ich betrat den Raum des Lokals und du saßt auf einem Stuhl am Tisch mit deinen Freunden. Ganz plötzlich sahst du mich mit ernsten Blicken an. Du schienst nicht so gut gelaunt gewesen zu sein. Ich schnitt eine Grimasse und versuchte, dir zu verdeutlichen, dass du nicht böse sein musst. Du hast auf Anhieb mein Zeichen verstanden und dann gelächelt, aber gleichzeitig hast du auch weggesehen. Ich wusste damals nicht, was in deinem Kopf vorging. Dich anzusprechen, fehlte mir erst der Mut. All deine Freunde saßen bei dir, aber ich wollte mit dir alleine reden, also wartete ich, bis ich dich alleine antraf. Überraschenderweise musste ich nicht allzu lange warten", sprach Björn weiter und fing selbst an, ein klein wenig zu lächeln, als er sich an diese Situation erinnerte. „Als wir unser erstes Date hatten und spazieren gingen, schmiegst du dich so richtig an mich heran, ich glaube, du bekamst das gar nicht mit, wie sehr du es tatst. Also nahm ich dich in meine Arme. Du legtest deine Arme auf meine Schultern, führtest deine Hände um meinen Nacken herum und hast mich ganz fest an dich gedrückt. Ich spürte dein stark klopfendes Herz und deinen zitternden Körper. Ganz plötzlich fingst du an zu weinen und hast doch tatsächlich versucht, deine Tränen vor mir zu verstecken. Ich hielt dich fest in meinen Armen und streichelte deinen Hinterkopf, irgendwann habe ich dich dann einfach geküsst. Ich befürchtete erst, dass du mich ablehnen würdest, doch stattdessen hast du meinen Kuss erwidert. Ich habe dir nie erzählt, was ich damals fühlte oder dachte, ich hatte Angst, du würdest es für kitschig halten. Aber jetzt habe ich keine Angst mehr davor, es dir zu erzählen. Es war sehr schön, dich zu küssen. Es war auch sehr schön, dich in meinen Armen zu halten. Ich möchte das gerne wieder tun. Ich bitte dich, komm zurück zu mir. Ich brauche dich", beendete Björn sein alleiniges Gespräch, ihre Hand fest in seinen Händen haltend, als ihm große Tränen über die Wangen liefen.

Völlig unerwartet wurde die Tür geöffnet. „Herr Bergmann, die Besuchszeit ist vorbei. Gehen Sie nach Hause und ruhen Sie sich aus. Etwas Schlaf wird Ihnen guttun. Kommen Sie morgen wieder", riet ihm die Krankenschwester.

Björn erhob sich von seinem Stuhl, legte Charlottes Hand zärtlich wieder in das Bett hinein, beugte sich zu ihr herunter und küsste sie gefühlvoll auf die Stirn. Darauffolgend ging er auf die Krankenschwester zu und trat schweren Herzens aus dem Zimmer. Voller Sorge fuhr er mit seinem Auto nach Hause, parkte auf dem Stellplatz und eilte in die Wohnung. Er ließ die Tür sanft in das Schloss fallen, verriegelte sie, legte den Schlüssel nervlich total entkräftet in einen kleinen Korb, der auf einem Brett neben der Wohnungstüre stand. Schwer ein- und ausatmend schlenderte er gedankenversunken ins Schlafzimmer und setzte sich zaghaft auf ihr gemeinsames Ehebett, welches Charlotte am Morgen noch vor dem Frühstück frisch aufgeschüttelt hatte.

Von Müdigkeit überwältigt, ging Björn zu Bett, schlafen jedoch konnte er nicht. Er sorgte sich zu sehr um Charlotte. Die ganze Nacht über lag er wach im Bett und machte kein einziges Auge zu.

Nachdem er endlich eingeschlafen war, klingelte das Telefon. Björn warf einen Blick auf die Uhr. Der Morgen hatte erst begonnen. Durch das geklappte Fenster konnte Björn den Berufsverkehr deutlich vernehmen. Rasch erhob er sich aus seinem Bett und sputete zum Telefon. „Herr Bergmann, Sie sollten sofort herkommen", meldete sich erneut die Krankenschwester, als er den Hörer abgenommen hatte.

Sofort machte sich Björn auf den Weg ins Krankenhaus. Er befürchtete das Schlimmste!

Sein Gefühl täuschte ihn nicht. Im Krankenhaus wurde er bereits angespannt empfangen.

„Endlich sind Sie da. Kommen Sie", sprach eine Krankenschwester zu ihm, als Björn die Eingangshalle des Krankenhauses betrat und sich am Empfang anmeldete.

Hurtig ging die Krankenschwester voraus und brachte ihn zu seiner Frau. Der Chefarzt befand sich bereits mit seinem Team im Zimmer und schritt Björn sofort entgegen.

„Es eilt sehr. Verabschieden Sie sich von ihr, sie wird es nicht schaffen", flüsterte der Chefarzt Björn ins Ohr.

Björns Vorahnung entsprach der Wahrheit. Langsam ging ihr Atem, das Herz schlug von Minute zu Minute schwächer. Björn schritt fast mutlos, am ganzen Leibe zitternd, auf sie zu und nahm ihre Hand in seine. Plötzlich schlug ihr Herz immer schneller.

„Das ist eine Botschaft! Sie spürt Sie und sagt Ihnen, wie sehr sie Sie liebt, Herr Bergmann", sprach der Chefarzt.

Björn küsste sie auf die Stirn, darauffolgend drosselte sich ihr Herzschlag extrem, was Björn am Monitor sehr gut erkennen konnte. Die Herzschwingungen reduzierten sich, die ausschlagenden Wellen verkleinerten sich, bis letzten Endes auf dem Monitor eine glatte Linie zu sehen und nur noch ein Ton zu hören war. Es war der Ton, der ihm sagte, dass seine Frau gestorben war. Ihr Körper schien sich zu entspannen, ihr Kopf fiel zur Seite. Regungslos lag sie im Bett. Björn legte ihre Hand wieder in ihr Bett, dicht neben ihrem Körper. Dann verließ er das Zimmer. Auf dem Gang setzte er sich kraftlos auf einen Stuhl, sein Gesicht von Tränen überflutet!

Der Arzt setzte sich neben ihn auf den Stuhl. „Sie mag gestorben sein, aber sie hat Sie gehört und sie sagte Ihnen, dass sie Sie liebt. Fahren Sie nach Hause, ruhen Sie sich aus und treffen Sie Vorkehrungen für die Beerdigung."

Am Tag der Beerdigung fühlte sich Björn niedergeschlagen, traurig, aber irgendwie auch entspannt, denn zu Charlottes Lebzeiten konnte er ihr noch einmal seine tiefsten Gefühle und Gedanken mitteilen und sollte der Arzt mit ihrem heftigen Herzschlag, als er ihre Hand berührte, wirklich recht haben, so fand auch sie ihren Seelenfrieden. Ihr Tod war sehr traurig, dennoch konnte er ihr seine letzten Worte mitteilen, er konnte sie in Frieden loslassen und ohne schlechtes Gewissen weiterleben.

__Sonja Haas__ ist 49 Jahre alt, wohnt im hessischen Lampertheim. Ihre Hobbys sind Lesen sowie das Schreiben von Geschichten. Mit ihren Kurzgeschichten konnte sie Erfolge in diversen Anthologien verbuchen.

Liebestraum

In einem einsamen Leben gab es nur eines,
was die Fülle still versprach,
Eines, was die Stille brach, eines, was die Sehnsucht weckte:
Und das warst du. Und doch schienen deine Augen wie versteckte
Schätze aus nicht erreichten Tiefen,
welche lange schon mich riefen.
Meine tauben Ohren gesellten sich zu blinden Augen,
welche abgelenkt sich selbst nicht glaubten.

An einem Tag im wärmsten Sommer, da traf ich dich
und fragte mich: Ist das, was Gott mir hat beschert,
ist es wahr, ist es verkehrt? Doch alle Fragen fielen nieder
beim Klang der ungespielten Lieder,
die deine Lider in die Lüfte schrieben.
Und ich nichts konnte, als nur zu lieben.
Als zu dir zu treten und mit dir zu flechten
unser langes Band aus Worten, echten, nicht so oft erträumten,
nicht gezeichnet von mehr versäumten Räumen, dich zu fühlen.
Wir sagten viel, doch eins blieb offen.
Und ich konnte still nur hoffen, dass meine Augen sehend wurden,
dass meine Ohren nicht wie Vögel,
sondern hörend diesen Ort verließen.
Denn eines wollt ich dir noch sagen,
eines wollt ich fühlen, eins erfahren.

Was ich dir noch sagen wollte in dieser warmen Sommernacht,
war die Liebe, die ich spürte, in allerfassender Farbenpracht.
Die Sätze quollen aus den Lippen, aus den Zähnen, aus den Zungen,
welche Engel in mir weckten. Schnell flogen sie und trafen dich.
Nichts war erreicht, nichts war errungen,
denn das Schönste, was es gab, das hatte ich:

Deine Augen liebten mich, deine Finger tasteten,
Gedanken rasteten und Herzen rasten.

Im Hintergrund läuft sanft ein Stück von Liszt,
begleitet meine Liebeslist.
Es geht vorüber, klingt leis aus, er stirbt, wird still, der Liebestraum.
Und lässt alleine mich zurück, lässt mich schreiten ein kleines Stück.
Ich werde fallen, werde stumpfen, werde hassen,
doch komme ich zurück.
Denn in meinem Leben gibt es nur eines,
was die Fülle still verspricht:
Und das bist du.

Erik Iselborn *schreibt mal in goldenem Licht, mal umgeben von schwarzen Wolken, mal in Verzweiflung, mal in Euphorie. Und doch weiß er, dass der größte Teil eines Wortes aus einem freien Raum zwischen den Linien besteht. Dieser Raum ist in seinen Texten wie auch in allen Texten aller Menschen immer vorhanden, was für ihn eine der größten Schönheiten des Schreibens darstellt.*

Sterne der Erinnerung

Hallo Mutti!

Es gibt Phasen im Leben, wo man innerlich wie erdrückt wird, wo man spürt, wie Traurigkeit, Leid einem die Seele zerfressen will, jemand versucht, einem das Herz zu zerreißen. Denke ich daran, dass jene, mit denen ich früher als Kind gespielt habe, ihre Mutter noch haben, beneide ich diese.

31 Jahre ist es her, dass du uns nach kurzer, schwerer Krankheit verlassen hast. Obwohl so viele Jahre vergangen sind, habe ich noch all die Bilder im Kopf von dem Tag, als du ruhig in meinen Armen eingeschlafen bist. Für dich war es eine Erlösung, endlich frei von Schmerzen zu sein, endlich die Ruhe gefunden zu haben, nach der du dich gesehnt hast. Für mich war es damals die Zeit des Leidens, danach die Zeit der langen Trauer. Wie gern hätte ich dir geschrieben, nur um zu fragen, wie es dir geht im Reich der Unendlichkeit. Ob du gut an- ge-kommen bist und schon eine Freundin gefunden hast. Eine, die so wie du, früher gestrickt hat. Aber leider gibt es keinen Briefkasten am Grab. Mir blieb nichts weiter übrig, als frische Blumen auf dein Grab zu legen und meine Gedanken zu dir schweben zu lassen, wie traurig ich bin, wie du mir fehlst.

Leider gab es niemanden, der dir den einen oder anderen Brief zum Himmel gebracht hätte. Engelspostboten gibt es nicht. Brieftauben würden es nicht schaffen, bis hoch in das Unendliche zu fliegen. Unzählige Seiten würde ich dir gern schreiben. Damit das nicht gleich zu viel für dich wird, möchte ich alles auf das Wesentliche beschränken. In zwei Monaten hättest du deinen 97. Geburtstag. Würdest du heute noch unter uns sein, ob du all die Veränderungen verkraftet hättest? Ich weiß es nicht. Ungerechtigkeit, Egoismus, der Ausbruch von einem Virus, das Menschen in die Knie zwang.

Krankheit, Tod, Vernichtung von Existenzen. Nachdem du uns verlassen hast, gibt es in meinem Leben mehr Tiefpunkte. Gute Arbeit hatte ich. Durch Vater musste ich diese aufgeben, da er es abgelehnt hatte, ins Pflegeheim zu gehen. Ging es bei mir bergauf, war er es, der alles kaputtmachte. Fünf Jahre nachdem du uns verlassen hattest, blieb auch sein Herz stehen. Hast du ihn in der neuen Welt da oben gesehen? Falls nicht, er wird seinen Weg gefunden haben. Es ist schade, dass du die Schulanfänge und Jugendweihen von Christian und Stefan nicht miterleben konntest. Christian hat in diesem Jahr den vierten Hochzeitstag.

Das Buch, in dem von Vater und von dir die Lebensläufe stehen, öffnete mir das Tor zur Schriftstellerei. Du weißt auch nicht, dass ich Kindergeschichten schreibe. In der Wohnung, die einst unser Zuhause war, wohnen wir schon lange nicht mehr. Für mich wäre diese zu groß gewesen, da Christian und Stefan ihre eigenen Familien haben. Gesundheitlich geht es mir nicht besonders, da ich seit 20 Jahren immer wieder von Depressionen heimgesucht werde. Zu den Ärzten gehe ich nur selten. Man wird sowieso nicht verstanden. Das Virus, an dem so viele Menschen erkrankten, machte auch vor mir nicht halt. Mir blieb zum Glück die Intensivstation erspart. Kaum war ich wieder auf den Beinen und wollte arbeiten gehen, stürzte ich zu Hause die Treppe runter. Äußerlich war nichts weiter zusehen. Den inneren Schaden spüre ich heute noch, obwohl schon zwei Jahre vergangen sind.

Abends, wenn ich von Arbeit nach Hause komme, die eine Nebenstraße hochlaufe, leuchtet ein Stern. Er ist heller und größer als die anderen Sterne. Ich weiß, dass du es bist. Passt auf, dass ich sicher zu Hause ankomme. Dieser Stern wirkt so nah. Wenn mir alles zu viel wird, passiert es, dass meine Beine für einen Moment nicht zu spüren sind und ich falle hin. Die Leute lachen, denke bloß nicht, dass einem hochgeholfen wird.

17 Jahre lang hielt mir ein Kater namens Willy die Treue. Im Jahr 2006, bevor wir umzogen, hatten Stefan und ich den Kater aus einer Notunterkunft geholt. Willy war kein Katzenkind. Er war schon ein Großer. Oft gab es unschöne Momente mit ihm. Das Fauchen, das Kratzen war nicht das Problem. Aber das Festbeißen in meinen Unterarm. Was Kater Willy alles passierte, ehe er zu uns kam, erfuhr ich nie. Ich weiß, dass ein Tierleben auch mal zu Ende geht. Am 20.02.2023 um 06.17 Uhr schlief Kater Willy nach kurzer, schwerer Krankheit ein. Er war die letzten Wochen ein Pflegefall. Immer wenn er mal laufen wollte, stützte ich ihn. Da sein Lieblingsplatz das Sofa war, stellte ich

zusätzlich eine Fußbank davor, damit er leichter hochkam. Der einst so neugierige, sportliche Kater baute immer weiter ab. Wollte die letzte Zeit kaum noch getragen werden. War es mal an dem, genoss er es. Das Schnurren, das ich all die Jahre hörte, verstummte mehr und mehr. Kater Willy war am Ende leicht wie eine Feder. Als du damals so krank wurdest, konnte ich dir nicht helfen. Als Kater Willy krank wurde, konnte ich ihm auch nicht helfen. Aber eines weiß ich. Für dich und Kater Willy war ich immer da, bis zur letzten Minute. Du bist damals in meinen Armen eingeschlafen. Kater Willy hielt ich sein Pfötchen, als er die letzten sechs Atemzüge machte.

Noch heute weiß ich, wie Kissen und Zudecke aussahen, die ich für den Sarg aussuchte. Ganz in Weiß.

Kater Willy hatte eine schöne, große Tragebox, ausgelegt mit weichen Decken und einem kleinen Kopfkissen. Als Zudecke bekam er seine Lieblingsdecke. Der Gang mit ihm in die Tierarztpraxis fiel mir nicht leicht. Jetzt herrscht Leere zu Hause. Das Herzchen auf vier Pfoten ist nicht mehr da. Keiner rennt mehr durch die Zimmer. Keiner mehr da, mit dem man spielen kann. Die letzten Wochen, wo es Kater Willy so schlecht ging, bekomme ich nicht mehr aus dem Kopf. Frage mich, warum das Leid, der Schmerz immer nur bei mir hält. Ein Königreich würde ich dafür geben, um von dir eine Antwort zu bekommen, liebe Mutti. Und wenn es nur eine kleine Ecke von einem Blatt Papier wäre, auf dem hallo steht. So wüsste ich, du hättest meine Zeilen erhalten.

Ich weiß auch, dass du mich verstehst. Das taten wir auch, als du krank warst. Sprechen konntest du nicht mehr, aber wir verstanden uns durch Blicke.

Kater Willy möchte dich kennenlernen. Möchte alles über meine Mutti, über dich, erfahren. Also wenn ein Stubentiger mit braun-weißem Fell und grünen Augen auf dich zu kommt, das ist Kater Willy. Vielleicht hat er dich schon gefunden. Er wird viel zu erzählen haben. Vor allem von den vielen Geschichten, die ich geschrieben habe. In denen geht es um Abenteuer, die er mit seinen Artgenossen und den anderen tierischen Freunden erlebte. Es kann sein, dass er nicht allein kommt. Er bringt seinen besten Freund Kater Domino mit. Auch dieser Kater wird das eine oder andere Wort zu sagen haben. Er war es auch, der Kater Willy an der Regenbogenbrücke erwartet hat. Ihr werdet eine schöne Zeit miteinander haben. Das weiß ich ganz genau. Das wünsche ich euch von ganzem Herzen!

Weißt du, liebe Mutti, was mich Kater Willy wissen ließ, Tage bevor er für immer einschlief?

Er sagte zu mir: „Mutti, weine nicht, wir sehen uns doch wieder." Vor lauter Traurigkeit zerriss es mir fast das Herz. Ihr seid meine Sterne der Erinnerung!

Seit ganz lieb gegrüßt und umarmt von Karla.

Karla Kunze, *geboren 1966 in Leipzig. Dort auch wohnhaft. Ledig. Nach Abschluss der 10. Klasse im Jahr 1983 folgte eine Ausbildung zum Facharbeiter für Postverkehr. Mutter von zwei erwachsenen Kindern. Hobbyautorin für Kindergeschichten und Autobiografien. Erstveröffentlichung im Jahr 2016.*

Unerreichbar

Ich denke oft über früher nach.
Darüber, wieso unsere Freundschaft zerbrach.
Aus einem Grund, den ich nicht verstand,
denn du musstest dich in mich verlieben, verdammt!

Seinerzeit haben wir uns in der Schule kennengelernt,
du warst nicht mal weit von mir entfernt.
In meiner Parallelklasse, um ehrlich zu sein,
hieltest deine Gefühle für mich geheim.

Wir hatten nur einen Kurs zusammen,
in diesem hat es mit uns beiden angefangen.
Damals im Französisch-Unterricht,
oder etwa nicht?

Ich habe selten mit dir gesprochen,
es wurde mehr nach wenigen Wochen.
Du warst immer nett zu mir,
ich natürlich auch zu dir.

Wir haben uns sehr schüchtern verhalten,
wollte dich als Freund definitiv behalten.
Leider haben wir zu spät bemerkt,
dass der Abschluss womöglich vieles erschwert.

Für uns beide begann ein neuer Lebensabschnitt,
ein Moment im Leben, den man nicht mehr vergisst.
Haben jedoch über Facebook geschrieben
und somit unsere Zeit vertrieben.

Danach wurden Nummern ausgetauscht,
du warst derjenige, der meinen Worten lauscht.
Ich konnte dir zum Glück alles anvertrauen,
hast mit deinen „Flirts" komplett daneben gehauen.

Hast für mich mehr als Freundschaft empfunden,
dein Herz wollte ich niemals verwunden,
du warst ein guter Freund für mich,
mehr bedauerlicherweise aber auch nicht.

Mit deinem Geflirte hast du mich öfters genervt
und es dir damit so ziemlich verscherzt.
Ich bin überhaupt nicht der Typ dafür,
stattdessen setzte ich dich vor die Tür.

Konnte dir immer meine Probleme anvertrauen,
standest zu mir, bist nie abgehauen.
Du hast versucht, mich zu unterstützen,
sogar alles dafür getan, um mich zu beschützen.

Dafür bin ich dir sehr dankbar,
du warst die einzige Person, die so für mich da war.
Manchmal hast du mich dezent überfordert
und mich ab und zu herausgefordert.

Witzig konntest du auch sehr oft sein,
hin und wieder warst du auch ziemlich gemein,
damit meine ich in positiver Hinsicht,
hast mir nie gelogen ins Gesicht.

Ungünstigerweise hat es dich völlig erwischt,
es wurde Freundschaft mit Liebe vermischt.
Hatte Angst davor, mich mit dir zu treffen,
wollte, dass du anfängst, mich zu vergessen.

Du hattest zweifellos etwas Besseres verdient,
eine Frau, die dich aufrichtig und von ganzem Herzen liebt,
so eine war und bin ich noch immer nicht,
ich ließ dich sehr oft im Stich.

Das war jedoch nie meine Absicht,
jetzt ... jetzt hasst du mich,
das bin ich selber schuld,
hatte nie die geringste Geduld.

Hast mich von der positiven Seite gesehen,
wolltest sogar mal mit mir ausgehen.
Ich wurde zudem nie von dir kritisiert,
hattest Angst davor, dass du mich verlierst.

Das war aber nicht der eigentliche Grund,
es lag hauptsächlich an deiner „Flirtkunst",
okay, und daran, dass du mich nie kritisiert hast,
du hast mir damit unbemerkt eine verpasst.

Ich war in deinen Augen perfekt,
hast mich damit sehr verletzt,
ich bin nicht perfekt, nicht mal ansatzweise,
es fing langsam an, dunkle Wolken zogen ihre Kreise.

Ich wusste nicht, was ich wollte,
war ich diejenige, die deine Freundin werden sollte?
Ich hatte Angst davor und habe leider nicht so empfunden,
ich brauche noch Zeit, um die Welt zu erkunden.

Du hast gelitten und das tut mir leid,
habe somit das Gegenteil erreicht,
du sprichst nicht mehr mit mir,
kann nie mehr reden mit dir.

Ich habe dir falsche Hoffnungen gemacht,
nie über mein Verhalten dir gegenüber nachgedacht.
Hast mich auf andere Gedanken gebracht,
haben eine lustige Zeit verbracht.

Auf einer virtuellen Basis,
nur damit das mal klar ist.
Ich weiß, ich bin in gewisser Weise ein Miststück,
wollte dir nie zerstören dein geheimes Glück.

Ich nehme solche Gefühle nun mal nicht wahr,
das ist mir schon seit einiger Zeit klar.
Ich möchte damit nichts zu tun haben,
meine Gefühle und mein Herz,
wurden von meiner eiskalten Seele vergraben.

Was ich sagen möchte ist:
All diese Dinge tun mir aufrichtig leid!
Vielleicht bin ich irgendwann so weit,
hoffe, du lebst nicht in der Dunkelheit,
sondern im Licht.

Und findest eine Frau, die perfekt für dich ist,
eine, die dich niemals lässt im Stich.
Liebe sie mit Haut und Haar,
denn ich werde für dich für immer bleiben, unerreichbar!

Lily N. Hope ist eine deutsche Autorin, die unter Pseudonym schreibt. Sie wurde im August 1994 in Mönchengladbach geboren. Neben ihrem leidenschaftlichen Hobby, dem Lesen, schreibt sie gerne Gedichte und Geschichten, um darin ihre persönlichen Erfahrungen zu verarbeiten. Einige ihrer Texte wurden bereits in verschiedenen Anthologien veröffentlicht.

Wenn

„Halte bitte noch kurz beim Getränkemarkt an", sagte Sarah.

„Hast du mal auf die Uhr gesehen?", entgegnete ich ihr.

Sie durchsuchte ihre Tasche nach ihrem Smartphone und wühlte in den verschiedenen Fächern. Sarah holte Make-up heraus, ihr riesiges Portemonnaie und einen Haufen Bonuskarten, aber fand es nicht. Mit zusammengekniffenen Augen blickte sie auf die Zeitanzeige des Autos.

„Das würden wir aber noch schaffen", meinte sie. „Lieber nicht", antwortete ich.

Nun war wirklich keine Zeit mehr.

Dann war erst mal Ruhe.

Wir wären eindeutig zu spät, würden wir noch zum Getränkemarkt fahren. Das wollte ich um jeden Preis verhindern. Es musste genau passen. Dann wären die Leute noch draußen vorm Gebäude und würden sich unterhalten. Sie würden über uns reden und staunen, wenn wir anfuhren. Wenn wir unpünktlich ankamen, hätte ich den Wagen umsonst gemietet. Man konnte nicht glauben, was ein Ferrari für einen Tag kostete.

Natürlich wollte ich angeben. Ich würde nicht verraten, dass mir der Wagen nicht gehörte. Alle würden sie Augen machen. Fabio, der mit Aktiengeschäften viel Geld erwirtschaftet hatte. Und Lisa. Und dann noch die ganzen anderen Idioten, die ich eigentlich nicht sehen wollte. Ich würde sagen, dass ich in einem Wirtschaftsunternehmen Junior Manager im Vertrieb wäre. Dann würden sie gar nicht weiter nachfragen. So würden sie nicht erfahren, dass mein Management sich auf besagten Getränkemarkt, zu dem ich nicht fahren wollte, beschränkte. Ich trat aufs Gaspedal. Ich hatte keine Ahnung von Autos. Der Vermieter des Wagens hatte so viele Daten über das Auto aufgesagt, richtig geschwärmt hatte er – und ich hatte nur interessiert genickt.

„Hauptsache Ferrari", ging mir da durch den Kopf. „Hauptsache protzig."

Es wurde langsam dunkel. Dass man das Klassentreffen auch im

Sommer hätte machen können, darauf waren meine alten Klassenkameraden nicht gekommen. Mir war kalt, auch mit dicker Jacke.

„Ras' nicht so", meinte Sarah.

„Alles unter Kontrolle", meinte ich. Wir fuhren in einen Wald. So viele Tausend Male war ich hier schon durchgefahren. Ich versuchte zu rechnen, wie oft es wohl genau war. Lebensjahre auf Tage runterbrechen, während der Schulzeit zweimal am Tag. Auch mein Weg zur Arbeit führte hier hindurch. Schließlich hatte ich es ausgerechnet, es dann aber nach wenigen Sekunden wieder vergessen.

Ich wechselte vom Abblendlicht ins Fernlicht, dann wieder zurück.

„Glaubst du, Nils ist da?", fragte Sarah mich. Mit ihm war sie kurzzeitig zusammen, als wir noch zur Schule gingen. Das konnte ich schon damals nicht ernst nehmen, aber dass sie nach so vielen Jahren wieder an ihn dachte, fühlte sich komisch an.

„Weiß nicht", war meine knappe Antwort, fügte aber hinzu: „Bestimmt."

„Meinst du, er denkt noch manchmal an mich?", fragte sie. „Denkst du noch manchmal an ihn?", fragte ich zurück.

Dann war es still. Dachte er an sie, dachte sie an ihn oder dachte sie an mich? Nicht darüber nachdenken. Hör auf, darüber nachzudenken. Es bringt nichts. Das wird nichts mit ihr. Niemals.

Ein Auto kam mir entgegen. Plötzlich durchfuhr es mich. Etwas rannte über die Straße. Ich lenkte nach links und sah das Auto direkt vor mir. Also lenkte ich noch weiter nach links und hob ab.

Es war keine acht Jahre her, dass die Klasse sich das letzte Mal gesehen hatte. Was war passiert in dieser Zeit?

Milena war mittlerweile Mutter geworden, Nicole hatte sogar geheiratet. Sören wollte sich nun im Bereich Unternehmensberatung selbstständig machen.

Und ich? Mein Job war es, Getränkekisten vom Lieferanten anzunehmen, sie in den Markt zu räumen, Wagen mit vollen Plastikflaschen zu tauschen und abzukassieren. Die Arbeit war abwechslungsreich und ich hatte viel mit Menschen zu tun. So hatte es zumindest in der Stellenanzeige gestanden.

Ich hatte lange versucht, den Gedanken zu verdrängen. Aber es half nichts. Marie würde heute Abend auch kommen.

Ach, Marie.

Wir waren auf einem Fest in unserem Ort gewesen. Dorfdisco. Sieb zehn Jahre alt waren wir damals. Um Mitternacht war also Schluss für uns. Zumindest für mich.

Ich hatte gesehen, dass sie sich mit einem Typen unterhalten hatte. Unser Alter etwa. Ich kannte ihn nicht. Und als der Mann von der Sicherheit kam und uns raus bat, wickelte sie ihn um den Finger und durfte bleiben. Ich musste allerdings gehen.

„Und jetzt?", hatte sie mich gefragt.

„Dann muss ich wohl", meinte ich. Sie hatte die Hand gehoben – nicht mal umarmt hatte sie mich – und war wieder zurück in den Partyraum gegangen. Wahrscheinlich zu dem Unbekannten.

Die Security hatte mich damals sogar vor die Tür gebracht. Um sicherzugehen, dass ich auch wirklich ging.

Es regnete wie aus Eimern. Ich hatte auf den Eingang gestarrt. Auf die Leute, die dort standen und unter ihren Regenschirmen rauchten. Nie wieder haben wir uns danach noch mal getroffen.

Vielleicht wäre die Welt besser, wenn man miteinander reden würde und ehrlich war. Sich Dinge direkt sagte.

Eigentlich hatte ich Sarah viel früher abholen wollen. Ich war die Treppe daheim schon heruntergelaufen zur Haustür, als ich mich noch mal umdrehte und zurücklief. Hatte ich mir die Haare gekämmt? Ich schaute in den Spiegel. Ja, hatte ich. Ich rannte zur Tür heraus, die Straße herunter, um die Ecke und sah dem Bus, der mich zur Autovermietung bringen sollte und der etwa fünfzig Meter weit entfernt war, nur noch hinterher.

Als ich schließlich bei Sarah war, wartete ich lange auf sie. Ich hatte mich ins Wohnzimmer gesetzt und den schwarzen Bildschirm des Fernsehers angestarrt. Sie hatte Wandtattoos aufgeklebt. An manchen Stellen gingen diese schon wieder ab. Selfies hingen überall.

Ein Föhn ertönte. Ich wusste, dass es noch ewig dauern würde.

Ich stand auf und ging in ihre Küche. Den Wasserkocher füllte ich mit Wasser und machte ihn an. Ich suchte in ihrem Küchenschrank nach Tee und fand ihn schließlich. Nur Mist hatte sie da. Ich entschied mich dann für einen Früchtetee. Ich sah den schwarzen Bildschirm weiter an. Man konnte sich darin etwas spiegeln. So scheiße sah ich gar nicht aus. Ich merkte nicht, dass irgendwann der Föhn ausging und Sarah schließlich im Zimmer stand. Ich sah zuerst auch gar nicht, dass sie ein schwarzes Kleid trug, welches ich noch nie an ihr gesehen hatte. Sie sah unglaublich aus, aber ich erkannte es nicht.

Sarah setzte sich auf den Sessel und lächelte mich an.

„So, geschafft", meinte sie und starrte dann ein Loch in die Luft. Das Lächeln verschwand. Eine Minute saßen wir schweigend dort. Dann stützte sie ihren Kopf in die Hände. Ihre gekämmten Haare hingen nach vorne. Sie fuhr sich durch diese und verbarg dann ihr Gesicht wieder in den Händen.

Ich merkte es erneut nicht und betrachtete immer noch meine Umrisse im Fernseher. Dann sah ich zu Sarah.

„Was ist?", fragte ich vorsichtig. „Alles in Ordnung?" Sie schüttelte den Kopf.

„Was ist los?", fragte ich erneut.

Sie seufzte. „Ach, weißt du, ich kann nicht mehr. Manchmal kann ich einfach nicht mehr", meinte sie. „Es ist … alles." Sie sah zu mir. „Kannst du mich mal in den Arm nehmen?", fragte sie.

Das konnte ich.

Wir standen auf. Ich umarmte sie und strich ihr über den Rücken. „Das wird wieder. Das wird alles gut, glaub mir", sagte ich, obwohl ich wusste, dass es nicht so war. Ich wusste, dass es nicht gut werden würde, was auch immer es war, was sie bedrückte. Vielleicht irgendwann. Aber wann war das? Morgen oder übermorgen oder nächstes Jahr oder doch gar nicht?

„Das wird alles gut", meinte ich erneut.

Schließlich ließen wir uns los. Sie schaute mich an, blickte unter sich und dann wieder zu mir.

„Danke", meinte sie und lächelte. Ich lächelte zurück. Ihre Lippen glänzten vom Lippenstift. Wir standen nur dort und sahen uns in die Augen. Eine Sekunde. Zwei. Drei. Unendlich lang. Sechs. Sieben.

„Wollen wir los?", fragte ich schließlich und merkte dann, dass ich den Moment kaputtgemacht hatte. Ich überlegte, ob man ihn wieder reparieren konnte, aber wusste, dass das nicht ging.

Sie nickte.

Ich wollte nach meiner Jacke greifen, aber holte zu weit aus und traf die Tasse. Es war zwar kaum noch etwas darin, doch der Rest verteilte sich auf dem Tisch und dem Boden.

„Scheiße", sagte ich.

„Macht nix", meinte Sarah und holte einen Lappen. Sie lief nach dem Aufwischen wieder ins Bad und kämmte ihre Haare.

Ich wurde nervöser.

Man konnte nicht glauben, wie lange der Bruchteil einer Sekunde andauerte. Womöglich war das in solchen Momenten so, wenn man mit einem Auto abhob und auf einen Baum zuflog. Wahrscheinlich war der Augenblick dann einfach so lang.

Ich fragte mich, was gewesen wäre, wenn ich den Bus mittags nicht um Sekunden verpasst hätte. Wenn ich den Tee bei Sarah nicht verschüttet und sie nicht in den Arm genommen hätte, als sie traurig war. Wenn Sarah nie mit Nils zusammengekommen wäre und ich mit Marie nicht auf dem Dorffest gewesen wäre. Vielleicht hätte ich dann nie eine Wut auf meine Klassenkameraden bekommen und wäre nie auf die Idee gekommen, einen so teuren Wagen zu mieten. Wenn ich Sarah einfach geküsst und ihr gesagt hätte, was ich für sie empfand. Vielleicht wäre dann alles anders verlaufen. Dann wäre ich mit Sarah wahrscheinlich schon seit Minuten durch den Wald hindurch gewesen. Womöglich wären wir überhaupt nicht zum Klassentreffen gefahren, sondern hätten den Abend ganz anders miteinander verbracht.

Vielleicht hätte ich auch einfach nur langsamer fahren müssen.

Ich dachte an Sören und seine Unternehmensberatung.

Dachte an meine Mutter.

An das Weltklima, das mir in diesem Moment vollkommen egal war. An ein Haus am See, das es nie gegeben hat.

Und während der Baum näherkam, dachte ich immer wieder an Sarah. Wie würde ihre Zukunft einmal aussehen? Vielleicht hätten wir beide sogar eine gemeinsame Zukunft, wer wusste das schon. Wir würden Kinder haben, ein Haus mit Garten und einen Carport.

Wie großartig alles werden würde.

Bei dir fühlte ich mich gut. Ich hätte es dir nur sagen müssen. Fünf Sekunden früher. Dann hättest du gewusst, dass ich dich liebe. Wahrscheinlich hast du es eh geahnt. Ich hätte mich nur trauen müssen.

Ich sah zu Sarah. Ihren Mund hatte sie weit aufgerissen, doch sie schrie nicht. Ich musste lächeln. Wie schön sie war.

Alexander Da Re, geboren 1997 und wohnhaft im hessischen Niedernhausen, ist gelernter Industriekaufmann und Verwaltungsfachangestellter. Er war Preisträger des Jungen Literaturforums Hessen-Thüringen in den Jahren 2019 und 2023 und veröffentlichte u. a. in der Textsammlung des „Bubenreuther Literaturwettbewerbes" (2021 und 2022) und in einigen weiteren Anthologien.

An Michi

Als ich dich zum ersten Mal getroffen habe, war ich am bisher tiefsten Punkt meines Lebens. Ich habe nichts mehr gefühlt. Ich wusste nicht, was ich von dir halten soll. Es war mir eigentlich egal, weil mir irgendwie alles egal war, aber ... irgendwie auch nicht.

Und du hast es geschafft, mich daran zu erinnern. Ich kam trotzdem nicht ganz zu einem Ergebnis, was dich betrifft. Und dann war da dieser verrückte Abend in Hannahs Wohnung in der Nordstadt, wo ich viel zu viel getrunken und viel zu viel geraucht habe. Es war einer dieser Abende, wo ich mich wieder lebendig gefühlt habe. Einer von denen, wo man hofft, dass sie nie enden.

Irgendwann war ich dann doch zu müde und wollte nach Hause. Und du warst ein wahrer Gentleman – lach nicht, das warst du immer, auch wenn du es gerne versteckt hast. Du wolltest mich nicht allein im Dunkeln nach Hause gehen lassen und bist mit mir gegangen. Und den ganzen Weg über haben wir gelacht und ich habe mich wohlgefühlt und dann bist du auf die bekloppte Idee gekommen, einen Spaten aus einem der Vorgärten, an denen wir vorbeikamen, zu stehlen.

Als du ihn bei der Ampel auf die Straße gehauen und: „Bei der Macht von Greyskull!", geschrien hast, da wusste ich mit absoluter Gewissheit, dass ich dich liebe.

Ich liebe dich und ich werde nie aufhören, dich zu lieben. Ich werde niemals aufhören, dich zu vermissen. Und ich werde dir nie nie nie nie niemals verzeihen, dass du einfach gegangen bist. Ich weiß genau, was du sagen willst: Du wolltest sowieso nicht älter als vierzig werden. Aber ich habe damals schon protestiert und dir gesagt, dass ich dich brauche.

Scheiße, Michi, ich brauche dich immer noch. Ja, ich weiß schon: Du wolltest nicht älter als vierzig werden, ich wollte, dass du älter wirst, also bist du einundvierzig geworden. Ich sehe dein dämliches Oberschlaumeiergrinsen vor mir und höre dich behaupten, ich hätte also keinen Grund, mich zu beschweren. Ich hätte deutlicher sein müssen, oder? Scheiß Krebs. Gott, es tut mir so leid. Du musst so heftige Schmerzen gehabt haben.

Du warst immer für alle da, hast alles gegeben für die, die du geliebt hast. Aber du dachtest, du könntest es keinem zumuten, dasselbe für dich zu tun. Es ist nur ein sehr schwacher Trost, dass es dann am Ende doch sehr schnell ging.

Ich konnte dich nicht mal besuchen im Krankenhaus. Scheiß Corona. Aber du wolltest ohnehin nicht, dass ich dich so sehe. Du hattest Angst, dass es mir zu viel ist. Du blöder Idiot, liegst im Sterben und denkst nur an meine Gefühle. Gefühle, die ich dank dir wieder spüre. Dank dir ist mir nichts mehr egal. Ich fühle alles, ich fühle viel zu viel.

Ich würde alles dafür geben, nur noch einmal mit dir im Garten zu sitzen und deinen Geschichten zuzuhören, deinen Abenteuern, deinen verrückten Ideen.

Zumindest kann wirklich niemand behaupten, du hättest nicht gelebt, denn das hast du. Mehr als mancher, der älter geworden ist als du. Aber es ist nicht genug, verdammt. Es ist nie genug. Ich will noch einmal mit dir bis in die Morgenstunden trinken und Piratenlieder singen.

Ich vermisse dich so. Ich liebe dich so so sehr. Ich bin nie gut darin gewesen, meine Gefühle zu offenbaren. Ich weiß nicht, ob dir überhaupt klar war, wie viel du mir bedeutet hast. Ich habe es geliebt, dass du mich immer *mein Schatz* genannt hast. Ich musste mir schon von allen möglichen Leute anhören, dass ich zu sensibel bin für diese Welt, dass ich mir immer alles viel zu schnell zu Herzen nehme. Aber du hast mich von Anfang an so akzeptiert, wie ich bin. Mehr noch, du hast mich dazu gebracht, mich selbst anzunehmen.

Einmal hast du gesagt, du wünschtest, ich könnte mir ein dickeres Fell zulegen. Aber nicht, weil irgendetwas falsch daran wäre, dass ich keins habe, sondern einfach, weil du nicht wolltest, dass die Leute mich so leicht verletzen können. Du warst ... ein Beschützer. Mein großer, dicker Beschützer. Du warst wunderschön für mich. Du findest das bestimmt albern, aber ich meine das vollkommen ernst. Ich fand dich wunderschön. Weil ich dein Herz gesehen habe und weil du es mir so bereitwillig geschenkt hast.

Und meins hast du gebrochen, als du gegangen bist, und gleichzeitig hast du es geheilt, weil ich dich in meinem Leben haben durfte. Das ist doch verrückt, es ist alles verrückt.

Jedenfalls ... wenn wir uns wiedersehen, dann mach dich darauf gefasst, dass ich dir eine verpassen werde ...

... Okay, ... nein, wahrscheinlich werd ich das nicht. Aber ich werde dich umarmen. Also sieh dich vor. Blöder Vollidiot.

L. C. Mucke, Jahrgang 1990, ist ein sehr scheues Wesen und lebt zusammen mit ihrer Katze, ihrer Großmutter, und mehreren Kellertrollen an einem Ort, den sowieso niemand kennt. Dort träumt sie vom Meer und baut sich Luftschlösser. 2018 hat sie sich getraut, ihren ersten Fantasyroman „Der Vierzehnte Drache" im Selfpublishing zu veröffentlichen. Dieses Jahr will sie einen Schritt weiter gehen und es mit Wettbewerben versuchen.

Abschied

Der letzte Abschied ist anders, hat mehr Gewicht. Man weiß, es ist endgültig.

Steif sitze ich neben dir auf dem abgewetzten, rosaroten Sofa und blicke aus dem Fenster. Die Gardinen lassen kaum die Sonnenstrahlen herein und die Luft im Zimmer ist stickig. Ich weiß nicht, wie ich anfangen soll. Mein Kopf ist leer, meine Muskeln wie gelähmt. Die Erkenntnis, dass es kein nächstes Mal geben wird, liegt schwer auf meiner Seele. Am liebsten würde ich dich fest an mich drücken, aber ich weiß, dass du Umarmungen nicht magst. Deshalb lege ich nur vorsichtig meine Hand auf deinen Oberschenkel. Ich fühle die Verbundenheit von damals. Erinnerungen an eine Zeit, in der du mit deinen ehrlichen Worten eine Stütze für mich warst. Jetzt glaube ich, dir Halt geben zu müssen, und kann es doch nicht.

Immer noch suche ich nach Worten. Du drehst dich etwas zu mir und schaust mich mit deinen sanften, blauen Augen an. Tränen liegen darin. Deine einst so kräftige Hand legt sich sachte auf meine. Ich möchte stark sein, doch dein Schluchzen löst eine Welle in mir aus, der ich nicht mehr lange standhalten kann. Unser Blick richtet sich wieder aufs Fenster. Die Hände fest ineinander verschlossen fühlen wir die Wärme, die dazwischen entsteht.

„Ich glaube, … wir werden uns nicht mehr wiedersehen", flüstere ich mehr zu mir als zu dir. Die Worte sind laut genug, brennen sich tief hinein. Vor meinen Augen verschwimmt die Welt.

„Ich weiß", antwortest du und drückst meine Hand. Dann schluchzen wir beide.

Lange sagen wir nichts. Eingefroren vor Angst, was kommen mag. Die Stille fühlt sich plötzlich so kalt an.

„Es ist okay", höre ich dich wie von Weitem. „Das ist das Leben."

Erinnerungen kommen in meine Gedanken. So viele Momente, in denen du da warst. Dinge, die du mir beigebracht hast durch die Art, wie du dein Leben gelebt hast.

„Hast du Angst?"

„Ich weiß nicht", sagst du mit hoher Stimme. Deine Beine wippen auf und ab. Ich halte es kaum aus, will dir die Last abnehmen. Es bricht mir das Herz.

„Es war schön mit dir, weißt du …", fange ich an.

„Du … du musst das nicht", sagst du, möchtest mich stoppen, damit wir beide nicht noch mehr weinen.

„Doch, Papa, ich muss."

Ich schließe die Augen und erinnere mich, lasse die Worte fließen, wie sie kommen. Mehr ein Gefühl als ein Wissen.

„Ich vermisse schon jetzt die Zeit, als wir in aller Ruhe auf der alten Holzbank hinter dem Haus saßen und über das Leben philosophierten. Erinnerst du dich daran?"

Ich gebe dir Zeit, meinen Erinnerungen zu folgen. Etwas darin zu schwelgen.

„Wir lauschten den Vögeln und genossen die Sonnenstrahlen, die langsam hinter dem Berg verschwanden."

„Mhm …", bekundest du und nickst mit dem Kopf. „In diesen Augenblicken war ich glücklich."

Wieder drückst du meine Hand. Ich weiß, ich habe nicht mehr lange Zeit. Ich will dich festhalten und nicht loslassen. Was können Worte schon ausdrücken? Dennoch spreche ich weiter. „Du hast mir beigebracht, mich über Kleinigkeiten zu freuen und nichts zu erwarten. Du hast mir gezeigt, wie schön es ist, neben jemandem in Stille sitzen zu können und den Moment zu genießen." Ich fange an zu lachen und stupse dich an. „Du hast mir gelehrt, zu weinen. Vor Freude, vor Glück und vor Dankbarkeit. Deshalb dürfen wir das jetzt auch." Meine Stimme wird weinerlich und vermischt sich mit dem Lachen.

Jetzt musst auch du kurz lachen. Das schaffen nur wir. Fast ist es wieder wie früher.

„Du hast mir beigebracht, das Leben nicht zu ernst zu nehmen und nichts drauf zu geben, was andere sagen. Ich lerne noch …, das hast du auch immer gesagt." Ich verstehe deine Worte jetzt noch einmal mehr.

Wieder schließt sich deine Hand um meine, diesmal aber schwächer.

„Jetzt ist es aber genug", sagst du und schaust mich noch einmal an. Du bist müde und ich weiß, das war mein Zeitfenster.

So viel mehr würde ich dir gerne sagen. Es waren deine Geschenke an mich. Du hast mir die Türen dazu geöffnet, durchgehen durfte ich selber. Du hast mir mein Leben geschenkt und du hast es auf deine Weise geprägt.

„Danke, Papa, ich liebe dich ... so sehr." Vorsichtig drücke ich dir einen Kuss auf die Stirn, packe all meine Liebe in diese eine Berührung. Du hältst meine Hand. Ich vermisse dich schon jetzt. Weinend starre ich aus dem Fenster.

Ich sah dich noch öfters. Doch jedes Mal war etwas weniger von dir vorhanden. Dein Blick war beim nächsten Wiedersehen verwirrt, dann gleichgültig, danach leer. Immer seltener sah man ein Erkennen in deinen Augen. Ich weiß nicht, ob du es noch mitbekommst, und es tut so irrsinnig weh, dich gehen zu lassen. Wie feiner Sand läuft die Verbindung zu dir zwischen meinen Fingern hindurch, lässt sich nicht mehr fassen, hat keine Gestalt mehr.

Es bleibt eine Leere in mir. Still und ruhig ist sie da, inmitten meiner Brust. Es macht einen Unterschied in meinem Leben. Etwas hat sich geändert. Unweigerlich bin ich nicht mehr die, die ich früher war. Das Leben geht weiter, auch ohne dich. Es reißt mich einfach weg von dir, bringt neue Themen. Ich stehe da und kann, nein, will mich noch nicht bewegen. Erst will ich trauern, die Wunde heilen, die so natürlich ist wie das Leben selbst.

Du warst nicht perfekt. Du warst mein Vater. Unsere tiefsinnigen Gespräche über alles, was mich in meinem jugendlichen Übermut beschäftigte, prägten meine Einstellung zum Leben. Es war die Ehrlichkeit, die in deinen Worten mitschwang. Ich danke dir für diese Ehrlichkeit.

Ich liebe dich und ich gebe dich frei. Vielleicht beginnt deine Reise von Neuem. Vielleicht erkennen wir uns irgendwann wieder. Lassen wir das Leben darüber entscheiden.

Demenz ist eine Erkrankung, die immer präsenter wird. Obwohl die Betroffenen immer noch unter uns weilen, gehen sie Stück für Stück schon vor ihrer Zeit von uns. Händeringend versucht man, dagegen anzukämpfen, um letzten Endes doch hilflos zuzusehen, wie das Leben langsam vergeht.

Merla Fox

Das Innere meines Herzens

Meine Hand zitterte, während ich kurz davor war, endlich den Brief, welcher sich schwer wie Beton in meiner Hand anfühlte und mit dem meine lange verschlossenen Gefühle demjenigen zu offenbaren, welcher für diese verantwortlich war, loszusenden.

„Ein letztes Mal", dachte ich mir. Ein letztes Mal noch wollte ich ihn lesen, bevor ich ihn endgültig aus der Hand geben und meine wahren Absichten offenbaren würde. Bereits bei den ersten Worten merkte ich, wie mein Herz und auch die von mir getragene Last leichter wurde. Ermutigt von diesen Gefühlen las ich weiter, innerlich bereit, die letzten Wochen und Monate noch ein weiteres Mal zu durchleben, sowohl die guten, als auch die schlechten Augenblicke zu wiederholen und dem Grund dessen ein Gesicht zu geben.

Lieber Lukas,
ich weiß, dass wir schon lange nichts mehr voneinander gehört haben und du dich wahrscheinlich wunderst, warum ich dir ausgerechnet jetzt schreibe, ganz zu schweigen von dem Warum? Die Frage, warum gerade zu diesem Zeitpunkt, ist einfach erklärt. Ich werde für einige Zeit die Stadt verlassen. Wann oder, besser gesagt, ob ich jemals wieder zurückkehren werde, ist dabei noch ungewiss. Doch bevor ich dies tun, wollte ich dir nun endlich mitteilen, was ich schon so lange mit mir herumtrage und was mein Herz schwer werden lässt.

Doch bevor ich damit beginnen werde, hätte ich noch eine Frage an dich. Sag mal, kannst du dich noch an den Augenblick erinnern, als wir uns das erste Mal sahen? Selbst wenn dies nicht der Fall sein sollte, habe ich es noch deutlich vor Augen. Es war in einem Klub. Ich war dort mit einer Freundin, weil ich es liebe, zu tanzen und die Musik, den Rhythmus, in meinem Körper zu spüren, und da bemerkte ich dich im Augenwinkel. Bereits seit einiger Zeit waren wir umeinander herum getanzt und hatten uns zugelächelt. In diesem Augenblick war ich einfach unfassbar glücklich, denn nicht wie sonst galt der Blick meiner wunderschönen Freundin, welche mit ihrem Lächeln alle bezaubern konnte. Nein, er galt mir, ich wirkte neben ihr doch sehr unscheinbar und fast so wie ein kleines graues Mäuschen. Nach weiteren Liedern, wo wir uns nur aus der Ferne ansahen, war es endlich so weit. Während Barbie Girl aus den Boxen dröhnte, hast du dich komplett zu mir gewendet und wir haben zusammen zu diesem Lied getanzt und mitgesungen. Doch bei diesem einem Lied sollte es schlussendlich nicht bleiben. Den kompletten Abend verbrachtest du bei uns, wobei wir uns, vor allem bei den langsameren Liedern, immer näher kamen. Leider trennten sich unsere Wege für meinen Geschmack viel zu früh, jedoch nicht, ohne die Nummern getauscht zu haben.

Später in der Nacht konnte ich deinetwegen kaum schlafen. Ständig tauchte dein Gesicht in meinen Gedanken auf und ständig musste ich an dein süßen Lachen, deine sanfte Stimme und deine wunderschönen Augen denken. Ich hatte das Gefühl, wie auf Wolken zu schweben, doch leider traf mich die bittere Realität viel früher, als gedacht.

Die erste Zeit war einfach wundervoll mit dir. Wir schrieben öfter, teilweise mehrere Stunden hintereinander, und sahen uns ab und an. Erst später fiel mir auf, dass eigentlich jede Aktion von mir ausging. Stundenlang saß ich teilweise am Handy und habe auf eine Nachricht von dir gewartet, nur um feststellen zu müssen, dass du meine zwar gelesen, jedoch nicht die Anstalten gemacht hattest, auf diese zu antworten. Kannst du dir vorstellen, wie ich mich dabei gefühlt habe, wie verzweifelt ich gewirkt haben muss? Ich dachte wirklich, dass zwischen uns etwas Ernstes entstehen könnte, jedoch habe ich mich wohl leider getäuscht. Komplett am Ende und mit gebrochenen Herzen hörte ich auf und hoffte darauf, dass du dich von dir aus melden würdest. Doch wurde ich ein weiteres Mal bitter enttäuscht.

Drei Monate hörte ich nichts mehr von dir. Drei Monate, in denen ich innerlich zerbrach und mir keinen Reim daraus machen konnte, warum du mir so wehtun musstest. Doch es musste ja noch schlimmer kommen. Gerade als ich endlich mit dir abschließen und meine Gefühle tief in meinem Herzen für dich verschließen konnte, blinkte mein Handy mit einer Nachricht von dir auf. Ich war so unfassbar wütend auf dich, aber gleichzeitig auch unfassbar glücklich darüber. Die Kette, die ich um mein Herz geschlungen hatte, begann zu bröckeln und zu reißen, während ich mich gleichzeitig fragte, warum ausgerechnet jetzt?

Unser Kontakt wurde wieder mehr, doch ich verbat mir, je wieder so für dich zu empfinden. Denn inzwischen war es bereits zu spät. Ich hatte einen Freund und du eine Affäre mit einem süßen und wunderschönen Mädchen. Auch als du Anstalten machtest, doch mehr für mich zu empfinden, konnte ich es einfach nicht vergessen. Vergessen, welche Wunden und Narben du mir zugefügt hattest. Und doch bin ich dir für die schönen Momente so unfassbar dankbar, dass ich sie mit dir erleben durfte. Deswegen möchte ich hier die Chance nutzen, das zu sagen, was mir schon so lange auf der Seele brennt, und zwar, dass ich dich liebe, auch wenn ich dies nicht dürfte. Danke für alles und viel Erfolg mit ihr. Ich wünsche dir nur das Beste und auch, dass du glücklich bist.

In Liebe
deine Hanna

Nach den letzten Worten zierte ein Lächeln mein Gesicht. Endlich würde ich es ihm gesagt, mein Päckchen losbekommen. Endlich konnte ich mir meiner Gefühle bewusst werden und mit ihnen abschließen, während sie aber immer ein Teil meines Herzens sein werden. Ein Teil von etwas, was bereits endete, bevor es sich entfalten konnte.

Hanna Büttner *ist 18 Jahre alt und besucht zurzeit die zwölfte Klasse eines Gymnasiums. Sie hat bereits in mehreren Anthologien veröffentlicht.*

Danke, Opa

Lieber Opa,

fast ein Jahr ist es her. Es war im August. Eigentlich ein schöner, sonniger Tag, so wie du es immer mochtest. Ich hatte Prüfungen und doch dann wieder nicht. Eigentlich hätte ich lernen sollen, so wie du es immer sagtest, doch konnte ich es nicht. Und eigentlich wärst du noch im Urlaub gewesen, säßest in deinem Strandkorb, würdest dich über die Burgenbauer aufregen, mit einer Eisschale in der Hand über die Zeitung fluchen, du würdest die Bademeister grüßen und nach dem Wetter fragen und mittags mit Blick gen Himmel das kühle Bier genießen. Eigentlich würdest du dieses Jahr genau das alles wieder erleben, so wie jeden Sommer seit fünfzig Jahren. Immer im August. Und doch kannst du es nicht mehr. Nie mehr.

Ach, Opa, wir haben so vieles erlebt und viel zusammen gelacht. Weißt du noch, wie wir im Garten in unserer Laube zusammen übernachteten, wie wir uns abends unterhielten bei tobendem Gewitter und wie wir zusammen heimlich jammerten, dass Oma alleine sei, und wir es ihr gegenüber nicht zugegeben hatten. Wir haben uns ausgemalt, was uns Oma zum Frühstück bringen und ob sie uns wohl wecken würde. Und als sie morgens mit frischen Brötchen kam, Kaffee kochte und wir zusammen frühstückten, da war die Welt noch in Ordnung.

Und, Opa, weißt du noch, wie wir die Ratte im Garten fanden, als ich über sie stolperte, mir die Fliegen ins Gesicht schwirrten und ich zu dir rannte. Weißt du noch, wie Oma schimpfte, als ich ihr sagte, was du mit der Ratte gemacht hast. Als ich dich verpetzt hatte zum Spaß und Oma schrie: „Wilfrööööd, was hast du?" Und du im Sessel nur schweigend, kopfschüttelnd dasaßest und wir uns breit angrinsten. Weißt du noch, wie wir heimlich Halma spielten, wenn Oma arbeiten war und ich mich vor den Hausaufgaben drücken wollte.

Und, Opa, weißt du noch, wie wir uns immer zu dritt in der kleinen Küche tummelten, ganz gequetscht vor dem Fenster saßen, wir die Birken anstarrten, du über das Thermometer geschimpft hast, dass es kaputt sei, und wir mitzählten, wer von uns beiden die meisten Puffer zu essen schafft. Weißt du noch, wie wir damals Fernsehen schauten und Oma dann immer in die Küche ging, weil du nur Fußball gucken wolltest. Dann, wenn Oma mir ganz eilig kurz vor Spielbeginn ein weißes Blatt raussuchen musste, ich es in der Mitte knickte, rechts und links ein Tor und kleine Kreise aufmalte, und zwar so, wie die Fußballer in einem Moment auf dem Spielfeld standen. Eigentlich sollten es elf Spieler sein von deinem Lieblingsverein und doch waren es irgendwie immer zu viele. Du hast die Kreise dann mit den Spielernamen beschriftet, als ich noch nicht schreiben konnte, und irgendwann, da schrieb ich die Namen alleine ab. Ich dachte, ich könnte das. Doch ich konnte es nur, weil du da warst. Wenn ich malte, fragte ich dich dann, wer das da gerade vor dem Tor sei, und du sagtest die Namen der Ballbesitzer ganz beiläufig und doch so, als sei es selbstverständlich, dass Abwehrspieler Stürmer seien. Opa, was glaubst du, wenn jemand diese gepunkteten Blätter noch finden würde. Wenn wir all diese Geschichten nicht hätten und sie jetzt nicht erzählen könnten. Wenn wir das heimliche Grinsen, das gemeinsame Lachen, dein Kopfschütteln und Omas *Wilfrööööd* nicht hätten? Dann wäre die Welt nicht mehr in Ordnung. Und jetzt gibt es all das nicht mehr. Nie mehr.

Wenn ich gefragt werde, wie es mir geht, dann sage ich: „Gut." Aber das ist gelogen. Wenn die Frage kommt: „Lernst du auch schön?", dann antworte ich mit einem: „Ja." Aber auch das ist nicht wahr. Und wenn wer sagt, heute ist so schönes Wetter – mit meinen Augen gesehen, regnet und stürmt es bloß. Es ist nichts mehr so, wie es war. Und dieser Sommer wird nicht mehr so sein, wie er immer war. Nie mehr. Im August.

Aber eins, lieber Opa, das können wir: Geschichten erleben und sie erzählen. Geschichten von dir und mir. All die heimlichen Erlebnisse ein bisschen ausplaudern und das nur, weil sie sonst keiner mehr er- fährt. Und das wäre schade. Schade um die ganzen Geschichten, die wir gemeinsam haben, die uns verbinden. Auf ewig. Und die erste Geschichte, lieber Opa, ist diese hier und diese erste Geschichte soll nicht mit einem *Leb wohl* anfangen, sondern mit einem großen Danke enden.

Und das, lieber Opa, wollte ich dir schon immer einmal gesagt haben: Danke, Opa. Danke dafür, dass du immer mein Opa, Vater und bester Freund in einem warst und für immer mein Held sein wirst. Ich werde dich nie vergessen. Nie mehr.

Ann-Kathleen Lyssy, *1993 in Helmstedt geboren, arbeitet nach ihrem Studium der Landschaftsarchitektur als Gartenplanerin. Neben der Malerei ist das Reisen eine große Leidenschaft, die sie schon zu allerlei Geschichten inspiriert hat. Fehlte bisher der Gedanke des Publizierens, so ist nach einer ersten Veröffentlichung in einer Anthologie der Startschuss gefallen, um sich mehr und professioneller dem Schreiben zu widmen. Daher studiert sie seit 2021 Literatur in dem Fernstudiengang der Kulturwissenschaften.*

Und so schwimmt in jeder Träne auch ein bisschen Glück ...

Glückskind leuchtet es in bunten Farben auf mich herab. Drei Monate habe ich mich nicht in meinen rosa Prinzessinnensessel gekuschelt und mich den schrillen Farben des Bildes überlassen. Hier habe ich immer gesessen und gegrübelt. „Was ich dir noch sagen wollte ..." Auf dieses Thema war ich gestoßen, als du noch lebtest. Als wir noch reden konnten. Zugegeben, es war keine Augenhöhe mehr, aber ich hatte die Chance, Ungeklärtes zu klären. Ich fand nichts, was noch hätte ausgesprochen oder besprochen werden müssen. Schwesterlein und ich waren dankbar für ein letztes, gemeinsames Weihnachtsfest und einen letzten gemeinsamen Jahreswechsel. Alles besondere Begebenheiten, die mich sicher sein lassen, dass ich doch irgendwie ein Glückskind bin.

Das erste Ostern ohne dich war nicht so schlimm wie erwartet. Die Tücken lauern im Alltag. Deswegen nenne ich sie Alltagsflashbacks. Situationen, die mich plötzlich zu dir zurückschleudern. Wie aus dem Nichts fallen sie über mich her und ich kann keine Strategien dagegen entwickeln.

Dabei bin ich gut darin geworden, mir selbst auf die Schliche zu kommen, mein System zu durchschauen. Manches löst sich auch durch schöne Zufälle, wie das immerwährende schlechte Gewissen dir gegenüber. Dass ich nicht genug für dich gekämpft habe. Dass du aufgabst, um mich in meinem Erschöpfungszustand zu schützen.

Das wäre vielleicht etwas, das ich dich gerne fragen würde. Um mit dir zu schimpfen. Und dir zu danken. Und vermutlich noch tiefer in die Gewissensfalle abzurutschen.

In einer Zeitschrift las ich vor Kurzem eine Überschrift: *Alles zu seiner Zeit.* Im dichten Wald würden sich junge Bäume jahrelang gedulden, bis die Kronen der alten Bäume lichter werden. Dann ist ihre Zeit des Wachsens gekommen. Und irgendwann wären sie selbst groß genug, dass sie den Schutz des Mutterbaums nicht mehr benötigten. Das sei die Zeit für den alten Baum, abzusterben. Zufall oder Absicht,

dass du eine Baumbestattung wünschtest? „Kein Zufall", zwinkern die bunten Farben über mir.

Ostern waren Schwesterlein und ich das erste Mal wieder an deinem Baum. Erfreut haben wir festgestellt, dass du nicht alleine dort bist. Wir haben mit dir und Herrn Wilfried gescherzt und gelacht, hoffen, dass ihr euch vertragt und ordentlich Party macht. Du hast es gerne krachen lassen.

Mittlerweile habe ich einen ganzen Fragenkatalog gesammelt. Er wird unbeantwortet bleiben, aber es ist nicht schlimm. Denn als du gingst, war Frieden in meinem Kopf. Nichts offen, nichts, was hätte gesagt oder geklärt werden sollen. Oder gar müssen.

„Ich weiß, dass ich jetzt sterbe, und es ist gut!" Das waren deine letzten Worte, bevor du dich auf den Weg gemacht hast. Und ja, du hattest auch damit recht. Schwesterlein und ich sind nun groß. Wir benötigen deinen Schutz nicht mehr und nehmen uns dankend den Raum, den du für uns frei gemacht hast. Ich weiß auch nicht, ob ich dich vermisse. Traurig bin ich, oh ja. Auch jetzt, wo ich diesen Text schreibe, kullern Tränen. Dass du jetzt drei Monate tot bist, ändert nichts daran, dass ich dich liebe.

Deine letzten drei Lebenswochen im Hospiz waren glücklich. Freudestrahlend hast du erzählt, dass du mit dem Pfleger tanzt, wenn er dir zum Toilettenstuhl hilft. Dass du dich wie neu geboren gefühlt hast, als sich eine Schwester zwei Stunden Zeit für dich nahm, weil du gerne noch mal eine Dusche spüren wolltest. Dass eine Pflegerin dich auf die weihnachtlich geschmückte Terrasse deines Zimmers gebracht hat, weil du sehen solltest, dass du das schönste Zimmer am Platze hast. Und so schwimmt in jeder Träne auch ein bisschen Glück.

Wir haben von Herzen gerne unsere Bedürfnisse hinter deine gestellt. Und lernen nun, unsere eigenen an erster Stelle zu befriedigen. Allein das Wahrnehmen ist eine Herausforderung, waren die Antennen doch bisher eher zu dir ins Außen gerichtet. Sie jetzt nach innen auszurichten, fühlt sich noch seltsam an. Seltsam gut irgendwie.

Doch wir kriegen das hin. Versprochen!

__Katrin Rossdeutscher,__ geboren 1975 in Köln, ist im Bergischen Land aufgewachsen. Nach über 20 Jahren im In- und Ausland, an Land und auf See, kehrte sie 2017 ins Rheinland zurück. Sie arbeitet in einer Augenarztpraxis und absolvierte eine Ausbildung zur Studiosprecherin.

Bis zum Mond

Eine kleine Träne rollt mir über meine Wange, als ich auf diesen frisch zugeschütteten Haufen Erde starre. Auch wenn es kaum zu glauben ist, laut der Inschrift auf diesem hölzernen Kreuz sollst du da unten liegen und die endlose Ruhe genießen. Auf deinem Grab kann ich viele Tulpen entdecken, alle in deiner Lieblingsfarbe Orange, und auch die, die ich dir mitgebracht habe, strahlen nicht in einem anderen Gewand. Ich bin also nicht die Erste, die dir Tulpen gebracht hat, aber die Erste, die einen Brief bei sich hat. Ich erinnere mich noch an jedes einzelne Wort, das ich in jener Nacht auf diesem Papier niedergeschrieben habe. Trotzdem lese ich ihn noch ein letztes Mal durch.

Lieber Jaro!

Als dein letzter Atemzug von dir ging, stockte der meine für einige Sekunden. Als du in die Ewigkeit hinausgeflogen bist, fühlte ich, wie meine Seele mit dir gehen wollte. Es gibt so vieles, was ich dir noch sagen wollte, so vieles, was ich nicht verstehe, und noch viel mehr, was du hättest erleben sollen.

Als du fortgingst, sah ich ein Lächeln auf deinen Lippen, du sagtest, dass wir uns schon bald wiedersehen würden. Doch wenn ich in deine Augen blickte, wusste ich, dass es eine Lüge war, dass du nie zurück- kehren würdest, ich wollte es nur nicht glauben. Als du mich an dem Abend gefragt hast, ob ich mitkommen wolle, und ich lachend verneinte – was hätte ich anderes sagen sollen, wir waren doch nur Freunde, ich wollte dich nicht bedrängen – schrie mein Herz ganz laut: „Ja, ja ich will."

Als ich dir zusah, wie du langsam im Sonnenuntergang verschwandst, da tat mein Herz so weh, es wollte am liebsten aus meinem Körper direkt in deine Arme springen. Ich habe mir bis am Tag dieser schreck-

lichen Nachricht vorgestellt, wie ich all meinen Mut zusammenfassen würde und dir in die Arme renne, wenn du wiederkommst, wie ich endlich ehrlich zu dir wäre und wie ich dir schließlich sagen würde, was ich für dich empfinde. Es sollte doch nur eine harmlose kleine Reise werden, wer hätte gedacht, dass du nie wieder zurückkommen würdest. Ich weiß nicht, was du für mich empfunden hast, aber ich möchte es dir gegenüber nicht mehr länger leugnen. Ich habe es in diesem Brief bisher genauso vermieden, diese Worte zu benutzen, wie auch sonst im Leben. Ich wusste bisher nicht, wie schwierig es sein kann, bestimmte Worte auszusprechen. Aber heute möchte ich es sagen, wenn auch zu spät: Ich liebe dich. Ich liebe dich, Jaro, von ganzem Herzen. Ich liebe dich bis zum Mond und noch weiter, eben bis dahin, wo auch immer du jetzt bist.

Deine Sola

Ich falte den Brief zusammen, lasse ihn mit einem lauten Seufzer auf die feuchte Erde fallen und drehe mich nach einem letzten schmerzhaften Blick von deiner ewigen Ruhestätte weg. Ein Windstoß spielt mit meinen Haaren und streift mir übers Gesicht. Hinter meinem Rücken, ohne dass ich es bemerke, wird der Brief von dem Wind eben- falls gepackt, in die Lüfte getragen und bahnt sich seinen Weg in den Horizont. Er flattert im Himmel an allen Wolken und Sternen vorbei bis zum Mond, wo er endlich auf den richtigen Empfänger stößt, der den Brief mit einem Lächeln entgegennimmt.

Eine ungewöhnliche Leichtigkeit macht sich plötzlich in mir breit und Freude dehnt sich in mir aus. Und unerklärlicherweise huscht mir sogar ein kleines Lächeln übers Gesicht.

„Ich liebe dich auch, Sola, vom Mond bis auf die Erde."

Delia Speiser *ist 16 Jahre alt und wohnt mit ihrer Familie in der Schweiz in Dornach. Zu ihren Hobbys gehören neben dem Schreiben auch die Musik und Judo.*

Erinnerungen

Ich sehe dich, als wäre es gestern gewesen, Mama. Mit der Hand auf dem Rücken, als könnte es deine Schmerzen lindern. Du fragst mich, wie mein Tag war. Du meinst es gut mit mir, doch ich bin genervt. Wir streiten uns, ich verschwinde in meinem Zimmer. Ich nehme diese Zeit mit dir als selbstverständlich hin, als würde es immer so sein, wie es jetzt ist. Was ich damals nicht wusste: Eines Tages bist du fort und ich werde mir wünschen, ich wäre länger mit dir in der Küche sitzen geblieben.

Als du noch gelebt hast, konnte ich es nicht sehen. Ich konnte nicht sehen, wie stark du warst. Wie liebevoll du warst. Ich konnte nicht wissen, wie sehr ich dich vermissen werde, wenn du nicht mehr da bist. Ich konnte nicht wissen, dass dieser Schmerz manchmal unvorstellbar sein wird. Auch heute, neun Jahre nach deinem Tod, überwältigt er mich manchmal, und ich sehe dich in der Küche sitzen, als wäre es gestern gewesen, Mama. Doch alles, was mir von dir bleibt, ist die Erinnerung. Die Erinnerung an dich, die langsam verblasst. Ich versuche, mich an die guten Zeiten zu erinnern, an die Zeiten, als wir miteinander gelacht haben. Als dieser Schmerz noch unvorstellbar war, dieser Schmerz, dich zu vermissen.

Wenn ich heute an dich denke, denke ich an eine starke und mutige Frau. Eine Frau, die in ihrem Leben viele Rückschläge zu verkraften hatte. Eine Mutter, die immer das Wohl ihrer Kinder über ihr eigenes gestellt hat. Eine Mutter, die zweimal Nein gesagt hat, aber beim dritten Mal Ja. Wenn ich heute an dich denke, verstehe ich deine Taten besser als damals, Mama. Ich verstehe nun, dass du alles für uns getan hast, was du konntest. Ich wünschte, ich könnte dir das heute sagen.

Bitte verzeih mir, Mama. Bitte verzeih mir, dass ich all das nicht sehen konnte. Dass ich nicht sehen konnte, wie viel du für uns geopfert hast. Dass du lieber gehungert hast, als deinen Kindern einen einzigen Wunsch zu verwehren. Dass ich nicht verstehen konnte, was für ein Glück ich hatte, dich als Mutter zu haben.

Und wenn ich dich heute in der Küche sitzen sehe, als wäre es gestern gewesen, möchte ich mich zu dir setzen. Ich möchte dir zuhören, alles verstehen, was du mir erzählst. Denn heute weiß ich, dass du eines Tages nicht mehr da sein wirst, Mama. Heute weiß ich, dass die Erinnerung alles ist, was bleibt.

Melissa Kapfenberger, Jahrgang 1994, wurde in Wien geboren und hat dort studiert. Ihre Freizeit widmet sie dem Schreiben von Prosa und Poesie. Im Herbst 2022 wurde ihre erste Kurzgeschichte „Die Familie, die keine war" in der 13. Ausgabe des Magazins „Why nICHt?" veröffentlicht. Im März 2023 wurde ihr Text „Wer Wind sät, wird Sturm ernten" in der 26. Ausgabe des #kkl Kunst-Kultur-Literatur Magazins veröffentlicht.

Auszeit für immer

Liebe Freundin,

dies ist bereits schon die fünfte Fassung meines Briefes an dich. Bei den ersten beiden gab ich bereits schon nach ein paar Zeilen auf, den letzten Brief schrieb ich vor einem Jahr immerhin an dich zu Ende. Doch absenden konnte ich ihn damals nicht. Ich wollte dir keine Vorwürfe machen.

Ich spüre auch heute wieder meine Unsicherheit, ob der Impuls stark genug ist, auf dich zuzukommen. Aber zumindest ist der Impuls gerade stark genug, diese Zeilen an dich zu schreiben. Das beruhigt mich irgendwie.

Damals, vor zwei Jahren, als ich dir sagte, dass ich eine Auszeit will, zweifelte ich daran, ob ich mich in einer Freundschaft tatsächlich weiterentwickeln kann. Du sagtest noch, wenn es irgendetwas zu klären gäbe, seist du bereit dazu. Für mich war es wichtig, zu meinem Wort zu stehen, mir ein halbes Jahr Auszeit von unserer Freundschaft zu nehmen. Hin und wieder war ich interessiert daran, vielleicht war's auch mehr Neugier, was du so machst. Und dann sah ich, dass du mich auf Facebook blockiert hast. Und weißt du was? Es hat mich nicht traurig oder verletzt gestimmt. Ich wurde in meiner Entscheidung, die ich für mich getroffen hatte, nur noch bestätigt. Ich wollte mich erst wieder bei dir melden, wenn ich einen wirklich starken Impuls spüre. Doch dieser kam wohl bis heute nicht.

Ich wünschte mir eine andere Art von Freundschaft. Ich hatte für mich herausgefunden, dass ich mir Freunde in meinem Leben wünsche, die mir ähnlich sind, die wie ich die Intention haben, sich wirklich aufeinander einlassen zu wollen, und mir die Möglichkeit geben, dass ich mich tief auf sie einlassen kann, wenn wir gemeinsam Zeit verbringen.

Liebe Freundin, wir haben in den sieben Jahren unserer Freundschaft immer wieder feststellen müssen, wie verschieden wir sind. Ich dachte damals immer, Gegensätze könnten sich auch anziehen, und sicher haben wir uns in der gemeinsamen Zeit auch bereichert. Wir hatten viele schöne Momente.

Hingegen in den letzten Wochen vor meinem Kontaktabbruch stellte ich mir die Frage, ob ich mich überhaupt in einer Freundschaft entwickeln kann. Ich bezog mich in meiner E-Mail gezielt auf unsere Freundschaft. Ich merkte immer mehr, wie sehr mich der Kontakt mit dir belastet hat. Ja, nun habe ich für mich die richtigen Worte gefunden. Der Kontakt mit dir war für mich belastend. Er hat mir nicht mehr gutgetan. Du hast mir nicht mehr gutgetan. Und so wurden aus dem halben Jahr Auszeit bis heute zwei Jahre.

Es ist mir trotzdem ein Anliegen, nach den sieben Jahren unserer Freundschaft mich zumindest richtig von dir zu verabschieden. Denn unsere gemeinsame Zeit war schön. Und das wäre sie sicher auch weiter gewesen, wenn ich mich weiter einfach nur zufriedengegeben hätte mit dem, was zwischen uns war.

Aber ich wollte mehr. Ich wollte die schönste Freundschaft, die ich mir vorstellen kann. Zurück zu dir als Freundin zu gehen, geht für mich somit auf gar keinen Fall. Ich würde dir gern Zeilen schreiben können wie in etwa: *Ich hab dich vermisst. Wollen wir uns treffen?* Aber diese oder ähnliche Worte kann ich einfach nicht an dich senden. Ich will ehrlich und aufrichtig mit dir sein und vor allen Dingen mit mir selbst – das ist mein Anliegen.

Ich bin damals nicht im Groll gegangen. Ich merkte bei unseren letzten Treffen durch dein Resonanzfeld, dass ich nicht wahrhaft die Person war, die ich sein wollte. Ich habe für mich herausgefunden, wenn ich mich verändere und somit auch mein Resonanzfeld, mein Umfeld sich aber dahin gehend nicht weiterentwickelt, so wie du, liebe Freundin, muss ich unumgänglich mein bisheriges Umfeld verlassen. Es geht gar nicht anders, damit ich die Person werde und wahrhaft sein kann, die ich sein möchte.

Damit ich die Freundschaft erleben kann, die ich erleben möchte. So richtig ist der Groschen bei mir gefallen, als du mir damals im Februar vor zwei Jahren vorgeworfen hattest, dass ich im Ego sei und das Projekt nur zu meinen Gunsten durchsetzen wolle. Dabei habe ich, liebe Freundin, für mich erkannt, wer so etwas sagt, projiziert nur von sich auf andere. Du wolltest schließlich mich von deiner Idee überzeugen und bist dabei über meine Grenzen hinweggegangen.

Für diese Erfahrung bin ich dir unglaublich dankbar, weil mir in diesem Moment bewusst wurde, dass du mich verändern willst. Und jemanden verändern wollen, hat nichts mit Liebe zu tun. Du hast in dem Moment in meinen Augen nicht nur meine bereits getane Arbeit nicht wahrhaft gewürdigt, die du als *klein* und *was ist das schon* versucht hast, runterzumachen, sondern du wolltest mir deine Idee als die bessere verkaufen. Du hast von der großen Karriere geträumt und immer gesagt: „Wenn du das schaffst, schaff ich das auch."

Und was hast du getan, liebe Freundin? Du hast geredet. Du hast geredet wie ein Wasserfall, während ich meine Ideen umgesetzt habe und damit auch noch Erfolg genießen durfte.

Du hast es nicht nur einmal, sondern mindestens dreimal gesagt, dass du überhaupt nicht auf mich neidisch bist, sondern mir meinen Erfolg gönnen würdest. Da du aber so etwas nicht nur einmal, sondern mehrfach aus dem Nichts heraus zu mir gesagt hast, stelle ich dir gerne folgende Fragen, liebe Freundin: „Warum hast du es dann mehrfach erwähnen müssen, wenn du ja angeblich kein Thema damit hast? Wo ist der große Erfolg bei dir geblieben, von dem du all die Jahre immer gesprochen hast?"

Ich könnte dir noch einige Fragen stellen, möchte aber lieber wieder zu mir zurückkommen, nicht bei dir für meine Veränderung suchen – für das Ende unserer Freundschaft.

Ich lebe so digitalarm wie möglich und mir ist und war es auch immer wichtig, dass man sich bei einem Treffen gegenseitig aufeinander einlassen kann. Das war mit dir nicht möglich, da du alle paar Minuten auf dein Handy gucken musstest. Bei unserem letzten Treffen warst du die Hälfte der Zeit am Telefonieren. Und wenn du nicht telefoniert hast, hast du schlecht und überhöht über andere gesprochen. Das konnte ich für mich nicht weiter mittragen.

Die Idylle von Wald, Picknick und See wurde immer wieder von dir zunichtegemacht, und dich immer wieder dafür zu entschuldigen, wie wichtig dein Anruf für dein Business sei, machte es auch nicht besser. Die Jahre davor sah ich über solche und ähnliche Szenarien hinweg. Ich sah immer wieder darüber hinweg, bis ich merkte, dass ich mit dir so viele Dinge nicht teilen kann, die mir wichtig sind.

Ich stellte mir selbst die Frage: „Was sind die drei wichtigsten Eigenschaften in einer Freundschaft für mich?"

Aufrichtigkeit – Sicherheit – zu seinem eigenen Wort stehen.

Nachdem ich mir darüber bewusst wurde, war es für mich klar, es lag so eindeutig auf der Hand, dass unsere gemeinsame Reise beendet ist. Ich gehe lieber allein meinen Weg, als diese Art von Freundschaft mit dir weiterzuführen. Es hat in der Tiefe zwischen uns einfach nicht mehr gepasst. Ich wollte eine andere werden, die ich mit dir nicht sein konnte. Ich habe mich bewusst entschieden, weiterzugehen. Ich musste dich loslassen, um mich weiterentwickeln zu können, um die Person zu werden, die ich sein wollte, um die Person zu werden, die ich bin. Ich musste dich und auch andere Menschen loslassen, um meine Werte in einer Freundschaft zu leben, um meinen Traum zu leben, um mich bestmöglich entwickeln zu können.

Ich wünsche dir für dich das Beste in deinem Leben, liebe Freundin. Und wenn wir uns irgendwann, irgendwo wiedersehen sollten, freue ich mich auf die Begegnung mit dir und bin gespannt, wer du und ich dann sein werden.

Aimée Goepfert: Die in Potsdam lebende deutsche Künstlerin spielte seit 2002 in zahlreichen Theater-, Film- und Fernsehproduktionen mit. Seit 2020 produziert sie vor wie hinter der Kamera eigene experimentelle Filme und zwei ihrer Kurzfilme liefen bereits auf internationalen Festivals. Des Weiteren widmet sie sich in ihrem Leben leidenschaftlich dem kreativen Schreiben und findet mit ihrem Monologtext „Ungeschminkt über den Wolken" in der Anthologie „Queeres entdecken" ihre erste Veröffentlichung.

Ein Vater

Ich habe mal gelesen,
Ein Mann sollte sich mit seinem Vater aussprechen.
Da ist noch so viel, was ich dir sagen, was ich dich fragen will.
Die eine große Frage: Warum?
Warum nur all der Schmerz?
Warum nur all das Leid?
Warum hast du mir das angetan?
Wozu das Gift?
Musstest du dir Mut antrinken, um Frau und Sohn zu schlagen?
Sobald der Fusel in dir war, warst du nicht mehr mein Papa.
Wo warst du?
Da war doch auch Liebe?
Oder nicht?
Ich habe dich mal geliebt.
Umso größer ist die Enttäuschung

Ich war zu schwach.
Ich wurde kleiner.
Ich wurde leiser.
War voller Angst.
Ein Feigling.
Habe mich verkrochen.
Habe mich versteckt.
Habe Ohren und Augen verschlossen.
Wollte nichts mehr hören, nichts mehr sehen.
Doch ich musste.

Immer wenn ich dachte, die Schlacht sei vorüber,
Wenn ich mich für einen Moment sicher fühlte,
Tratest du in mein kinderloses Kinderzimmer
Und stahlst mir meine Kindheit.

Mein Schützengraben war unterm Bett.
Dein Krieg lehrte mich, zu kämpfen.
Du zeigtest mir, dass es keine Hoffnung gibt.
Es gab nur Gewalt und Zorn.
Ich hasse dich,
Hasse dich für deine Schläge, deine Wut, deinen Hass.
Kein Platz für Liebe und Geborgenheit.
Ein Kind sollte nicht mit solchen Grausamkeiten aufwachsen.
Du hast mir die Freude am Leben und an der Liebe gestohlen.

Durch dich hab ich weinen, hab ich schweigen gelernt.
Durch dich hab ich leiden gelernt
Durch dich hab ich gelernt, mich stets zu ducken, zu verstecken.
Durch dich weiß ich, was Angst, was Schmerz, was Verzweiflung ist.
Durch dich hab ich unaussprechliche Qualen kennengelernt.
Durch dich hab ich reden, hab ich träumen verlernt.
Durch dich hab ich Freuden, hab ich Hoffnung,
Hab ich das Licht vergessen.
Durch dich ist es dunkel und kalt.
Durch dich hab ich das Leben hassen gelernt.

Nur durch dich bin ich, wie ich bin.

Vielen Dank dafür.

Als ich damals das erste Mal dein wahres Gesicht sah,
Als es das erste Mal meinen Namen brüllte,
Da endete meine kurze Kindheit.
Meine heile Welt wurde zum Leben voller Schmerz
Und dunkler Erfahrungen, die sich tief in mein Hirn brannten.

Sie lassen mich bis heute nicht los.
Sie sind so klar und intensiv,
Dass sie mich immer wieder niederreißen.
Dann durchströmen mich damalige Gefühle,
Als wären wir wieder auf der Flucht.

Dann bin ich wieder das kleine, hilflose Kind,
Das stumm nach Hilfe schreit und doch weiß,
Dass niemand mich hören wird.

Du zerstörtest Wünsche und Träume.
Du zerstörtest Vergangenheit und Zukunft.
Du zerstörtest mich.

Du hast meine Tränen, hast meine Verzweiflung,
Hast meine Schnittwunden gesehen,
Doch es hat dich nicht interessiert.

Du warst mal mein Vorbild.
Doch jetzt will ich nichts mehr mit dir gemein haben.
Ich habe so vieles von dir an mir entdeckt.
Auch ich bin in Selbstmitleid ertrunken.
Und wollte Aufmerksamkeit und Mitleid.
Zudem war ich ein Arschloch.
Da war etwas Böses und Aggressives in mir.
Habe andere verletzt, um mich stark zu fühlen.
Ich musste irgendwo hin mit all dem Hass und der Wut.
War das auch dein Problem?
Hast du dich stark gefühlt, wenn du andere gebrochen hast?

Deine Eigenschaften in mir haben mir zu viel zerstört.
Doch im Gegensatz zu dir, habe ich diese Fehler bei mir erkannt
Und habe etwas dagegen getan.
Ich habe mich geändert.
Wirst du dich je ändern?
Auch du warst doch mal Opfer und wurdest trotzdem zum Täter!
Warum?
Hast du denn aus dem Schmerz nichts gelernt?
Ich verstehe dich nicht,
Verstehe dein Handeln nicht

Ich wollte dich immer stolz machen,
Doch nichts, das ich tat, war gut genug.

Meine größten Ängste waren schon immer,
Nicht gut genug zu sein und etwas falsch zu machen.
Und du hast diese Ängste in mir immer wieder bestätigt.
Du hast sie in mich reingedroschen.
Und jetzt werde ich sie nicht mehr los.

Denke ich an die Vergangenheit, erinnere ich mich an Leid,
Hoffnungslosigkeit, Verzweiflung und fehlende Liebe.

Ich sitze hier und leide,
Verliere mich in der Dunkelheit.
Ich kann nicht weglaufen.
Ich kann nicht fliehen.
Ich muss mich dir stellen.
Tag um Tag,
Nacht um Nacht.
Ich ertrinke in Zweifeln und der Aussichtslosigkeit.
Ich lebe in einer Welt ohne Freude und Hoffnung.

Und du lebst weiter, als sei nichts geschehen.
Bist glücklich mit deiner Maske,
Die leider nur ich zu durchschauen scheine.

Was hast du mir angetan?

Dass ich dich mal geliebt habe, ist mir peinlich, wenn ich dich seh.
Warum ich dich grundlos vergöttert hab, weiß ich nicht.
Deine Worte, deine Taten haben mich schwer verletzt
Und verletzen mich noch immer.
Die Zeit heilt meine Wunden nicht,
Nur ein kleines Pflaster.
Du hast meine Liebe geschluckt und nur Hass ausgespuckt.
 Durch dich ist mein Herz erfroren.

Ich würde so gern lachen,
Doch du hast das Lächeln aus mir heraus geprügelt.
Könnte ich lachen, ich würde dich auslachen.
Weil du ein mieser, kleiner Feigling bist!

Ich war so schrecklich einsam.
Irgendwann habe ich diese Einsamkeit akzeptiert,
Doch jetzt komme ich da nicht mehr raus.
Da ist niemand, den ich lieben könnte,
Weil ich das Lieben und das Vertrauen verlernt habe.
Da ist so viel Zorn in mir
Und den richte ich immer wieder gegen mich selbst,
Weil ich nicht wie du sein will, der seinen Hass an anderen auslässt.

Mir hat mal jemand gesagt, die beste Art, einen Täter zu bestrafen,
Sei, ein glückliches Leben zu führen.
Doch das gelingt mir noch immer nicht.
Ich zweifle an mir selbst.
Ich ertrage diese Schuldgefühle nicht mehr.
Warum konnte ich sie nicht beschützen?
Irgendetwas hätte ich doch tun müssen!
Sie hat doch jede Nacht nach mir geschrien,
Bis morgens aus dem Schreien nur noch ein leises Wimmern wurde.
Ich mochte meinen Namen, weil du ihn mir gegeben hast,
Doch als er jede Nacht durch unsere Wohnung hallte,
Habe ich ihn hassen gelernt.

Hast du je Schuldgefühle?
Ist dir je bewusst geworden, was du uns angetan hast?
Wie konntest du es zulassen,
Dass ich mir für deine widerlichen Taten die Schuld gebe?
Dass ich mich hasse und verletze und mir Stimmen im Kopf sagen,
Dass ich es nicht verdient habe glücklich zu sein.
Meine Schuldgefühle verbieten es mir, Freude zu empfinden.

Du bist nicht länger Teil meines Lebens,
Du kannst mir nicht mehr wehtun.
Nun bin ich es, der sich Schmerzen zufügt,
Weil ich nicht mehr ohne den Schmerz leben kann.
Ich gehe immer wieder dieselbe Straße entlang
Und falle in dasselbe Loch.
Ist es nicht endlich an der Zeit, eine andere Straße entlang zu gehen?
Ich befürchte, ich will immer wieder in dieses Loch fallen,

Weil ich es mir nicht erlaube, mich zu befreien.
Ich will einsam sein, ich will leiden, ich will sterben.
Ich ertrage es nicht, zu lieben oder geliebt zu werden,
Weil du mir die Liebe zerstört hast.
Ich kann nicht zulassen, dass mich jemand liebt,
Weil ich mich selbst so sehr hasse.
Ich liebe den Hass,
Aber ich hasse die Liebe.

In einem Lied heißt es: „Und wenn er uns nicht schlug,
Dann liebte er uns, und dafür waren wir ihm dankbar."
Erinnerst du dich an unsere schönen Stunden?
An die Liebe?
Wo ist sie hin?
Woher kam dein Hass?
Aus welchem Samen ist er entwachsen?

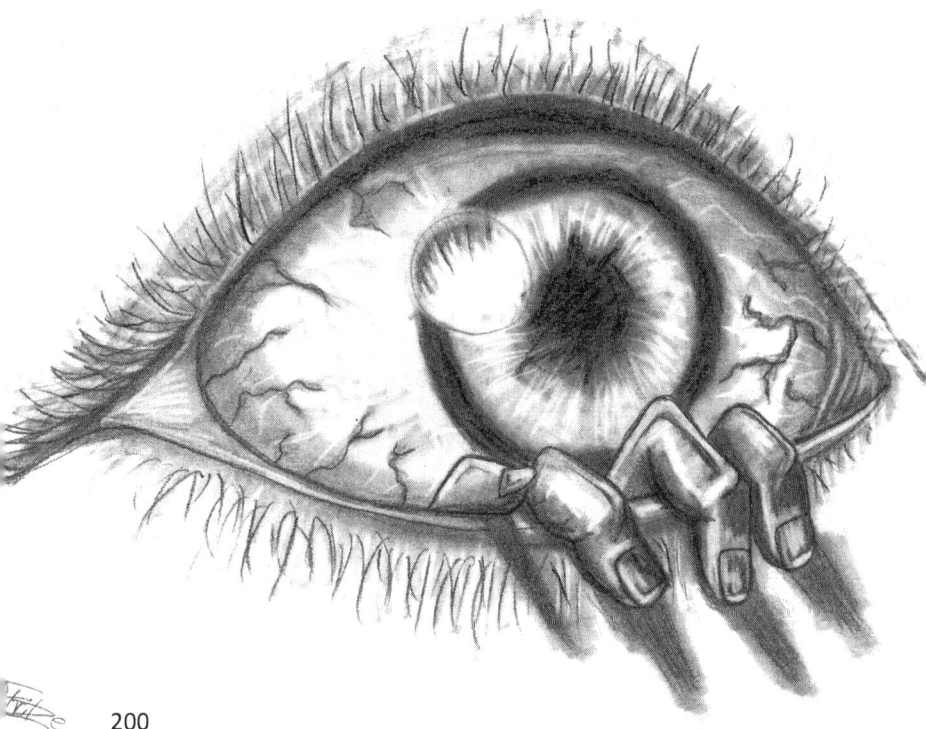

Was hat dich zum Monster werden lassen?
Ist es bloß das Hassen, das du nicht loslassen kannst?
Das Unterlassen?
Das Weglassen?
Das Hinterlassen?

Bin ich noch Teil deines Lebens?
Denkst du hin und wieder an mich?
Du begleitest mich
In meinen Träumen
Du verfolgst mich,
Deine Stimme hallt in mir wider.

Vergessen werd ich nie können.
Verzeihen werd ich nie können.

Ich denke oft darüber nach,
Ob ich dich noch mal sehen wollen möchte an deinem Sterbebett.
Oder ob du mich noch einmal sehen wollen würdest.
Ganz ehrlich, ich weiß es nicht.

Ich liebe und hasse dich.
Du wirst immer mein Vater sein, auch wenn du nie einer warst.

Ohne dich bin ich einsam.
Mit dir bin ich verloren.

Du entscheidest.
Ermorde das Monster und wir sehen uns wieder.

Du weißt nicht, wie es mir geht,
Wenn ich solche Texte schreibe,
Weil ich es niederschreib,
Wo keine Liebe bleibt.

Das war meine Kindheit,
Sie war kurz und schmerzhaft.

Sie hinterlässt ein kaputtes Kind,
Das ich war,
Das ich bin.
Das ich auch immer sein werde.

In einsamen Stunden,
Als du betrunken,
Ich in meinen Tränen ertrunken,
Mir zufügtest klaffende Wunden,
Im Schmerz die Rettung gefunden,
Mich zum Freitod gezwungen.

Und dann ist Schluss.
Kopfschuss.
Folgen deines Alkoholismus.
Doch Sterben ein Muss?

Maximilian Fischer *ist 33 Jahre alt und wohnt in Kassel. Er sagt: „Aufgrund traumatischer Erlebnisse in meiner Kindheit leide ich an mehreren psychischen Erkrankungen, die immer wieder Grund für längere Psychiatrieaufenthalte sind. Da es mir sehr schwer fällt, über meine Erlebnisse zu sprechen, versuche ich, meine Gefühle in Bildern und Texten zu verarbeiten. Meine Kreativität ist eine gutes Ventil dafür.“*

Paragleiten

Für euch – schreib es mir im nächsten Jahr noch mal.

Ich sehe das Meer und die Welle entlädt sich in meinen Augen. Ohne Vorwarnung, ohne ein greifbares Gefühl oder eine konkrete Erinnerung füllen sich die Augenwinkel und ein tiefer Seufzer hinterlässt eine traurige Erleichterung. Ein wunderschöner Anblick: Himmel und Meer bilden eine expandierende Weite. Der Anblick scheint tief ins Bewusstsein vorzudringen und lässt sich das Herz zusammenziehen. Die Gedanken sind eine leere Blase mit weißer Aura durchzogen mit Wellenrauschen.

Ich höre das Kind hinter mir fröhlich kreischen im Gleichklang mit den Möwen und es zieht uns magisch heran. Der milchige Himmel verschwimmt mit dem Meer am Horizont. Die Füße stehen noch auf dem staubigen Boden, ertasten bald die klebrige Kühle des Untergrundes. Große und kleine Fußspuren verbleiben für eine kurze Zeit und füllen sich dann mit Wasser. Es legt seine kleinen Hände in die meinen und wir drehen uns und lachen, bis die nackten Zehen wieder die Oberfläche berühren und die glitzernden Tropfen kreisförmig auf die Wasseroberfläche niederprasseln.

Nach der wochenlangen Hitze, der stillstehenden Luft, atmen wir die frische Brise, die sich wie ein kühlender Balsam auf die Stirn legt und die kreisenden Gedanken anhält. Die sumpfigen Beats der Strandbar wabern zu uns herüber, aber die kindlichen Sinne sind übervoll mit Meer und Sand. Wir holen uns zuckrige Drinks und klebriges Eis und schauen dem Kind zu, Hand in Hand.

„Wenn du nicht rennst, dann kann ich nicht rennen", sagte der athletische Typ mit der Ausrüstung und der verspiegelten Brille, der gerade dabei ist, den Fallschirm auszubreiten. Ich sitze auf einer steilen Wiese in fast 4000 Metern Höhe. Gleich geht es los, den klobigen Rucksack trage ich bereits, auch den Helm und meine alte Sonnenbrille.

Es flattert in meinem Bauch, aber ich habe keine Angst. Der Ausblick ist überwältigend und ich spüre den majestätisch massigen Berg unter meinen Handflächen. Ich soll also rennen, auch wenn ich keinen Tritt mehr unter meinen Füßen spüre, keinen Halt mehr finden kann. Wie ein Hahn ohne Kopf, einfach gedankenlos rennen ohne Boden unter den Fußsohlen. Ich hole mein Handy raus und mache ein Panoramabild ins Tal. Ein bisschen aufgeregt bin ich schon. Das Handy in der Hand macht mich etwas unnahbarer. Ich gebe mich cool. Dann geht es wirklich los. Ein gemeinsames Bild mit dem Selfie-Stick, das ist hier business as usual. Der Gedanke beruhigt mich, dass hier im Sommer wahrscheinlich Hunderte vom Berg gleiten.

Ich bin schon eingehakt und die Sonne scheint mir schräg-seitlich ins Gesicht. Laufen. Meine geliehenen Schuhe sind etwas zu lang, aber ich habe guten Grip auf der steilen Wiese. Einfach weiterlaufen. Als sich der Fallschirm aufspannt, merke ich den Gegenzug an den Schultern, ich kippe ein bisschen zur linken Seite, spüre den zweiten Körper hinter mir arbeiten und drücke mich ebenfalls weiter nach vorne. Ich laufe ins Leere, nur einen kurzen Moment lang. Dann zieht die Konstruktion an und ich spüre mein Gewicht in den Sitz sinken. Es geht hoch. Der Gegenwind lässt mir die Haare ins Gesicht flattern und kurz fühlt es sich unsicher, wacklig an, bevor ich sacht schwebe und den erhabenen Blick ins Tal genießen kann. Meine Gedanken sammeln sich.

Ich fliege. Ich fliege mit dir. Ich fliege deinetwegen. Seit heute Morgen weiß ich es. Aber nein, eigentlich weiß ich es schon länger. Ich habe es schnell gemerkt und ich habe auf die Zeichen geachtet. Vielleicht ein bisschen zu sehr, deshalb ist es gut, endlich Gewissheit zu haben.

Ich halte mich mit beiden Händen an den Seilen fest, während der Gleiter den Berg entlangsaust, und winke den Wanderern, die nacheinander ihre Köpfe recken und ihrerseits die Hand heben. Ich bin ein kleines bisschen stolz. Und ein kleines bisschen übel ist mir auch. Dann lausche ich den Erklärungen des Piloten, schweige selber und versuche, alles in mich aufzunehmen. Auch die Selfie-Stange saust durch die Luft, hält den besonderen Urlaubsmoment fest. Das erste Foto von dir und mir. Das werde ich nie vergessen. Wir strahlen mit der Sonne um die Wette.

Der Gleiter wendet sich nun vom Berg ab. Ich schaue Richtung Tal, erkenne die zwei alten Burgen, gesäumt von Wein und Äpfeln. Ich sehe sogar die Unterkunft, den azurblauen Pool, der jetzt zur Mittagszeit fast leer ist. Ich schwebe über den Dingen.

„Jetzt übernimmst du das Lenken, du musst die beiden Schlaufen greifen", ertönt es hinter mir aus zweiter Reihe.

Automatisch folge ich der Anweisung und halte schon die Griffe in den Händen. Ich versteife mich, krampfig halte ich die Steuerleinen fest. Wenn ich sie loslasse, wenn ich sie versehentlich loslasse … Ich wollte gar nicht lenken. Meine Beine baumeln im Nichts und meine Finger umschließen diese fragilen Seile, die uns eine sichere Landung ermöglichen. Es gibt diese Momente, in denen der Kopf das schlimmste aller Szenarien aufbereitet, oft dazu noch sehr absurde. Wenn ich an einem Abgrund stehe, von einem hohen Gebäude nach unten schaue zum Beispiel, dann erschrecke ich mich häufig kurz bei dem Gedanken, dass ich kurzerhand versehentlich runterspringe. Ja richtig, ich stürze nicht versehentlich, ich springe aus Versehen. Ein Widerspruch in sich. Diese Gedanken speisen sich nicht aus Angst, auch nicht aus Lebensmüdigkeit oder einem Zuviel an Fantasie. Ich glaube, es geht um den Faktor des eigenen Anteils, aktiv einen Fehler zu begehen und irgendwie auch darum, vor sich selbst unberechenbar zu sein. Aber im gleichen Moment unterdrückt der Verstand diese absurden Bilder und gibt ihnen damit erst einen Raum. „Alles okay bei dir?", fragt es von hinten. Ich teile meine plötzliche und etwas irrationale Sorge eines unkontrollierten Absturzes durch das Ausbleiben von zielgerichteter Muskeltätigkeit in meinen beiden gesunden Händen und komme mir ein bisschen blöd vor. Mein Alter Ego antwortet direkt: „Weißt du, wir sitzen hier schon im gleichen Boot. Ich möchte ja auch heil unten ankommen. Die Griffe bleiben auf der Höhe. Du kannst einfach loslassen."

Ich lenke nach links, rechts herum, ziehe beide Schlaufen tief herunter, um sie dann schnell wieder nach oben schnacken zu lassen, wodurch ein Auftrieb entsteht, welcher uns durch die Luft springen lässt. Das Herz hüpft mit. Un-be-schwert. Nicht schwer. Ganz leicht. Dann übergebe ich wieder das Steuer und genieße den Sinkflug, kann schon die große Wiese erkennen und bald auch das kleine und das größere Gesicht und die beiden Finger, die uns in der Luft verfolgen. Ich winke.

Die Wiese wird vor meinen Augen größer, wir nähern uns in kreisender Bahn. Ich soll einfach die Beine so weit wie möglich nach oben strecken. Heute Morgen habe ich gezögert, habe an die Erschütterung gedacht. Ich versuche, mich beim Landeanflug an meinen Halteseilen hochzuziehen, und vollführe eine Art Kerze in der Luft. Butterweich kommen wir auf, schieben noch ein paar Meter über die Wiese.

Oft sehe ich jetzt die Bilder auf dem Foto-Frame in der Küche. Ein dahinschwebendes Tandem, eine Hydra mit zwei Köpfen und vier Beinen und zu großen Schuhen. Aneinandergebunden, aber frei wie ein Vogel.

„Haben Sie Zwillinge in der Familie?"

„Nein, zumindest nicht innerhalb der letzten beiden Generationen. Sonst weiß ich es nicht."

Ich hasse Small Talk bei gynäkologischen Untersuchungen. Aber ich hatte es eben gerade auch gesehen. Ein bisschen anders gelagert zeigte der Ultraschall-Stab ein weiteres kleines, schwarzes Auge, etwas fransiger und verwaschener als das erste. Man hat ja auch schon mal eine Zyste. Ich warte ab.

Man könne es zu diesem Zeitpunkt noch nicht sagen, aber es sehe eher nicht danach aus. Nicht ganz so rund. Es sei noch früh. Ich soll in einer Woche wiederkommen, mit Mutterpass. Erst wenn Herztöne vorhanden sind, wird es sozusagen offiziell, dann gibt es einen Termin, dann sehen wir weiter.

Ich bekomme ein Foto, Bildrauschen ohne Ton. Ein Souvenir für zu Hause und ich nehme es lächelnd entgegen. Ich bin nicht überrascht, höchstens vom unrunden, zweiten kleinen Fleck. Der rundere kleine Fleck, der auf dem Bild zu sehen ist, sieht eigentlich eher aus wie ein Mini-Schwertfisch. Also auch nicht richtig rund.

Das kleine Zettelchen erinnert mich an den Ausschnitt einer CD. Wenn man drei Stück aneinanderhält, ergibt es einen recht kreisrunden Tonträger. Nur ohne Ton. Vielleicht spielst du mir nächste Woche ja schon einen ganzen Song mit einem schnellen Beat. Einen richtigen Ohrwurm.

Ich fahre mit dem Rad nach Hause. Die Sonne im Gesicht schmeichelt mir und ich lächle die am Morgen noch recht unbeteiligten Menschen an, die mir auf dem Weg begegnen. Schmunzelnd überlege ich, wie ich den unrunden Kreis ankündigen werde und welche Reaktion darauf folgen wird. Ich weiß, sie wird von einem Lächeln begleitet sein. Ich ziehe mir eine leichte Jacke über und setze mich aufs Fahrrad. So langsam wird es Herbst, das Grün der Blätter geht im tieferen Licht über in ein blasses, manchmal auch satteres Gelb. Man sieht der Natur die Trockenheit, die lange Durststrecke an. Morgens ist es schon leicht kühler. Der Herbst ist meine liebste Jahreszeit, all das Gesprenkelte, Bunte, Unperfekte in der Natur und das unwirkliche, fast magische Licht. Die Welt kommt mir an den schönen Spätsommertagen wie im Märchen vor. Ich stelle mir vor, dass es für Kinder ähnlich ist, dass sie die Welt als so eine Art goldener Herbst erleben oder zumindest häufig in diese Welt übergleiten. Erinnerungen, die man als Erwachsener an die Kindheit hat, sind durch die Brille eines Erwachsenen gepresst. Sie sind bewertet, durchdacht und nachträglich verändert, durch die verlorene Fähigkeit, sie in diesem besonderen Licht zu sehen. Einige wenige goldgelbe Erinnerungen sind als Bilder festgehalten, denen eine geheimnisvolle Atmosphäre anhaftet, ein dampfender Kochtopf, eine bestimmte Stelle zwischen den Sträuchern im Garten oder eine alte Frau mit Hakennase und Kopftuch und silbrigen Augen.

Ich denke an die dicken, fetten Pfannkuchen, das goldgelbe Rad, das sich kantapper, kantapper mit seinem feisten, drallen Gesicht lachend auf den Weg macht. Sattgelb wie die schönsten Blätter und lustig und entschieden darin, sich von den armen Kindern verspeisen zu lassen. Das Kind folgt ihm gerne abends vor dem Schlafengehen und staunt über den fliegenden Pantoffel der Alten und ist nie empört über das mampfende Kind auf dem Einband. Das ist der Lauf der Dinge, scheint es zu denken.

Die ruckelnden Räder auf dem Kopfsteinpflaster holen mich aus meinen Gedanken. Die Treppe hoch zur Praxis lässt mein Herz noch ein bisschen schneller schlagen. Gleich höre ich deines zum ersten Mal. Deine Musik, diesen Rhythmus, der sich autark und nicht wahrnehmbar von meinem entwickelt. Ein eigenes Universum, fern und nah zugleich.

Ich gebe meinen Mutterpass ab, eine Urinprobe, werde gewogen und mein Puls wird gemessen. Ich werde beraten: Was soll ich? Was darf ich? Was auf keinen Fall? Ich denke an die Nachmittage am See, an den Cidre, den Schinken und an das Gleiten ins Tal.

„Zwei Gläser", erkläre ich. Ich wusste es nicht. Der erste Test war negativ gewesen. Den zweiten hätte ich ein paar Tage später gemacht. „Alles oder nichts", sagt die Ärztin. „Sie können auch vom Dach stürzen und sich alle Knochen brechen, doch die Schwangerschaft bleibt erhalten. Und manchmal sind alle Umstände perfekt ..."

Endlich geht es los. Das Schwarz-Weiß-Bild zeigt ein klar abgegrenztes dunkles Oval, eingebettet in einen breiten, hellen Ring aus Gewebe. Im Innern sehe ich eine Art kleinen Arm, eine Verbindung zwischen dem breiten Ring und einem kleinen, hellen Fischlein ohne Flossen. Da bist du. Ich möchte jetzt ausatmen, möchte Gewissheit haben und deine Töne hören.

Das Gerät wird verstellt. Knöpfe werden gedrückt, das Bild wird zu optimieren versucht. Die Ärztin wirkt verhalten auf mich. Bilde ich mir das ein? Endlich beginnt sie zu sprechen. Der Zeitpunkt der Befruchtung müsse wohl doch etwas später eingetreten sein, der Fötus sei kleiner als zu diesem Zeitpunkt erwartet. Ist etwas nicht in Ordnung? Nur bei einer In-vitro-Befruchtung könne man den genauen Befruchtungszeitpunkt wissen. Sie relativiert, was sie sieht. Sagt sie etwas nicht? Man könne sehr gut das versorgende Gewebe sehen, das sich um die Fruchthöhle gebildet hat.

Was ist mit den Herztönen? Es sei an die vier Tage früher. Der Fötus liege sehr in einer Ecke versteckt, die Herztöne seien mit dem Gerät noch nicht aufzuzeichnen. Aber wenn man dort auf den Monitor schaue, könne man den Herzschlag sehen.

Dann finde auch ich wieder meine Stimme. „Wo muss ich hinschauen?", frage ich und hoffe, gleich endlich Gewissheit zu haben. Ich weiß nicht mehr, ob ich es laut gesagt habe, aber ich habe es nicht gesehen.

Ich versuche mich zu erinnern, wie es beim ersten Mal gewesen ist. Auch damals habe ich es schnell gemerkt und gespannt die frühen Aufnahmen verfolgt. Die Atmosphäre ist jetzt anders. Ich habe das Gefühl, dass mir die Augen ausweichen. Hat sie den Herzschlag wirklich sehen können?

Das traue ich mich nicht zu fragen. Ich frage, ob es das gibt, dass nur die Versorgung vorhanden ist ... Mir fehlen die passenden Worte. Ich formuliere ganz vorsichtig, um mich nicht selbst zu erschrecken.

„Ein Windei?", fragt die Ärztin.

Ich muss an die schwebende Hydra in der Luft denken, an die gekoppelten Körper vor der Bergkulisse.

Als wir wieder am Tisch sitzen, trägt die Ärztin in den Mutterpass ein. Ein Plus ist auch über Kopf gesehen ein Plus. Ich soll in der nächsten Woche wiederkommen.

Die Segel an den Seiten des großen Bettes sind hochgestellt, das Kind kann nicht herausfallen, bis wir später zu ihm ins Bett kommen. Es geht ins Reich der Träume. Im Zimmer ist es noch immer ziemlich warm, wir haben mit den Beinen die Bettdecken Richtung Fußende geschoben. Die Schlafmusik säuselt uns sanft etwas ins Ohr von Königen, die keinen Schlaf finden, und dem lächelnden Mond, der hinter den Birnbäumen wohnt. Es dauert meist einige Zeit, bis das Kind zur Ruhe kommt, vorher wühlt es sich wie ein kleiner Frischling durch Decken und Kissen.

Heute ist es müde. Ich liege auf der rechten Bettseite und spüre bereits die kleine Hand nach meiner greifen. Ein tiefes Ein- und Ausatmen neben mir. Der warme kleine Kopf sucht Halt in meiner linken Armbeuge. Ich umschließe den kleinen Körper vorsichtig und lege meine linke Hand beschwerend auf seine Hüfte. Umschließe ich ihn zu fest, löst er sich wieder und wühlt sich weiter auf der Suche nach einem Wohlfühlplatz im Spektrum zwischen Nähe und Distanz.

Aus einem inneren Impuls heraus lege ich meine rechte Hand auf meinen Bauch. Der erste bewusste Moment mit euch beiden, ganz nah beisammen. Wir genießen die Geborgenheit im Dunkel, die lebendige Wärme, die von einem auf den andern übergeht. Das Kind schläft bereits, ich bleibe noch etwas liegen.

Plötzlich überkommt mich ein leises, heftiges Weinen, die Tränen laufen über das heiße Gesicht herunter auf die Matratze, denn meine Hände bleiben, wo sie sind. Ich weiß nicht warum, bin erstaunt über die Intensität und das Potpourri an Gefühlen wie ein sich zusammenziehenden schöner Schmerz.

Ich löse mich sanft vom schlafenden Kind und schlage ihm die Decke zur Hälfte über. Dann klettere ich etwas umständlich über das Kopfteil des Bettes, die dritte Seite des Rausfallschutzes, das Fußende steht an der Wand. Im dunkeln Raum stehend atme ich tief durch und wische mir mit beiden Händen durchs Gesicht.

„Hormone", denke ich und muss ein bisschen schmunzeln, als ich das Babyfone einschalte. „Gute Nacht, mein kleiner Schatz, schlafe gut!"

Auf dem gepflasterten Platz vor der Praxis ist nicht viel los heute Morgen, keine Lieferung für den kleinen Feinkostladen mit den schönen Arkadenbögen, wenig Verkehr. Ich muss klingeln und nach einer Maske fragen, bevor ich hineingehen kann. Daran habe ich heute früh nicht gedacht, als ich mich auf den Weg gemacht habe.

Erneut redet die Ärztin über Eisenwerte, Schilddrüse, Ernährung, erläutert, welche Empfehlungen in bestimmten Ländern überhaupt nicht greifen. Erklären Sie jemandem in England mal, dass das Steak ganz durchgebraten werden soll … Ich bin ungeduldig, nicke das Gesagte schnell ab und frage mich, ob sie nicht mehr weiß, dass wir doch vorletzte Woche schon darüber gesprochen haben. Mit einem mulmigen Gefühl habe ich die letzte Woche verbracht, habe versucht, nicht darüber nachzudenken. Heute wieder das volle Programm: Urinprobe, Blutdruck, Waage … Die Ärztin wirkt unaufgeregt. Vielleicht habe ich es mir letzte Woche nur eingebildet. Vielleicht war da nichts Verhaltenes, kein Ausweichen. Einfach vier Tage später.

Ob ich Schmerzen oder Blutungen gehabt habe?

„Nein, nichts", kann ich mit Bestimmtheit sagen und entspanne mich etwas. Wir gehen hinüber zur Untersuchungsliege, ich lege ab. Das Mikroskop bestätigt es, keine Blutplättchen zu sehen. Ich bin gespannt auf die Veränderungen in der kleinen Blase, überlege, ob wir damals zu dieser Zeit schon gemeinsam bei der Untersuchung waren. Ich weiß, dass es faszinierend war, wie schnell sich das kleine Leben verändert und vergrößert hat, wenn auch im ganz kleinen Format. Und ich erinnere mich an den Moment, als wir gemeinsam die Herztöne gehört haben, Hand in Hand.

Das Bild zeigt den bewegten CD-Ausschnitt, Schneesturm bei Nacht. Dann kommt das Bild zur Ruhe. Die Gedanken sind eine leere Blase mit weißer Aura, durchzogen mit Wellenrauschen.

„Nichts", denke ich, „leer." Eine innere Hitze steigt in mir auf. Die Sekunden vergehen langsam. Angestrengte Blicke auf den Monitor. Ich kann es sehen, aber ich warte auf die Worte, die es Realität werden lassen.

„Das sieht nicht gut aus!", sagt die Ärztin.

Sie redet weiter, aber ich höre es nicht. Ich weiß nicht, wohin mit meinen Armen, ich hebe sie hoch, lege sie unter meinem Kopf ab. Ich muss daran denken, dass Säuglinge das machen, um besser Luft zu bekommen. Sie legen ihre Fäustchen neben dem Kopf ab, das weitet die

Lunge. Neben meinen Kopf ist nur ein Griff ins Leere. Es muss aussehen, als würde ich auf einer Liege entspannen, ein absurder Gedanke. Dann sitzen wir wieder am Tisch. Die Wärme meiner Wangen kann unter der Maske nicht entweichen, es ist stickig. Selten sei dies nicht im Praxisalltag. Es sei ein schlechtes Zeichen gewesen, dass der erste Test negativ gewesen sei. Wir hätten Freitag, bis Mittwoch könne man noch abwarten, ob der Körper die Zeichen von selbst erkennt. Ich könne aber auch direkt eine Überweisung fürs Krankenhaus mitnehmen. Zu lange warten sollte man nicht, Zellen könnten bösartig wuchern.

Mein Kopf ist noch nicht so weit. „Wie kann das sein", frage ich, „dass dort einfach nichts mehr ist? Hat es sich aufgelöst?"

„Ja."

Verschwommen fixiere ich die kleine nachtblaue Vase mit den leuchtenden, gelben Sternen im Regal zwischen den Büchern. Ich nehme ein Taschentuch entgegen und ziehe die Maske vom Gesicht. Wir sprechen und schweigen ein bisschen. Ich fühle mich unwohl dabei, zu fragen, will aber wissen, wie lange wir danach warten müssen. Ich schaue der Ärztin dabei ins Gesicht, versuche zu erkennen, ob ihr die Frage unangemessen erscheint. Sie antwortet sachlich.

Ich möchte nicht ins Krankenhaus, denke ich. Ich gehe ohne eine Überweisung. Ich gehe ohne ein drittes Bild, ohne Herztöne. Ein unvollständiger Tonträger.

Ich komme durch die Garage in den Flur.

„Und? Ist alles okay?", schallt es von oben.

Ich schluchze und laufe die Treppe hoch. Wir umarmen uns kurz hinter dem Treppenabsatz. Ich erzähle.

„Ich muss mich hinsetzen!", sagt das blasse Gesicht und nimmt mich an die Hand. Wir gehen ins Schlafzimmer und setzen uns eine Weile aufs Bett.

Es ist noch Vormittag, das Kind ist im Kindergarten und ich sitze vorm PC und versuche, mich zu konzentrieren. Zum Glück nur Schriftverkehr, kurz vor Mittag am Freitag, keine Anrufe mehr. Trotzdem bin ich froh, als ich ausschalten kann. Ich greife nach meinem Handy und überlege kurz, entscheide mich dann zu wählen.

Eine Mädchenstimme hat den Anrufbeantworter besprochen, ich bin froh, dass niemand zu Hause ist. Nach dem Zeichen nenne ich meinen Namen und erkläre in umständlichen Worten, dass ich die

Hebammenbetreuung nicht benötigen werde. Kurz darauf wähle ich die Nummer des Geburtshauses. Den gerade ergatterten Yoga-Kurs wolle ich absagen. Ach so, ja natürlich, alles Gute.

Erledigt. Wie ein Pflaster, dass man schnell mit einem Ruck entfernt. Als ich das Vibrieren meines Handys bemerke, ist schon wieder aufgelegt. Ich kenne die Nummer und rufe zurück.

„Hi, genau, heute war der Termin." Ich laufe ziellos durch die obere Etage. „Nicht so gut. Ich hatte ja schon ein schlechtes Gefühl. Danke. Ja, das weiß ich. Das weiß ich doch." All diese Gedanken habe ich schon dreimal vor- und zurückgedacht und ich weiß, dass die Haben-Seite groß ist. Ich kann schwanger werden. Ich habe ein wunderbares Kind. „Es geht mir okay. Ich weiß das alles, aber man ist trotzdem einfach traurig, weißt du?"

Nach dem letzten Satz höre ich ein kleines Schluchzen auf der anderen Seite der Leitung: „Ja."

Seit ein paar Wochen bin ich nicht mehr im Feld gewesen, jetzt schnüre ich meine Laufschuhe, um den Kopf freizubekommen. Es ist nicht mehr so heiß draußen in diesem ungewöhnlich warmen und trockenen Sommer. Irgendwo im Hinterkopf ist dieser Gedanke, dass der Körper vielleicht das Natürlich von alleine geschehen lässt, ohne ein Eingreifen. Nur du und ich und hier draußen. (Tragen Sie ab jetzt eine Einlage …) Aber ich weiß im Innern, dass nichts passieren wird. Ich kann es spüren. Alles fühlt sich normal an. Ich laufe los. Der Wind, der durch die Felder streift, verflüssigt die geschmeidigen Ähren und versorgt jede meiner Zellen mit Sauerstoff. Die Musik und der gleichmäßige Rhythmus meiner Füße füllen meine Gedanken. Das Wetter ist lebendig, ein paar Wolken ziehen schnell am Himmel. Das unregelmäßige, hohe Gras auf den ungeteerten Feldwegen lässt kaum Rückschlüsse auf Unebenheiten und kleine Löcher zu, ein paar Mal müssen meine Knöchel sekundenschnell reagieren und meinen Tritt stabilisieren, um nicht zur Seite zu knicken.

Als das Kind sich ankündigte, war ich zuerst mutiger, bin auch weiterhin laufen gegangen. Dann kam ein Anruf, mitten im Feld, und als ich wusste, dass da bald ein kleiner Junge sein würde, bin ich gegangen. Das muss man nicht, das weiß ich. Aber ein Körper hat auch seine eigene Weisheit. Anstrengung, Erschütterungen, ich muss auf nichts Rücksicht nehmen und so laufe ich meine gewohnte Strecke, die ich schon seit zwei Monaten keinen Tag mehr hingelegt habe und schwitze und schnaufe. Ich skippe die traurigen Lieder und weine zweimal kurz auf den vor mir liegenden Weg ein, die Hände auf die Knie gestützt und spüre, dass es raus muss, hier, wo uns niemand sehen kann.

Wir haben ein schönes Wochenende mit herrlichem Wetter und machen eine Schifffahrt auf einem nahe gelegenen See. Wir essen Kuchen und genießen die schon tiefer stehende Sonne. Das Kind zankt sich um ein kleines Steuerrad auf Deck. Meine Netzhaut registriert die vielen glitzernden Sonnenlichter auf dem Wasser, das Belohnungszentrum den Zucker in meinem Gehirn ankommen, aber nichts in meinem Körper nimmt den leuchtenden leeren Kreis wahr, das warme, unbewohnte Zuhause in meinem Bauch.

Dann ist Sonntagabend. Ich habe viel gegoogelt, aber es hilft mir nicht. Was soll ich tun? Soll ich überhaupt etwas tun? Es kann Wochen dauern in diesem Schwebezustand. Das ist nicht richtig, abgekapselt und ohne jede Entwicklung. Das sagt zumindest der Kopf. Es fühlt sich aber auch nicht falsch an und ich glaube auch nicht, dass es gefährlich ist und mir schadet. Ich möchte nicht ins Krankenhaus. Ich möchte aber auch nicht über Wochen falscher Hoffnung sein. Morgens rufe ich in der Praxis an.

Die Ärztin macht meine Hoffnung darauf, ein Medikament verschrieben bekommen, zunichte. Ich müsse zu einer weiteren Untersuchung, eine Zweitmeinung einholen. Außerdem dürften das nur bestimmte Ärzte verschreiben, ich müsse in eine andere Stadt fahren.

„Ich bin doch nicht krank", denke ich.

Ich klingele und warte auf eine Rückmeldung über die Sprechanlage der Praxis. Eine Maske habe ich wieder vergessen. An der Theke liegen die Unterlagen schon bereit: „Mit der Überweisung gehen Sie direkt zur Station, die machen alles Weitere mit Ihnen aus. Alles Gute!"

Ich wünschte mir, es hätte wenigstens hier und jetzt ambulant passieren können. Es kommt mir übertrieben vor, ins Krankenhaus zu müssen. „Augen zu und durch", denke ich.

Krankenhäuser sind für mich kein unangenehmer Ort, so wie für viele andere Menschen. Ganz im Gegenteil. Ich denke an meine Mutter im weißen, gestärkten Kittel, an lustige, automatische Türen, Versteckspiele im Aufzug mit meiner Schwester und an die große Holzstatue im Foyer, Maria mit ausgebreiteten Armen. Ich erinnere mich, wie ich mit einem Gipsbein in einem freien Zimmer auf Dienstschluss warte und Pudding esse. Der kleine Park und der Hubschrauberlandeplatz sind mein Spielplatz und unser alter Holzschlitten schmückt zu Weihnachten die Station, zu gestapelt mit bunten Päckchen (feierlich, auch wenn nichts drin ist, ich habe beim Einpacken zugesehen). Schwester Corinna kann so schön basteln, ich habe mal einen Clown fürs Fenster von ihr bekommen, ohne auch nur einen kleinen Hauch von Bleistiftspuren und ganz akkurat geschnitten. Ich bin so stolz, als sich die ganze Grundschulklasse vor dem Eingang versammelt und Mama mich mit offenen Armen vor der Pforte begrüßt. Ich kenne die freundlichen Gesichter im Schwesternzimmer und sie kennen mich. Meine Mutter würde jetzt wohl seufzen und die Augenbrauen hochziehen bei dieser verklärten Beschreibung. Die Zeiten haben sich geändert, meine Erinnerung nicht. Meine Erinnerung in diesen goldgelben Tönen. Ich fühle mich nicht unwohl in Krankenhäusern.

Ich parke unter den wunderschönen alten Platanen und stelle mir vor, ich machte einen Krankenbesuch mit Blumen und Genesungskarte, die einfach zu schreiben gewesen ist, weil bald alles wieder in Ordnung sein wird.

Nach der Corona-Testung gehe ich zur Station. Hier laufen die blassen, frisch gebackenen Väter über den Flur und an den Wänden hängen die pastellfarbenen Fotokarten. Ich bleibe stehen und gehe noch einmal zurück. Mit meinen Augen scanne ich die Wand. Dann muss ich lächeln. Da ist er. Die kleine Karte sieht schon etwas lädiert aus, sie muss wohl ein paar Mal heruntergefallen sein, aber sie hängt. Ich gehe zur Anmeldung direkt neben dem Kreißsaal. Zuständigkeiten sind schon geklärt.

„Da ist deine Frau", sagt die eine Schwester zu der anderen.

Ich warte vor einem Untersuchungsraum. Es kann immer etwas dazwischenkommen, hat die Schwester erklärt. Es könne ein bisschen dauern. Ich setze mich und schaue mich um. Ich kenne mich hier aus, wurde in diesem Raum schon untersucht, als das Kind geboren wurde, und habe es hier die ersten Male über den Linoleumboden geschoben. Die Blumenbilder an den Wänden sind noch dieselben. Ich wandere ein bisschen über den Gang an dem Zimmer vorbei, in welchem wir uns damals kennengelernt haben, das Kind, sein Papa und ich.

Plötzlich vibriert mein Handy. „Ja?"

„Hallo. Hier ist Eva, die Hebamme. Was ist denn passiert? Soll ich bei dir vorbeikommen?"

214

„Hi. Ich bin schon im Krankenhaus, ich warte auf die Untersuchung."

„Oh. Bist du schon?"

„Es ist nichts mehr drin gewesen. Es hat sich aufgelöst …"

Die Tür des Untersuchungszimmers geht auf, schnell beende ich das Gespräch. Eine Ärztin tritt heraus, geht aber den Flur entlang an mir vorbei. Nach etwa einer halben Stunde kommt eine junge Ärztin mit schwarzen Haaren und schönen braunen Augen zu mir. Wir gehen in einen anderen kleinen Raum. Sie füllt verschiedene Fragebögen aus (… Sie waren also zweimal schwanger und haben ein Kind?) und klärt mich über den Eingriff auf (… Wehenmittel … stumpfes Messer …). Sie ist sehr nett und professionell und ich bin froh, dass ich nicht mehr warten muss.

Als wir fertig sind, schaut sie in den Untersuchungsraum hinein. Nein, hier ist besetzt, bedeutet sie mir mit einem Handzeichen und verschwindet dann selbst im Raum. Ich setze mich wieder auf meinen Stuhl.

Nach circa zehn Minuten öffnet sich die Tür. Ich greife sofort meinen kleinen Rucksack fester. Eine junge Frau in Jogginghosen und Birkenstocks und mit gebückter Haltung (Kaiserschnitt …) kommt durch die Tür und schließt sie hinter sich. Sie sieht blass aus und geht langsam, aber sie hat eine leuchtende Aura. Wo wartet das Kleine auf sie? Vielleicht in unserem Raum? Ich schaue ihr nach, wie sie die Zimmer auf dem einsehbaren Flurstück passiert und dann hinter einer Linkskurve verschwindet.

Manchmal erwische ich mich dabei, wie ein Kind zu starren, nur dass ich in der Lage bin, den Blick schnell abzuwenden oder so zu tun, als verfolge ich etwas in unmittelbarer Nähe zum Geschehen. Kleinigkeiten geben Hinweise auf das Leben, das Menschen führen. Es ist wie ein Roman, bei dem nach und nach ganz dosiert Details eingeflochten werden, die Rückschlüsse auf die Vergangenheit oder vielleicht das Zukünftige geben können oder sollen. Wie sehr achtet ein Mensch auf sich? Hat er Zeit oder ist in Eile? Wie spricht oder lächelt jemand? Ich finde das faszinierend, wie schnell sich ein vorgefertigtes Bild in wenigen Augenblicken verändern kann. Nur für meine Außenwahrnehmung bin ich blind. Was hat die junge Frau über mich gedacht, als ich sie im ersten Moment so erwartungsvoll angesehen habe? Hat sie die Anspannung gesehen?

Endlich holt mich die junge Ärztin zur Tür herein. Ich setze mich an den Schreibtisch den beiden Weißkitteln gegenüber. Die Oberärztin tippt am Computer, ein kleines Heftchen liegt noch offen vor ihr, in welches sie zwischen- durch mit einem Kuli einträgt (ihr Mutterpass …). Dann schlägt sie das Heftchen zu. Auf der altrosafarbenen Schutzhülle sind plastisch gezeichnete Kreise in Pastellfarben drauf, hübsche, leere Blasen. Zwei Schwangerschaften passen in einen Mutterpass. Ein genauer Beobachter wird darauf schließen können, dass es dich gab, wenn sich Details zu einem Bild über mich zusammensetzen werden. Sekundenschnell kann sich das Mosaik eines Menschen verändern.

Ich hatte nichts anderes erwartet, wirklich nicht. Die junge Ärztin schallt. Der Monitor ist von mir weggewandt, nur die Ärztinnen können etwas sehen. Wieder vergehen gefühlt einige Minuten. Die Oberärztin beobachtet die Maschine mit ernster, aber nicht zu deutenden Miene. Dann sagt sie: „Der Körper holt es sich zurück. Der Dottersack beginnt auch schon, sich aufzulösen."

In halbliegender Position kullern die Tränen an den Schläfen hinunter und laufen kitzelnd in den Haaransatz. Ich kann es nicht verhindern, auch wenn ich das Ergebnis erwartet hatte.

Ich muss nur noch unterschreiben, die Assistenzärztin hat alles vorbereitet. Mit den Unterlagen werde ich zur Anmeldung geschickt. Ich ziehe eine Nummer und schaue mir die Grußkarten vor dem kleinen Blumenladen an. Dann sitze ich im Büro. Meine Daten sind noch aktuell, ich muss noch mal ein paar Unterschriften leisten. Die Sachbearbeiterin erklärt mir den Weg zu der Station, wo die Anästhesieaufklärung stattfindet. Dort angekommen, winkt mich ein älteres Pärchen durch, sie seien schon angemeldet. Auf dem Flur soll ich Platz nehmen und warten.

An der Wand schräg gegenüber läuft in Dauerschleife ein Film zur Unfallverhütung im Krankenhaus. Ein Mann im mittleren Alter mit grau angesprühten Haaren und Opa-Cordhose mimt einen Sturz aus dem Bett. Danach folgt kleinschrittig das Best-practice-Beispiel. Mein Blick bleibt immer wieder an den bewegten Bildern hängen.

Befolgen Sie diese einfachen Handlungsanweisungen und alles wird gut.

Das wäre zumindest eine passende Überschrift. Ich weiß nicht, warum mich dieses Filmchen so nervt. Mir ist schon klar, dass Stürze für alte Menschen sehr gefährlich sind, aber vielleicht wären einfach mehr helfende Hände auf den Stationen sinnvoller als schlecht gemachte Info-Filmchen auf aufdringlichen 65 Zoll Bildschirmen. Ich müsste mich irgendwo schwebend im Innenhof hinter mir befinden, um einen angemessenen Abstand zu diesem Monitor zu bekommen. Ich ärgere mich, dass ich nichts zu lesen mitgenommen habe, überfliege kurz eine Broschüre zur Darmkrebsvorsorge. Eine etwas burschikos aussehende Krankenschwester mit kurzen blonden Haaren huscht an mir vorbei und instruiert die Dame, die meine Unterlagen entgegengenommen hat. Sich besprechend, laufen sie wieder an mir vorbei und betreten den Raum links vom Mega-Monitor.

„Und die Frau Soundso? PDA-Aufklärung?", schallt es aus dem offenstehenden Zimmer.

„Nein", denke ich, „hätte sie eben einmal kurz aufgeschaut, dann hätte sie gewusst, dass es nicht um eine PDA geht."

Es ist schon fortgeschrittener Nachmittag, als ich diese Station verlasse. Noch einmal muss ich zur Gynäkologie, vorbei an der Korkwand, an welcher die Karte mit dem Kind hängt. Meine Hand sanft ruhend auf dem kleinen Brustkorb.

Falls nichts dazwischenkommt, kann der Eingriff morgen stattfinden, teilt mir die zugewandte Assistenzärztin mit. Ich bin erleichtert, dass ich nicht lange warten muss. Schnell und mit einem Ruck, wie bei einem Pflaster. Ich atme tief durch, als ich durch die automatische Glastür nach draußen trete. Das herabgefallene Laub der Platanen leuchtet grün-gelb auf im Licht der tief stehenden Sonne. Es ist viel zu mild für diese Jahreszeit.

Wir sitzen zusammen im Auto. Das Kind lehnt müde dreinschauend im Kindersitz und beobachtet den morgendlichen Verkehr. Die Kita ist direkt bei uns um die Ecke, aber es ist noch zu früh. Die ersten Schulkinder sind aber schon mit Rad und Roller unterwegs. Ich krame in meinem kleinen Rucksack nach meinem Corona-Test-Zertifikat und stutze: „Ich habe mein Buch liegen lassen!" Bei dem Gedanken an Patienteninformationen und Beratungsflyer muss ich kurz aufstöhnen. Wir halten an einer Tankstelle, wo ich mir schnell noch eine Tageszeitung mitnehmen kann.

Um Punkt sieben stehe ich auf Station. Die Schwester, die auch gestern für mich zuständig war, bringt mich auf ein Zimmer. Eine Frau mittleren Alters mit blonden Haaren lehnt im Schlafanzug auf dem Bett und schaut in ihr Handy. Sie sieht ziemlich blass aus und erwidert den Gruß kaum hörbar.

„Sie spricht kein Deutsch", sagt die Schwester zu mir und erklärt der Frau in schlechtem Englisch, dass die Ärztin bald kommen werde. Dann entschuldigt sie sich, sie käme gleich noch einmal wieder.

Ich setze mich an den Tisch und breite die Tageszeitung vor meinem Gesicht aus. Ich schaue noch einmal zu der Frau auf dem Bett. Ihr Blick bleibt gesenkt. Gut, mir ist nicht nach Sprechen. Eigentlich ist mir auch nicht nach lesen. Meine Augen springen immer wieder im Text zurück.

Die Frau beginnt zu telefonieren. Die Sprache klingt osteuropäisch, ich denke, dass sie aus der Ukraine stammt. Sie redet leise, obwohl sie wissen wird, dass ich sie nicht verstehen kann. Aber man spricht ja nicht laut und ausgelassen in einem leisen Zimmer mit einer Fremden im Raum.

Am Klang ihrer Stimme, den Pausen und dem Seufzen hört man, dass sie noch geschwächt ist. Auch das ist schon sehr privat, wie man klingt, wenn man mit Vertrauten am Telefon spricht. Sie flüstert fast. Ob sie aus demselben Grund hier ist wie ich? Wo befindet sich wohl derjenige, mit dem sie gerade spricht? Das Menschenmosaik in meinem Kopf beginnt seine Arbeit.

Die Krankenschwester klopft und steht schon im Raum. Man könne es noch nicht genau absehen, wann ich nach unten geholt werde. Eine zweite Frau warte auch, aber ich sei die erste. Ich solle mich schon umziehen. Sie reicht mir ein OP-Hemdchen und eine Netzhose und fragt, welches der Betten ich lieber hätte. Das am Fenster?

Ich schaue zu den beiden mit Folie abgedeckten Pflegebetten. „Sie brauchen für mich nicht extra ein frisches Bett abdecken, ich bin ja nur ambulant hier", erwidere ich.

Sie erklärt, dass ich mit dem Bett zum OP-Bereich gefahren werde. Natürlich … Ich wähle das Bett am Fenster, denke aber, dass ich am Tisch sitzen bleiben werde. Ich lege meine persönlichen Sachen in den farblich zum Bett passenden Wandschrank und gehe mit der OP-Kluft ins Badezimmer. Die Zimmer hier sind genau baugleich.

Es sieht alles genauso aus wie vor zweieinhalb Jahren. Damals lag ich zwei Zimmer weiter und durfte nur alleine hinaufkommen. Anfangs hatte ich die ganze Zeit das Telefon am Ohr oder neben mir liegen, wenn eine Wehe kam. Meine Unterstützung saß im Auto unter den schönen Platanen und wartete, hochgelassen zu werden.

Als ich wieder aus dem Badezimmer komme, das Hemdchen am unteren Rücken zusammengehalten, entscheide ich mich doch für das Bett. Ich möchte mich nicht mit freiem Rücken an den Stuhl anlehnen und außerdem trage ich ja nur eine Netzhose … Ich fahre die Rückenlehne ganz hoch, um möglichst aufrecht zu sitzen, und greife mir wieder meine Zeitung. Meine Zimmergenossin hat aufgehört zu telefonieren, tippt aber weiterhin in ihr Handy.

Es klopft und eine Ärztin Ende vierzig mit schulterlangen, hellbraunen Haaren betritt den Raum. Geht es los? Gut, dass ich mich sofort umgezogen habe … Sie schaut in ihre Klappmappe und fragt die Frau im anderen Bett auf Englisch, wie es ihr gehe und ob sie gut geschlafen habe.

„Bitte in Deutsch!", erwidert die Frau und setzt sich seitlich auf, sodass ihre Beine aus dem Bett baumeln. Sie erklärt, dass sie schon einiges verstünde und eine App habe, um damit zu ergänzen.

Soll ich nach draußen gehen? Ich möchte nicht im Hemdchen auf dem Flur stehen … Ich bleibe im Bett sitzen und lese erneut und erneut die Zeilen über den Krieg und die Krisen und kann doch nicht nicht zuhören. Entzündung der Eierstöcke … deshalb das hohe Fieber und die Schmerzen … Antibiotikum … heute entlassen.

„Aber warum?", fragt die Frau mehr als einmal, doch eine richtige Antwort bekommt sie dazu nicht. Dann ist die Ärztin auch schon wieder weg.

„Saapolenje? …", klingt es undeutlich zu mir herüber. Die Fragezeichen stehen der Frau ins Gesicht geschrieben. „Eenzündun?", fragen ihre Augen in meine Richtung, als sie sich treffen.

„Ja, Ent-zün-dung", antworte ich überartikuliert und sie tippt es in ihr Handy.

„Aber warum?", fragt sie erneut und erklärt, sie sei nur bei der Frauenärztin gewesen und habe Tage danach plötzlich Schmerzen gehabt.

„Schon komisch", denke ich.

„Schlechte Arzt?"

„Vielleicht ja …", erwidere ich schulterzuckend. „Kein Deutsch, was?", sage ich dann und muss etwas schmunzeln.

Sie lächelt zurück und erklärt, dass sie schnell Sprachen lerne und nun auch endlich einen Deutschkurs besuchen könne. Wenn aber dann Englisch dazu komme, dann kriege sie einen Knoten im Kopf. Ich frage sie, ob sie hier in der Stadt wohnt. Sie erzählt. Ich verstehe alles. Sie kommt aus der Ukraine und wohnt derzeit mit ihrem Mann und ihrem Sohn in einem Vorort. Ihr Sohn gehe gern hier zur Schule. Sie lächelt, als sie über ihn spricht. Für ihren Mann sei es schwieriger. Zum Glück dürfe er bald wieder arbeiten. Die anderen ukrainischen Frauen, die mit im Haus wohnen, kochen für ihn und ihren Sohn, jetzt, wo sie im Krankenhaus ist.

„Ich habe schon oft Pelmeni gemacht", sage ich, „aber viel mehr kenne ich nicht." Man isst häufig Graupen und auch viel Buchweizen, erfahre ich. Viele Obstsorten klängen in beiden Sprachen fast gleich (Apelsin, Aprikos …). Ob man hier denn alle Zutaten schnell bekommen kann, möchte ich wissen. Schon, aber es fehlten ihr noch Dinge, um Kerzen zu gießen. Das mache sie gerne und werde vielleicht einen Kurs anbieten. Ihr Handy vibriert. Sie erklärt noch schnell, dass ihr Mann jetzt ein Gespräch mit der Lehrerin ihres Sohnes habe und sie bestimmt übersetzen müsse. Das Gespräch klingt fröhlicher als das letzte, oft muss sie lachen und tippt schnell Begriffe in den Übersetzer ein.

Nachdem sie aufgelegt hat, fragt sie, warum ich hier sei. Ich erzähle kurz, sie versteht, denke ich, und fragt nicht weiter nach. Dann frage ich, ob sie denn noch Familie in der Ukraine habe. Ja, Mutter und Bruder leben in einer größeren Stadt. Ihre Mutter ist alt, möchte nicht mehr weg und ihr Bruder sei ein überzeugter Kämpfer. Die Sorgen zeichnen sich in ihrem Gesicht ab. Sie vermisse ihr Zuhause, ihre Heimat, aber ihrem Sohn gefalle es so gut hier.

„Ich hätte das nicht fragen sollen", denke ich, und unser flüssiges Gespräch kommt ins Stocken. Ich greife nach meinem Handy und wähle ein aktuelles Bild des Kindes aus. Dann lasse ich mich vom Bett gleiten. „Das ist unser", sage ich und halte das Display vor.

„Noch klein", erwidert sie lächelnd.

Es klopft. Die Krankenschwester kommt herein mit Medikamenten und Entlasspapieren. Ob sie abgeholt werde? Nein, sie nehme gleich den Bus. Ja, die Einnahme der Medikamente habe sie verstanden und gehe demnächst zur Kontrolle zu ihrer Ärztin. Als die Krankenschwester wieder fort ist, beginnt meine Zimmergenossin, ihre Sachen zu packen und sich anzuziehen. Ihre Handtasche und ihren Mantel legt sie aufs Bett und stellt die DM-Tüte aus festem Stoff davor. Sie nimmt erneut ihr Handy in die Hand. Dann kommt sie plötzlich zu mir herüber und hält es mir hin. Das Bild zeigt sie selbst, Hand in Hand mit ihrem Mann und ihrem Sohn. Ende Grundschule würde ich ihn vom Alter her schätzen. Der Junge macht einen großen Satz auf dem Kopfsteinpflaster nach vorne in Richtung des Fotografen. Sie lachen. Den Kirchturm im Hintergrund kenne ich, oft gehe ich an diesem Platz vorbei. Sie lächelt und nennt mir seinen Namen. Wir verabschieden uns und wünschen uns gegenseitig alles Gute.

Dann bin ich wieder alleine. Ich kann nicht lange im Bett sitzen und schaue aus der breiten Fensterfront Richtung Süden. Es ist hell, aber diesig draußen. Ich frage mich, ob wieder Sahara-Sand in der Atmosphäre unterwegs ist. Aktuelle Nachrichten habe ich in den letzten Tagen kaum gehört. Er scheint auch in den Kopf einzudringen und die Gedanken lahmzulegen. Die Aussicht nach dieser Seite des Gebäudes zeigt nicht in den Park mit dem großen Teich, der extra angelegt wurde. Ich blicke auf große Container und eine Nebenstraße mit ein paar Wohnhäusern aus den Siebzigern und einem freikirchlichen Gemeindehaus. Ab und zu läuft mal ein Mann mit einer gelben Warnweste über das Krankenhausareal, seine Tätigkeit erschließt sich mir aber nicht. Es klopft. Schnell drehe ich mich zur Seite, um nicht direkt einen Blick auf meine Hinterseite preiszugeben. Ein junger Mann kündigt das Mittagessen an.

„Nein, ich muss nüchtern bleiben, vielen Dank!"

Ich setze mich doch wieder aufs Bett und nehme mein Handy in die Hand. Nur noch knapp 30 Prozent Akku. Ich google nach dem Medikament, dass ich gleich bekommen soll. Jenes, welches ich von meiner Ärztin nicht bekommen konnte. Ob es Schmerzen verursacht oder Blutungen? Werde ich etwas mitbekommen? Oder wird alles erst passieren, wenn meine Lichter bereits ausgeschaltet sind?

Die Zeit will nicht vergehen und es ist hier schwierig, sich abzulenken. Ich habe keine Angst vor dem Eingriff und ich weiß auch, dass du schon fortgegangen bist. Und doch fühlt es sich wie ein bevorstehender Abschied an.

Dann kommt die vertraute Ärztin. Ich bekomme einen Zugang und zwei Tabletten werden platziert. Es ist unangenehm, ich bin etwas verkrampft. Schnell ist sie wieder weg. Ich spüre nach und der Gedanke drängt sich auf, dass das jetzt der Anfang vom Ende ist, und wieder läuft es mir über die Schläfen. „Es sind diese Übergänge, die etwas in uns auslösen", denke ich. Das Kind weint im Moment oft, wenn wir uns im Kindergarten verabschieden und dann wieder, wenn wir zu Hause sind, als müsse es sich wieder in einer ganz anderen Umgebung akklimatisieren und von dem lassen, was es gerade zugelassen hatte. Morgens hilft ihm das Winken am Fenster. Mir auch.

Nach zwei Stunden geht es endlich los. Ich sehe einige Gesichter. Eine neue Schwester fährt mich zum Aufzug und weiter in den Vorbereitungssaal des OP. Dort werde ich verkabelt, bekomme einige kurze Fragen gestellt. Es scheint mir eine Art Sicherheitsschleife zu sein. Alles geklärt. Dann bekomme ich Panik. Was, wenn sich die Ärzte vertan haben? Ich spüre die Nervosität der OP-Schwester. Das ist hier so nicht vorgesehen.

Trotzdem fragt sie: „Möchten Sie noch einmal mit einem Arzt sprechen?"

Ich weiß es nicht. Nein. Sie berührt meinen Arm und sagt, dass sie das auch schon erlebt habe. Ich werde wieder ruhiger. Das Radio dudelt. Ein junger Mann bringt mich in den Raum für die Narkose. Eine Ärztin verabreicht mir das Medikament. Als sie mir die Maske aufsetzen will, muss ich husten. „Das ist normal", sagt sie. Wenige Augenblicke später bin ich weg. Und du bist es auch.

Abrupt wache ich auf. Es fühlt sich an, als wäre ein Knopf gedrückt worden im Stand-by-Modus. Ein freundliches Gesicht schaut auf mich herab und sagt: „Nicht verzweifeln, das wird schon!"

Ich scanne mein Sichtfeld ab, grelle Neonröhren, eine Theke rechts von mir, durch beige Vorhänge getrennte Liegebereiche. Das runde Gesicht mit ebenso runden Brillengläsern auf der Nase. „Ich kenne Sie. Sie waren dabei, als mein Sohn auf die Welt gekommen ist", entgegne ich und fühle mich erleichtert, dass ich wieder wach bin und keine Schmerzen spüre. Er mochte damals den Namen, den wir ausgesucht haben. Er klingt dem einer seiner Katzen ähnlich. Damals entschuldigte er sich gleich für den Vergleich. „Warum?", habe ich gefragt. „Sie lieben das Tier doch." Ich weiß nicht, ob er sich erinnert, aber er zeigt mir Fotos von ihnen, nimmt sich den Moment. Dann verabschiedet er sich. Ich spüre ein Ziehen im Bauch, aber nur leicht, und lege meine Hand auf die Stelle.

Wir sind am Meer gewesen. Haben die Seele baumeln lassen und unsere Füße, Lungen, Haut und Haare und unsere Gedanken Sand, Sonne und Salz überlassen. Haben den Kopf ausgeschaltet und haben doch an dich gedacht und an das Wir, das dich nicht mit umschließt. Du wirst das Meer nicht sehen, es nicht riechen, nicht an meiner Hand in das lebendige Wasser eintauchen. Vielleicht hast du das Rauschen gespürt, das wir beide uns geteilt haben. Unser beider Beat. Unser gemeinsames Abenteuer, in dem kurzen Zeitraum, in dem das uns auch dich umschlossen hat.

Jetzt stehe ich in der Menschenmenge und bewege mein Handy im Rhythmus der Scheinwerfer und der Musik. Auf dem Weg hierher hat es fürchterlich geregnet. Zu zweit haben wir wohltuend geschwiegen in unserer kleinen, über die pitschnasse Fahrbahn schleichenden Autoblase. Wir halten uns an der Hand und genießen die Klänge, die Lichter und das Lebendige, das von 20.000 feiernden Menschen ausgeht. Gitarrenklänge, Lichtstrahlen und Installationen fließen ineinander über und dann steigt wie eine riesige Sonne ein strahlender Flammenball auf der Leinwand auf. Ich denke an die helle Aura, die dich umgeben hat, deine Schutzhülle, die dich nicht schützen konnte, und an den unvollständigen Tonträger, den ich immer sorgsam mit mir herumtragen werde. Dann höre ich auf die Verse *Now you're para-paragliding* und sehe uns durch die Luft sausen auf unserem bauchkribbeligen Höhenflug vor der majestätischen Bergkulisse.

Julia Lohn *ist Lehrerin für die Sekundarstufe 1 und lebt mit Mann und Kind im nordrhein-westfälischen Soest.*

Unausgesprochenes

Was ich dir unbedingt noch sagen wollte:

… dass ich dich unheimlich gerne hatte, dich sehr liebte, dich über alles geliebt hätte, gerne mein ganzes Leben mit dir geteilt und den Rest meines Lebens mit dir verbracht hätte. Aus Liebe. Aus purer Liebe! Dir zuliebe!

Ich hätte dich sehr gerne angenommen, dich unbedingt gewollt! In meinem Leben wärst du jederzeit herzlich willkommen gewesen – auch ohne Antrag, Anmeldung und Termin. Du hättest in mein Leben reinplatzen dürfen, einfach da sein dürfen. Mit offenen Armen hätte ich dich empfangen. Aus Liebe, aus purer Liebe! Meine Liebe wäre dir gewiss gewesen. Bedingungslos geliebt hätte ich dich! Dich einfach geliebt und geliebt … Für dich hätte ich einfach da sein wollen, ganz unbürokratisch. Einfach da sein, einfach so für dich, für dein Wohl, für dein Lebensglück. Aus Liebe zu dir. Dir zuliebe! Für dich!

Du wärst der Mittelpunkt meines Lebens geworden.

Ich hätte mich auf dich eingelassen, dich in meinem Leben zugelassen. Mich zu dir bekannt. Einfach aus Liebe. Aus Liebe zu dir! Über alles geliebt hätte ich dich, wirklich über alles! An erster Stelle hättest du für mich immer gestanden. Auf mich hättest du stets zählen können.

Ich hätte dich niemals zurückgewiesen, gar abgewiesen. Erwidert hätte ich dich, deine Hilfeschreie, deine Not und Drangsal. Deiner Person erbarmt hätte ich mich! Eine grundständige, feste Beziehung hätte ich dir anbieten wollen. Eine felsenfeste Beziehung, an der nichts und niemand rüttelt. Eine feste Konstante hätte ich dir sein wollen, die dir zu jeder Zeit in deinem Leben Halt und Orientierung gegeben hätte – und einfach für dich da gewesen wäre, natürlich voller Herzenswärme für dich da gewesen wäre.

Selbstverständlich hätte ich mich dir wohlwollend angepasst, sogar mein Leben nach dir ausgerichtet. Denn ich wäre sehr gerne für dich da gewesen, hätte mich für dich aufopfern wollen. Alles aufgegeben, alles hingeschmissen hätte ich, nur um für dich da zu sein. Aus Liebe. Dir zuliebe! Für dich!

Ermöglicht hätte ich dir gerne ein Leben in angenehm liebevoller, fürsorglicher und dir wohlwollender privater Obhut. Denn ich hätte dir ein Lebensrecht zugestanden auf ein würdevolles, dich erfüllendes und glücklich machendes Leben in selbstbestimmter Freiheit. Eingesetzt hätte ich mich für dich, für all deine Belange. Auf mich hättest du dich immer verlassen können. Gerne hätte ich viel Zeit mit dir gemeinsam verbracht und gestaltet, so viel Zeit wie nur möglich.

Mir hätte es nichts ausgemacht, für dich zurückstecken zu müssen. Gerne hätte ich für dich zurückgesteckt, weil ich dich gewollt hätte. Dich aus Liebe gewollt hätte! Zu deinem Wohl hätte ich zu dir gehalten, mit dir zusammengehalten, dich ausgehalten. Alles für dein Wohlergehen! Es hätte mir nichts ausgemacht, für dich da sein zu müssen. Ich hätte mich gerne um dich gekümmert, damit es dir gut gehen soll. Dabei hätte ich dich immer als Mensch angesehen! Ich wäre auf dich und deine Bedürfnisse eingegangen. Und natürlich auch auf deine Interessen. Alles für dein Wohlbehagen! Nachhaltig hätte ich mich für dich eingesetzt. Dafür eingesetzt, dass du das bekommst, was dir zusteht – mindestens das, was dir zusteht. Gekämpft hätte ich für dich, für deine Rechte gekämpft und dir dein Wohl erkämpft! Für dein größtmögliches Wohlbefinden! Nur das Beste hätte ich für dich gewollt! Für dich, für deine Gesundheit und dein Leben!

Ich hätte immer zu dir gestanden – egal, was passiert und was geschehen wäre. Ich hätte dich niemals im Stich gelassen, dich niemals fallen gelassen. Niemals hätte ich dich aufgegeben. Gekämpft hätte ich für dich! Weil ich dir unbedingt hätte helfen wollen, für dich unbedingt hätte da sein wollen. Ich hätte immer weiter gekämpft für dich, gekämpft und gekämpft ... Für dein Wohl! Für dich! Aus Liebe zu dir. Dir zuliebe. Auf mich hättest du dich verlassen können. Mir hättest du vertrauen können. Auf mich hättest du bauen können. Denn ich hätte mich dir nicht in deinen Weg stellen wollen, dich nicht ausbremsen wollen. Fördern wollen hätte ich dich, dich fördern und fördern ... Gefördert hätte ich dich, so gut wie nur möglich. Vielleicht hätte ich dich hierzu aber auch mal etwas herausgefordert, damit du eigene Lösungswege für Probleme entwickeln und ausprobieren hättest können. Ich hätte dich auch einfach mal machen gelassen. Dir Freiraum gegeben, dir Freiheit geschenkt.

Aber niemals hätte ich dir wehtun wollen, dich verletzen wollen, dir etwas Böses gewollt, gar Gewalt angetan. Ich hätte stets zu dir gehalten und dir Rückhalt gegeben. Niemals wäre ich dir in den Rücken gefallen oder gar feindlich gesinnt gewesen. Ich hätte dich niemals angelogen, geschweige denn dir ein Bein gestellt, dich gelinkt oder dir Steine in den Weg gelegt. Am liebsten hätte ich dir alle Steine, alle Hindernisse aus dem Weg geräumt. Und dich auf Händen durchs Leben getragen. Für einen möglichst unbeschwerten und sorglosen Lebensweg. Aus Liebe zu dir. Dir zuliebe! Für dich! Zu deinem Wohl.

Denn niemals hätte ich gewollt, dass es dir schlecht gehen, gar schlecht ergehen soll. Ich hätte dich niemals durch den Dreck gezogen. Oder dich ins offene Messer rennen gelassen. Ich hätte dir nichts kaputtmachen wollen. Dich nicht kaputtmachen wollen. An dich hätte ich nichts rankommen gelassen. Beschützen hätte ich dich wollen. Beschützen und behüten. Aufrichtig und anständig, offen und respektvoll wäre ich mit dir umgegangen. Ich hätte dich aufbauen wollen, starkmachen wollen. Dich großmachen, damit du wer geworden wärst. Niemals hätte ich dich niedermachen, unterdrücken wollen, gar dein Werden verhindern wollen.

Ich hätte dich nicht wegschmeißen wollen, dir gar dein Leben verweigern und wegnehmen wollen. Niemals hätte ich gespielt mit dir und deinem Leben. Ich hätte es immer ernst gemeint mit dir. Aus Liebe zu dir. Dir zuliebe. Zu deinem Wohl. Schließlich wärst du für mich keine Spielzeugpuppe gewesen! Sondern ein Mensch, ein versorgungsbedürftiger Mensch! Aufgepäppelt, nachhaltig aufgepäppelt hätte ich dich. Damit du gut gediehen, damit du groß und stark geworden wärst. Schließlich hättest du aufblühen und dich wohlfühlen sollen. Dich am Leben erfreuen und glücklich werden sollen. Alles hätte ich getan für dich! Dafür, dass es dir gut gehen soll. Ich hätte dir nichts vorenthalten oder gar verweigert, was dir gut getan hätte. Alles, was dir gut getan hätte, hättest du bekommen sollen. Zumindest so viel, wie irgendwie möglich gewesen wäre. Schließlich hätte es dir gut gehen und gut ergehen sollen!

Von mir hättest du jederzeit alles verlangen dürfen. Du hättest mich um nichts anbetteln, um nichts anflehen müssen. Gegeben hätte ich dir vorsorglich schon so viel wie nur irgendwie möglich, einfach gegeben und gegeben ... Ich hätte dir gerecht werden wollen, zumindest deinen Grundbedürfnissen gerecht werden wollen.

Dir hätte es an nichts mangeln, gar fehlen sollen – vor allem nicht an Gutem, Wohlwollendem und Wohltuendem. Aus Liebe hätte ich alles getan für dich! Dir zuliebe! Für dein bestmögliches Wohl, dein maximales Wohlbefinden und deine größtmögliche Zufriedenheit!

Alles getan hätte ich für dich, wirklich alles erdenklich Mögliche getan! Denn du hättest mich gebraucht, um leben zu können – ich dich hingegen nicht. Trotzdem hätte ich dich gewollt, dich unbedingt gewollt! Dich aus purer Liebe gewollt! Du wärst mir kein lästiger Klotz am Bein gewesen, sondern eine lebendige Bereicherung meines Lebens. Auch wenn du sicherlich zu einer großen Herausforderung geworden wärst, vielleicht sogar zu der größten meines Lebens. Aber ich hätte es schon irgendwie geschafft, dich in mein Leben zu integrieren und Platz für dich zu schaffen. Das wäre schon alles irgendwie geworden, irgendwie gut geworden. Weil ich es gewollt hätte! Weil ich dich gewollt hätte! Aus Liebe! Aus purer Liebe zu dir! Aus Liebe, die von Herzen kommt.

Du hättest mir etwas bedeutet. Du hättest mir gar sehr viel bedeutet. Du, dein Sein, dein Wohlergehen hätte mir sehr viel bedeutet! Es wäre mir eine Herzensangelegenheit gewesen, für dich da zu sein. Ich hätte gekämpft für dich! Für dich, für dein Leben, für dein Wohlergehen! Aus Liebe zu dir. Dir zuliebe. Für dich!

Aus Liebe hätte ich dich geliebt, um dich aus Liebe zu lieben! Ich hätte dich niemals wie einen Gegenstand benutzen und wegschmeißen wollen. Auch hätte ich dich niemals weggegeben, dich niemals verlassen. Niemals hätte ich dich der Willkür anderer überlassen, gar den Allüren anderer Leute schutzlos ausgeliefert. Ich hätte selbst für dich da sein wollen und dir deine Versorgung sicherstellen wollen, damit dir dein Wohl garantiert wird. Ich hätte dich behalten wollen, mit dir zusammenbleiben wollen! Um deiner selbst willen. Deinetwegen. Für dich! Niemals hätte ich dich im Stich gelassen. Ich wäre gerne deinen Weg mit dir gemeinsam gegangen. Zumindest hätte ich dich auf deinem Weg begleiten wollen, dir zur Seite stehen wollen. Für dich, zu deinem Wohl!

Alles hätte ich mit dir gemeinsam machen oder zumindest mit dir gemeinsam angehen wollen. An meine Hand hätte ich dich genommen. Sanft hätte ich dich an alles heranführen wollen, dich sanft ins Leben gleiten gelassen. Niemals hätte ich dich alleine gelassen, dich hilflos dir selbst überlassen. Gerne hätte ich dir immer helfend zur

Seite gestanden, dich bestmöglich unterstützt. Und auch liebevoll gestützt. Wenn irgendetwas gewesen wäre, wäre ich immer da gewesen. Für dich da gewesen! Aus Liebe. Dir zuliebe! Für dich! Zu deinem Wohl. Für dein Wohlbefinden.

Deinen Weg zu deinem Lebensglück, zu einem erfüllten Leben hätte ich dir ebnen wollen. Natürlich hätte ich dir hierzu aber auch die Freiheit zugestanden, eigene Erfahrungen machen zu dürfen. Dich ausprobieren zu dürfen. Dich frei entfalten zu dürfen. Dich selbst zu finden und einen eigenen Weg zu gehen. Du hättest du selbst werden dürfen, einfach du! Deinen eigenen Willen hätte ich dir gebilligt. Niemals hätte ich versucht, dir deinen Willen, gar deinen Lebenswillen zu brechen. Respektiert hätte ich dich und deine Entscheidungen. Auch wenn es mir vielleicht manchmal schwergefallen wäre. Loslassen können gehört schließlich auch mal dazu, wenn man jemandem etwas Gutes tun will.

Ich hätte dich mir nicht gefügig machen wollen. Ich hätte dich dich sein gelassen – so wie du bist mit deinen Bedürfnissen, Vorstellungen und Wünschen. Du hättest keine Kopie von mir werden müssen. Die Entwicklung eines eigenen Ichs hätte ich dir zugestanden. Der Entfaltung deiner Person hätte ich freien Lauf gelassen. Schließlich hättest du dich selbstverwirklichen dürfen sollen! Ich hätte dich nicht zu meinen Zwecken manipulieren, gar zurechtbiegen wollen. Ich hätte von dir nichts erzwingen wollen. Für mich hättest du nicht funktionieren müssen. Du hättest dich mir nicht erniedrigen, dich mir nicht untertan machen müssen. Du hättest du selbst sein dürfen, einfach du! Ein mir ebenbürtiger Mensch. Ich hätte dich einfach so angenommen und geliebt, wie du bist. Einfach nur leben sehen wollen, hätte ich dich! Dich aufblühen sehen, dich glücklich sehen wollen!

Dich aufblühen zu sehen, dich glücklich werden zu sehen, hätte mich mit Freude erfüllt, auch mich glücklich gemacht. Ich hätte mich gerne für dich zurückgenommen, damit es wenigstens dir gut gehen soll. Aus Liebe zu dir, dir zuliebe! Für dich! Ich hätte nichts von dir verlangt. Einfach gegeben, hätte ich dir – gegeben und gegeben. So viel Input wie möglich in dich reingesteckt und reingesteckt. Und ganz viel Liebe! Zu deinem Wohl! Zu deinem Besten! Damit es dir gut gehen soll. Aus Liebe. Dir zuliebe. Für dich! Für dein Lebensglück. Zur Erfüllung deines Lebens.

Sehr gerne wäre ich für dich da gewesen, wohlwollend für dich da gewesen! Von Herzen sehr gerne! Dich annehmen. Einfach mit dir zusammen sein. Und dich lieb haben. Und immer für dich da sein. Natürlich alles aus Liebe. Aus purer Liebe zu dir. Für dich! Zu deinem Wohl! Für dein Wohlbehagen! Für ein ausgezeichnetes Wohlbefinden. Für ein schönes und angenehmes Leben. Für das bestmögliche Leben und Lebensgefühl auf dieser Welt!

P.S.: Du bist immer bei mir, jederzeit und überall! Du wirst immer einen festen Platz in meinem Herzen haben, in meinen Gedanken munter herumschwirren und ein fester Bestandteil meines Lebens sein. Aus Liebe, aus purer Liebe. Immer werde ich dich als einen Teil, als einen unzertrennbaren Teil von mir ansehen. Mich hätte es nie ohne dich gegeben. Und dich so natürlich auch nicht ohne mich. Jeder hätte jeden ein bisschen geprägt, für dessen Leben geprägt. Jeder hätte immer ein Stück des anderen in sich getragen. Aus Liebe, aus purer Liebe. Eine tiefe Verbundenheit für die Ewigkeit!

Juliane Barth, *Jahrgang 1982, lebt im Südwesten Deutschlands. Sie schreibt als Hobby seit jeher sehr gerne, u. a. Gedichte, Kurzgeschichten und Sachtexte. Veröffentlichungen in diversen Anthologien: https://sacrydecs.hpage.com.*

Liebe Oma

Liebe Oma,

im hohen Alter und doch viel zu früh mussten wir uns von dir verabschieden. Obwohl wir noch Zeit hatten und über vieles reden konnten, gibt es etwas, das ich dir noch sagen wollte.

Für uns warst du nicht nur Mama, Oma oder Urli, für uns warst du auch ein Familienoberhaupt. Gutmütig und mit unermüdlichem Einsatz hast du alles für uns gegeben und unsere Familie mehr und mehr zusammengeschweißt. Und du warst auch in vielen Dingen ein großes Vorbild für uns. Nie hast du gejammert, immer hattest du ein offenes Ohr und Herz für uns, stets hast du dein Bestes gegeben, damit es uns gut geht, und sich jeder wohlfühlt. Nie haben wir von dir gehört: „Nein, das geht nicht." Immer hast du uns spüren lassen, wie lieb du uns hast, stets hast du uns gezeigt, wie wichtig Gott für ein erfülltes Leben ist.

Und wenn ich an diesen einen Tag zurückdenke, an dem viele von uns zum letzten Mal bei dir versammelt waren, spiegelt sich das alles wider. So traurig wir da auch waren, hat sich diese Zeit tief in mein Gedächtnis eingebrannt. Denn alles, was man spüren konnte, war Wärme, Liebe und Gemeinschaft. Dieses wunderbare Vermächtnis, dein Vermächtnis, werden wir immer in Ehren halten und auch an unsere Kinder und Enkelkinder weitergeben.

Danke, Oma, dass du bis zum Schluss deinen Weg mit Gott gegangen bist, denn so wissen wir, dass wir uns irgendwann alle wieder sehen werden. Und bis dahin halte Gott dich fest in seiner Hand.

In Liebe deine Enkeltochter

Sabrina Baierl, geboren 1991, lebt mit ihrem Ehemann in Kremsmünster. Sie hat das Studium Lehramt Primarstufe in Linz absolviert. Seit ihrer Jugend ist sie fasziniert vom Schreiben, dabei gilt ihre Vorliebe der Lyrik und dem Fantasy-Genre.

Die Blüte trägt den Samen ...

Liebe Mutti, liebe Oma, liebe Martha,

wir haben uns heute in dieser schönen kleinen Kapelle des Altenheims eingefunden, um dich auf deinem letzten Weg zu begleiten, um dir „Lebewohl" zu sagen.

In den zurückliegenden Wochen haben wir uns immer wieder gefragt, was von einem Leben nach fast 94 Jahren bleibt, welche Spuren ein Mensch hinterlässt, wenn er stirbt. Vielleicht können wir heute ein paar Antworten auf diese Fragen geben. Vielleicht können wir ein wenig Trost spenden, denn traurig, liebe Martha, sind wir alle, dass du nicht mehr bei uns bist. Jeder von uns kann viele Geschichten erzählen, die er mit dir erlebt hat.

Wir erinnern uns ...

Wir erinnern uns an dich als junges Mädchen im Kreise deiner lieben Schwester, das waren stets deine Worte für sie, und deines Bruders zu Hause in Liegnitz. So oft hast du uns erzählt, dass deine Lehrer dich gerne auf eine weiterführende Schule geschickt hätten, dafür aber kein Geld da war.

Wir erinnern uns an dich als junge Frau an der Seite deines Mannes, über den du auch mehr als 30 Jahre nach seinem Tod noch immer liebevoll gesprochen hast.

Wir erinnern uns an deine Erzählungen über die Flucht aus Schlesien, an den Neuanfang in Soest. An die ersten beiden Söhne, die im E-Lager geboren wurden. Und mehr als einmal mussten wir schmunzeln, wenn du über deinen zweiten Sohn gesprochen hast, der ein so ganz eigenes Leben bis zu seinem Tod geführt hat. Deine Worte dazu: „Wenn er nicht die einzige Hausgeburt gewesen wäre, würde ich annehmen, man hätte ihn nach der Geburt vertauscht." Natürlich hast du das immer mit einem Augenzwinkern gesagt.

Wir erinnern uns an dich als Frau, die gemeinsam mit ihrem Mann den Traum vom eigenen kleinen Häuschen wahr gemacht hat. Mit deiner Muttl an deiner Seite.

Wir erinnern uns an den Duft von frisch gebackenem Mohnkuchen, der frühmorgens durch das Haus zog, wenn dein Mann wieder einmal in der Küche gestanden und Kuchen für die Familie gebacken hat.

Wir erinnern uns daran, wie stolz ihr wart, als endlich eine junge Frau im blauen Morgenrock an eurem Frühstückstisch saß. Denn als Mutter von fünf Söhnen hattest du sicherlich nicht immer einen einfachen Stand in deiner Familie.

Aber wir erinnern uns auch an die schwere Zeit, die du durchmachen musstest, als Hans krank wurde und schließlich starb.

Und wir erinnern uns an deine Zeit als Witwe, als deine Söhne und deine Geschwister mit ihren Familien dir den Halt gaben, den du brauchtest. An deinen ersten Flug. Mallorca. Acht Wochen nach dem Tod deines Mannes. In einer alten, schlecht beleuchteten und ziemlich klapprigen Maschine, der man es kaum zutraute, wieder sicher landen zu können. Dein Stoßgebet haben dein Sohn und deine Schwiegertochter, die dich mit ihrem kleinen Sohn begleiteten, noch heute im Ohr: „Fritz, es dauert nicht mehr lange. Ich komme!"

Wir erinnern uns an Skiurlaube mit deinem zweiten Sohn, seiner Familie und seiner Schwiegermutter. An Schlittentouren, die ihr beiden sorgsamen Großmütter mit den gemeinsamen Enkelkindern unternommen habt und die ihr beide dabei … ganz nebenbei, weil ihr unaufhörlich gequatscht habt … einfach im Schnee verloren habt.

Wir erinnern uns an dich als Oma umringt von der großen Kinderschar deines vierten Sohnes in deiner kleinen Küche. Du das Kartoffelmesser in der Hand. Denn das hast du so gerne gemacht – Kartoffeln geschält.

Wir erinnern uns an dich, als du als fast 80-Jährige mit deinem fünften Sohn uns seiner Frau nebst Eltern zelten fuhrst nach Usedom und dich dabei selbst die Luftmatratze, auf der du schlafen musstest, nicht schrecken konnte. In einem alten Zelt deines Schwagers. Wer macht so etwas in diesem Alter noch?

Wir erinnern uns an dich mit deiner jüngsten Enkeltochter im Kinderwagen durch die Straßen Körbeckes streifen, all die Wege erkundend, die du später, nach deiner Erkrankung, auch mit deinem Rollator gegangen bist.

Wir erinnern uns an dich, gebeugt über deine Kreuzworträtsel, die du so geliebt hast und die deine Schwiegertöchter immer fleißig für dich zusammengetragen haben.

Wir erinnern uns an deine kindliche Freude an kleinen Dingen, die du dir bis ins hohe Alter bewahrt hast. Diese Freude an kleinen Dingen möchten wir so gerne an unsere Kinder weitergeben.

Wir erinnern uns an dich in deinen letzten Lebensjahren im Altenheim – deine kleinen Botengänge erledigend, bis kurz vor deinem Tod. Immer mit der Wasserflasche vorne in deinem Körbchen und dem kleinen, schwarzen Geldbeutel, der wohl früher einmal das Etui eines Schlüssels war. Jetzt, da es den wandelnden Kiosk Martha nicht mehr gibt, wird das Altenheim wohl andere Nahversorgungs-Lösungen finden müssen …

Wir erinnern uns auch an die schweren letzten Wochen. An dein letztes Lebewohl, das du uns vom Bett aus liegend zugewunken hast – nachdem du uns zuvor mit Funkeln in den Augen von der Freundin deines ältesten Enkelsohnes erzählt hast, deren Vorfahren doch tatsächlich auch aus Schlesien stammen.

Hier schließt sich ein Kreis.

Denn nun sehen wir dich nur noch in der Erinnerung. Als sparsamste Frau, die uns allen je untergekommen ist. Die sich selbst nie etwas gegönnt hat und doch nie den Geburtstag eines Enkelkindes oder gar Weihnachten vergessen hat.

Wir sehen dich in unserer Erinnerung mit deinem verschmitzten Lächeln und deinen nie ganz sauberen Brillengläsern.

Wir sehen dich Pellkartoffeln mit Quark essen und wir sehen dich Kartoffelsuppe kochen. Beide Rezepte geben wir gerne an unsere Kinder weiter. Aber, liebe Martha, du bist uns sicherlich nicht böse, wenn wir das Rezept deiner legendären Brotsuppe nachfolgenden Generationen wissentlich vorenthalten … Die mochte wirklich niemand, außer dir vielleicht.

Liebe Martha, wir erinnern uns heute gerne an all deine Liebe und Fürsorge, die du den Menschen in deinem Umfeld hast angedeihen lassen. Deine Liebe, die immer verzeihen konnte und stets großmütig war, auch wenn das, was deine Söhne so manches Mal verzapft haben, nicht immer ganz einfach zu verdauen war. Deine Liebe und deine Bescheidenheit geben wir gerne als die, die zurückbleiben, an die weiter, die uns nachfolgen. An deine Enkel, mindestens zwölf an der Zahl, und sicherlich auch einmal an deine Urenkel.

Wenn wir künftig an dich denken, denken wir an das gepflückte Gänseblümchen, das dir einst eine schmutzige Kinderhand reichte ... und das du ebenso schön fandest wie die Rosen, die dir jemand – zu welchen Anlass auch immer – schenkte.

Ich sehe auf deinem Küchentisch noch heute das Wasserglas mit diesem Gänseblümchen und allerlei anderem Unkraut stehen, das du herzlich bis zu seinem endgültigen Ableben gehütet und gepflegt hast, als sei es der teuerste Strauß Blumen.

Liebe Martha, als wir uns auf diesen Tag heute, auf deine Beerdigung, vorbereitet haben, ist uns ein Psalm untergekommen, der meine Anfangsfrage noch einmal in den Mittelpunkt rückt: Was bleibt von einem Leben nach fast 94 Jahren, welche Spuren hinterlässt ein Mensch, wenn er stirbt.

In Psalm 103 / 15-16 heißt es:

In seiner Vergänglichkeit gleicht der Mensch dem Gras und einer Blume auf dem Felde. Wo bleibt eine Blüte, wenn der Wind darüberweht?

Liebe Martha, dich, die Blüte, haben wir hier an unserer Seite. Stellvertretend für dich geben wir jedem deiner Gäste in dieser kleinen Kapelle heute eine Blüte als Erinnerung an dich mit auf den Heimweg. Eine ganz einfache, keine Sorge, wir waren sparsam ... Schließlich wollen wir uns ja keinen Ärger mit dir einhandeln ...

Denn, liebe Martha, die Blüte trägt den Samen, auch wenn der Wind darüberweht. Und der Samen verteilt die Liebe, die er schon lange gespeichert hat.

Liebe endet nämlich nie ...

Martina Meier

Sagenhaftes

Alte Sagen neu erzählt - Band 2

2022 haben wir den ersten Band „Sagenhaftes - Alte Sagen neu erzählt" auf den Weg gebracht und waren begeistert von den vielen Sagen und Legenden, die uns aus allen Himmelsrichtungen erreichten. Das alles war Ansporn genug, nun den zweiten Band auf den Weg zu bringen, zumal wir doch bereits im Vorfeld einige sehr positive Reaktionen auf das erste Buch erhalten haben.

Nun also die zweite Ausschreibung, die sich an Autorinnen und Autoren ab 16 Jahren richten. Die Sagen dürfen aus dem In- und Ausland stammen, müssen aber selbstverständlich in eigenen Worten (nach)erzählt sein. Der zweite Band erscheint im November 2023.

Wir sind gespannt auf Ihre Einsendungen.

Einsendeschluss ist der 15. Oktober 2023

Eins, zwei, drei

Erziehung ist doch keine Hexerei

Kinder zu erziehen, ist nicht immer eine leichte Sache. Schließlich möchte man für den eigenen Nachwuchs ja nur das Beste. Da ist es doch toll, wenn man den ein oder anderen wohlmeinenden Erziehungstipp erhält.

Immer sinnvoll? Mitnichten!

Immer hilfreich? Ganz bestimmt nicht.

Und wenn man dann noch Nachwuchs hat, der seinen so ganz eigenen Kopf hat, dann muss man als Eltern, Vater, Mutter ... schon mal gute Nerven haben. Wir sind gespannt auf Ihre Geschichten rund um das Thema Kindererziehung. Eingereicht werden können wie immer Erzählungen und Gedichte, humorvolle Berichte, Märchen oder Haikus ... Wir setzen gerne auf Vielfalt bei den Texten. Das Buch soll im Winter 2023 erscheinen.

Einsendeschluss ist der 15. September 2023

Wünsch dich ins Wunder-Weihnachtsland

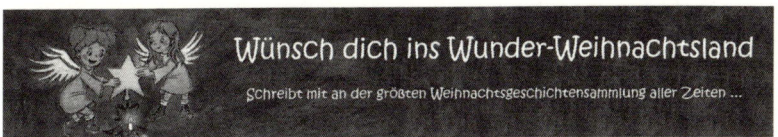

Schreibt mit an der größten Weihnachtsgeschichtensammlung aller Zeiten:

Seit zwölf Jahren sammeln wir mit unseren Wunder-Weihnachtsland-Büchern Geschichten, Märchen, Erzählungen, Haikus, Gedichte ... rund um die schönsten Tage des Jahres – die Advents- und Weihnachtszeit. Hunderte von Texten haben uns in den Jahren erreicht – lustige und besinnliche, heitere und nachdenkliche.

Wenn wir alle Geschichten zusammenfassen, haben wir sicherlich eine der größten Weihnachtsgeschichtensammlungen aller Zeiten für kleine und große Leser zusammengetragen. Und wir schreiben weiter am Wunder-Weihnachtsland – 365 Tage im Jahr.

Einmal im Jahr – immer Anfang November – geben wir ein neues, gedrucktes Buch „Wünsch dich ins Wunder-Weihnachtsland" heraus. Alle Bücher gibt es mit der Veröffentlichung auch als E-Book.

Weitere Infos unter:

www.wuensch-dich-ins-wunder-weihnachtsland.de

Ferienwohnung Drachennest

Feldkirch / Österreich

Ländlich idyllisch und dennoch stadtnah zentral in Feldkirch-Tosters gelegen, nur einen Steinwurf entfernt von der Schweizer und Liechtensteiner Grenze, finden Sie unsere Ferienwohnung Drachennest, den idealen Rückzugsort vom Alltag. Genießen Sie unsere wunderschöne Ferienregion Vorarlberg in Österreich abseits der Hektik der großen Touristikgebiete.

Brechen Sie zu einmaligen Wanderungen und Radtouren auf – entlang des Rheins zum Bodensee oder entlang der Ill mitten hinein in die Berglandschaft des Ländles. Gut ausgebaute Radwege ermöglichen ein stressfreies Radeln, auch für wenig trainierte Radfahrer, da es auf diesen Wegen nur sehr leichte Steigungen gibt.

Starten Sie die schönsten Motorradtouren in die Alpen direkt vor unserer Haustür. Gerne geben wir Ihnen Tipps für tolle Tagestouren, da wir selbst begeisterte Motorradfahrer sind.

Skifahren? Kein Problem? Erreichen Sie die schönsten Skigebiete Vorarlbergs bequem mit öffentlichen Verkehrsmitteln oder mit Ihrem eigenen Fahrzeug.

Gerne begrüßen wir Sie gemeinsam mit Ihrem Haustier in unserer schönen Ferienwohnung in Feldkirch-Tosters. Und sollten Sie an einem Buch schreiben, so stehen wir Ihnen auf Anfrage gerne hilfreich zur Seite.

Information und Buchung:

www.drachennest.at

CreATiv

Redaktions- und Literaturbüro - Pressearbeit seit 1989

Wir helfen Ihnen, Ihr Buchprojekt umzusetzen!

Kompetent und nach Ihren Wünschen

In den zurückliegenden Jahren haben wir für zahlreiche Autor*Innen sowie Institutionen, Schulen und Vereine private Buchprojekte umgesetzt, also Bücher, die nicht für den Buchhandel, sondern ausschließlich für den privaten Vertrieb oder Bedarf produziert wurden.

Wenn Sie Interesse haben, Ihre eigenen Geschichten einmal in einer Monografie zusammen gedruckt zu sehen – als Geschenk, für eine bestimmte Veranstaltung oder aber nur zur eigenen Freude, dann sprechen Sie uns an.

So können wir für Sie ein Taschenbuch mit bis zu 100 Seiten in schwarz-weiß mit einer Auflage ab 30 Exemplaren bearbeiten, layouten und drucken – der Preis pro Buch liegt bei 10,90 Euro (zzgl. Versandkosten). Preise für gebundene Bücher und Bücher mit mehr Seiten oder in Farbe auf Anfrage.

Unsere weitere Literatur-Dienstleistung:
Lektorat
Buchsatz
E-Book Erstellung
Ghostwriting
Mein Trauerbuch
Biografiearbeit

Schreiben Sie uns!

cat@cat-creativ.at

CAT creativ - www.cat-creativ.at